- 本译著是国家社科基金项目（18BWW057）阶段性成果之一
- 内蒙古大学"支持科技领军人才和创新团队建设"文科基础类项目成果之一
- 得到中国国家留学基金委访问学者项目资助（2023-2024）

加拿大左翼
批评性分析

The Canadian Left: A Critical Analysis

[加拿大] 诺曼·彭纳（Norman Penner）

魏莉 译

中国社会科学出版社

图字:01-2023-2896号

图书在版编目(CIP)数据

加拿大左翼:批评性分析 /(加)诺曼·彭纳著;魏莉译.—北京:中国社会科学出版社,2024.4

书名原文:The Canadian Left:A Critical Analysis

ISBN 978-7-5227-3485-9

Ⅰ.①加⋯ Ⅱ.①诺⋯②魏⋯ Ⅲ.①社会主义—政治思想史—研究—加拿大 Ⅳ.①D091.6

中国国家版本馆 CIP 数据核字(2024)第 082211 号

© 1977 by Prentice-Hall of Canada. Ltd.
All rights reserved. No part of this book may be reproduced in any form without permission in writing from the publishers.

出 版 人	赵剑英
责任编辑	许 琳
责任校对	苏 颖
责任印制	郝美娜

出　　版	中国社会科学出版社
社　　址	北京鼓楼西大街甲158号
邮　　编	100720
网　　址	http://www.csspw.cn
发 行 部	010-84083685
门 市 部	010-84029450
经　　销	新华书店及其他书店
印刷装订	北京市十月印刷有限公司
版　　次	2024年4月第1版
印　　次	2024年4月第1次印刷
开　　本	710×1000 1/16
印　　张	20
字　　数	301千字
定　　价	118.00元

凡购买中国社会科学出版社图书,如有质量问题请与本社营销中心联系调换
电话:010-84083683
版权所有　侵权必究

中文版凡例

一、本书是加拿大左翼历史学家诺曼·彭纳的著作《加拿大左翼：批评性分析》(1977) 的全译本，所据版本为加拿大普伦蒂斯—霍尔有限公司 1977 年版第一次印刷本。

二、书中人名和专用术语一般按通行译法译出。除个别比较冷僻的术语和易致误解的译名外，一般不加译注。译者注释置于页下，并注明"译者注"字样，以与页下带＊号的原著注释加以区别。

三、为忠实反映原著学术面貌，并方便读者检索，本译本保留了原著的全部英文参考文献和索引，并增加了附录《专有名词汉英对照》。

中文版序

马克思主义和西方左翼思想对世界发展和政治格局产生了深刻影响，启迪着人类探索更合理更公正的社会模式，在历史上激发过很多国家实践社会主义革命，对国家建构和发展模式选择具有深远意义。资本主义国家的社会体系通常把马克思主义和各种社会主义思潮及实践运动都归为左翼范畴。虽然绝大多数的西方国家在政治上没有实行社会主义制度，但以加拿大为代表的一些资本主义国家在意识形态、经济体系、社会福利和医疗保障方面却表现出较为明显的社会主义特质和成分。加拿大的左翼历史著作表明，虽然加拿大现今的社会制度是资本主义，但它对社会主义的参与可以溯源到19世纪上半叶，加拿大的资本主义与多种社会主义思想的交锋贯穿于加拿大的殖民史和建国史，马克思主义和左翼政治思想始终伴随着它的社会历史和国家发展进程。社会主义是加拿大意识形态中一个牢固而持久的部分。加拿大的左翼历史在资本主义国家中具有独特性和典型性。

加拿大左翼历史学家诺曼·彭纳的著作《加拿大左翼：批评性分析》（1977）是系统研究社会主义在加拿大的传播与实践、影响与意义的重要读本。本书对社会主义在加拿大的传播、实践和发展，以及左翼重要党派组织的建立与兴衰作出了历史唯物主义的考证与评析，尖锐地指出加拿大左翼政党历经曲折变化和跌宕起伏的内外因素，同时明确地指出社会主义是加拿大国家意识形态中的激进力量。

译介加拿大左翼历史文献系列的选题源自我从事加拿大研究二十年的积累和思考。在主持完成两个国家社科基金项目（2010；2018）

的过程中，我阅读了大量的加拿大左翼历史和左翼文学文献，着重研读了数部重要的左翼历史著作。这使我充分认识到引进这个译介选题的重要性，而且国内学界尚未出版与之相关的翻译与研究。本选题的意义在于以马克思主义历史唯物主义为指导，从中国视角研究西方资本主义国家的马克思主义和社会主义的发展和演变，以期在马克思主义历史和政治研究方向唤起中国与加拿大的互文性呼应，增进两国学界在意识形态层面的交流与阐发。中国的社会主义建设取得了举世瞩目的伟大成就，而当今的西方民主模式和新自由主义却日益遭受质疑；尤其是在习近平新时代中国特色社会主义思想的引领下，"中国道路"和"中国模式"愈来愈凸显出典范意义，值得资本主义国家和发展中国家去思考、借鉴和实践。因而，在更广阔的层面上，本选题旨在从中国学者的研究角度激发国外学界对左翼历史的关注和重新评价，为当代资本主义提供具有社会现实意义的参考和借鉴，有助于在世界范围推进马克思主义和社会主义的全球化进程。

获得本书的翻译版权并非易事。我的加拿大导师詹姆斯·斯蒂尔（James Steele）教授是坚定的马克思主义者和文化民族主义者，他高度肯定和支持我的翻译计划，帮助我联络到本书的版权拥有者即原著者的儿子盖瑞·彭纳（Gary Penner），使我能够与其进行多次交流和商谈，协助出版社最终获得了翻译版权。中国社会科学出版社副编审许琳博士作为本书的责编，为翻译版权的引进和译著的定稿及付梓出版付出了很大的努力；我的博士生院晶晶、朱佳、陈晨，以及我的儿子浩然都做了很多辅助工作，我在此一并表达由衷的感谢！

衷心希望本书的中译本能够为中国对西方马克思主义和加拿大左翼的研究提供重要参考。由于原著包含众多的政治党派名称和左翼历史人物等，因而在翻译中难免产生偏差或错漏不妥之处。恳请诸位读者不吝指正，不胜感激。

魏　莉

2024年4月

于青城紫华园

目　录

第一章　导言 …………………………………………………（1）

第二章　加拿大意识形态的形成 ……………………………（6）

第三章　加拿大的社会主义思想：从起源、开端到1921年……（39）

第四章　加拿大共产党（1921—1957年）：国家问题 …………（77）

第五章　共产党、工会、平民合作联盟 ………………………（124）

第六章　加拿大社会民主的根基和来源 ……………………（174）

第七章　20世纪六七十年代的社会主义新主题 ……………（223）

第八章　结论与总结 …………………………………………（257）

附录　专有名词（汉英对照） …………………………………（268）

原著参考文献（BIBLIOGRAPHY） …………………………（294）

常用缩略词

ACCL　All-Canadian Congress of Labour　全加拿大劳工联合会
AFL　American Federation of Labor　美国劳工联合会
CC　Central Committee of the Communist Party of Canada　加拿大共产党中央委员会
CCCL　Canadian Catholic Confederation of Labour　加拿大天主教劳工联盟
CCF　Co-operative Commonwealth Federation　平民合作联盟
CCL　Canadian Congress of Labour　加拿大劳工联合会
CEC　Central Executive Committee of the Communist Party of Canada　加拿大共产党中央执行委员会
CI　Communist International　共产国际
CIO　Congress of Industrial Organizations　产业工会联合会
CLC　Canadian Labour Congress　加拿大劳工大会
CLP　Canadian Labour Party　加拿大工党
Comintern　Communist International　共产国际（第三国际）
CPC　Communist Party of Canada　加拿大共产党
CPSU　Communist Party of Soviet Union　苏联共产党
ECCI　Executive Committee of the Communist International　国际共产主义执行委员会
GGG　Grain Growers'Guide　粮农指南
ILP　Independent Labor Party　独立工党

IWW Industrial Workers of the World 世界产业工人联盟
LPP Labor-Progressive Party 劳工—进步党
LSR League for Social Reconstruction 社会重建联盟
NDP New Democratic Party 新民主党
NPL Non-Partisan League 无党派联盟
OBU One Big Union 大工会
RILU Red International of Labor Unions 红色国际工会
SDPC Social-Democratic Party of Canada 加拿大社会民主党
SPC Socialist Party of Canada 加拿大社会主义党
SPNA Socialist Party of North America 北美社会主义党
WUL Workers' Unity League 工人团结联盟

第一章　导言

19世纪末20世纪初，当来自英国的工匠开始涌入加拿大时，他们带来的不仅仅是工业技能。他们从劳工运动已经高度发展的国家带来了工会意识，许多工人还带来了社会主义思想，并将这些思想传播到加拿大土地上。与此同时，美国也向加拿大输入了社会主义思想。后来，还有来自东欧和中欧的移民劳工进一步增强了加拿大的社会主义力量。

到这个时候，社会主义已经成为一种世界性的思想，奥斯卡·D.斯凯尔顿在他1911年关于社会主义主题的著作中将之描述为"历史上最举世瞩目的国际政治运动，获得了代表世界上所有文明国家的800万选民的支持"。[①]

现代社会主义是工业革命的产物，起源于英国，而后传播到欧洲和美洲。现代社会主义作为一种意识形态表达了工业无产阶级的目标和关切，而工业无产阶级是这场革命中最独特的产物。但是，社会主义作为一种理论并非是由工人们创造的，而是由19世纪一些最重要的知识分子创立的。正是由于社会主义理论与劳工运动相结合，才使社会主义成为一个强大的政治力量，包括在民主已经开始发展起来的国家中形成了大规模选举政党，以及在沙俄这样尚未推翻专制主义的国家中形成的强大地下组织。从1864年开始，社会主义各政党建立了国际联系，虽然只是协商性质的，但是提高了社会主义思想在世

---

① O. D. Skelton, *Socialism: A Critical Analysis* (Boston, 1911), p.15.

范围内的有效性和影响力。它们在国际代表大会和机构会议及出版物上，经常交流经验，并就这些思想的运用进行了激烈的辩论。社会主义被其拥护者视为一种世界性现象，其中表达的国际主义反映出世界各国工人之间的团结友爱。

尽管社会主义思想存在不同的派别，但它们具备共同的基本设想，斯凯尔顿指出：

> 首先，社会主义是对任何及所有以私有财产和竞争为基础的工业体系的指控……其次，社会主义是对资本主义的分析……再次，社会主义提出了对资本主义的替代方案。从这方面讲，社会主义可以被定义为要求集体所有制和集体使用生产资料，并按照某种公平原则分配社会红利……最后，社会主义涉及反对资本主义的斗争……在每一种——指责、分析、灵丹妙药、运动中，社会主义只有作为竞争体系的对立面才能被理解。[①]

因此，社会主义被理解为一种挑战资本主义社会基本价值观的反主流文化，同时也是一个旨在替代资本主义的生产、分配和交换方式的政治运动。本书将以斯凯尔顿的定义为指导，考察社会主义思想在加拿大社会的起源和发展，并将其视为与理论、鼓动和组织不可分割的纲要。

根据斯凯尔顿的观点，社会主义开始在加拿大出现的时候，正值卡尔·马克思的人格和思想主导着世界运动的时期：

> 卡尔·马克思是社会主义名册上最伟大的人物。半个世纪以来，他的理论一直是这场运动的知识支柱，不论这些理论在后来经过怎样的修改和多少有些天真的重新阐释，他的个人形象仍然

---

① *Socialism*, pp. 2-3.

主导着千百万追随者的思维。①

在1921年之前,加拿大的社会主义组织和媒体的情况确实如此。马克思主义是他们的信条;虽然社会主义党派内部和党派之间存在许多分歧,但这些分歧并不是关于马克思的思想,而是针对马克思思想的解释和应用。正是由于俄国革命和列宁对马克思主义的定义,导致加拿大社会主义者在基本路线问题上产生了分裂。革命社会主义或共产主义成为展望社会主义运动的一个剖面图;随着英国工党在1918年采纳社会主义纲领,社会民主思想就演变为那些不能接受革命道路或共产国际指令的加拿大社会主义者的信条。

尽管这种分裂是由国际事件触发的,而且两派似乎都在效仿外部模式,但它开启了一个社会主义运动逐渐变得加拿大化的时期。这一发展是社会主义者开始关注加拿大本国情况的结果,与社会主义形成期构成了对比,尤其是第一次世界大战之前,那时的社会主义运动很少或根本没有关注它所要变革的社会的具体特征和历史。

当社会主义在加拿大作为新事物出现,而且带来它的移民主导着早期社会主义运动的时候,之前对它的忽视是可以理解的。这些工人阶级的男女成员在没有从知识分子群体中吸收任何成分的情况下建立了早期的社会主义组织,这种情况在所有其他国家中都是一样的。直到第一次世界大战期间,许多持有异议的政要们才开始认同社会主义事业,到了20世纪30年代,一些学界人士才加入社会主义事业中。因此,在相当长的一段时期内,涵盖政治经济学、历史学、社会学、哲学的社会主义理论是由一群有文化的工人传播的,他们以自己的职业谋生,在业余时间研究、撰写和讲授马克思主义。这些早期社会主义者在工会中也很活跃,在建立有组织的劳工运动和领导劳工运动进行重要的经济和政治斗争中发挥了坚实的作用。

社会主义和劳工运动的兴起与农民平民主义组织的发展是同步

---

① *Socialism*, p.13.

的。起初它们之间几乎没有关联，但逐步开始形成一种关系，最终使得工人阶级的各部分与农民运动的左翼之间建立起紧密的组织和政治联系。

这是因为他们认识到，根据加拿大社会及其占主导的政治文化的本质，持不同政见和被疏离群体或阶级的激进主义有一个共同的源头，通过一些意识形态上的妥协，能够在政治舞台上达成充分共识，来对抗所认为的"共同敌人"。

虽然本书主要研究加拿大的社会主义思想，但也必须关注这些思想发展起来的组织背景。在加拿大社会主义思想的发展过程中，理论与实践的相互依存关系表现得尤为明显。

由于社会主义思想是被带入加拿大社会的，而加拿大在许多重要方面不同于这些思想的来源国，因而有必要谈谈加拿大社会的情况，以及外来思想如何适应它们与加拿大政治文化特殊性相互作用的结果。

本书在大部分内容中几乎没有涉及社会主义思想在加拿大法语地区的发展，而是用大量篇幅论述了加拿大英语地区主要社会主义组织试图努力掌握法裔加拿大社会的性质，以争取赢得更多的社会主义思想的拥护者。所有这些尝试因多种原因而失败；由于本书尚需更基本的分析，在此只能简要概述这些原因。

加拿大英语地区的社会主义思想是由移民带入的，并且与其思想源头存在持续的文化接触；与之相比，加拿大法语地区在法国大革命前就与法国隔断了联系，而且一直如此。教会专制主义在魁北克的胜利，使得在那里把社会主义视为禁忌的教义成为可能，社会主义思想被清除出大学、学院、学校，甚至是劳工运动的大部分。但是，在1960年以后，这一切发生了变化，魁北克地区如今广泛讨论和实践着各种形式的社会主义思想和行动。

本书的一个核心目标是整合各种社会主义运动的历史，以展示它们之间的连续性和差异性。尽管社会主义者之间的冲突有时变得相当激烈，但社会主义政党和团体之间相互作用，并为社会主义思想在加拿大政治思想中产生影响而作出了各自的贡献。

自 1867 年现代加拿大国家建立以来的大部分时期，社会主义思想一直在不断发展和演变，现在可以准确地被视为加拿大意识形态光谱中的固有部分。这至少是本书的观点，而书中提供的文献证据也证实了这一论点。

第二章　加拿大意识形态的形成

社会主义在19世纪出现，是对当时盛行的资本主义制度及其价值观的挑战。社会主义反对私有财产和无限占有的整个概念。它反对基于劳动资料私有制的自由个人主义，提倡集体主义和劳动资料必须属于社会以造福社会的理念。它确定了人类是合作者而不是竞争者的观念。无论社会主义出现在任何地方，它都越来越具有反主流文化的要素，把社会中有叛意和被疏离的成员聚集在它周围。

然而，尽管社会主义具有普遍特征，但在每个国家都存在差异，反映出不同的传统、文化、政治历史和阶级结构。在加拿大的情况也是如此。社会主义思想主要来自英国和美国，一定程度上也由中东欧传入。它们通过工人阶级移民和国外引进的社会主义文献进入加拿大。探究加拿大的社会主义，必须关注社会主义开始在这里发展时，加拿大的社会主义者与已经根深蒂固的制度和意识形态框架之间的互动。

为此，就需要从起源和开端考察加拿大政治思想中的主要主题。而后就能够详细阐述社会主义、共产主义和社会民主主义如何对加拿大社会的主要政治潮流产生反应和影响。

加拿大社会的主要意识形态主题刻有英国、法国、美国三大帝国的浓重印记，它们在很大程度上塑造了加拿大的发展。虽然加拿大吸收来自世界各地的人们，但由于军事、金融、制度和许多其他有形或无形的联系，加拿大的政治思想几乎完全源自这些帝国。英国军队在征服加拿大之后建立了加拿大的制度和意识形态框架，并向英国资本、英国商人和英国地主开放了这个国家,从而打造了一个符合英国法律和习俗的政治社会。英国必须把这个框架强加给这个已经存在的社会,虽然加拿大的价值观、语言、宗教、社会经济结构与英国的完全不同。此外,英国当局刚开始这个过程不久,就不得不应对美国独立战争以及随之而出现的北美激进社会,它们反对英国的体制,挑战英国的观念,并提出一整套新思路。

在这些相互矛盾的力量和压力下,现代加拿大国家的形成历经了一百年。《1867年英属北美法案》(*British North America Act of 1867*)的决议结束了漫长的国内争议和冲突时期,在这个过程中,外部环境与本土条件相融合,产生了一个既独特又衍生的政治制度。

托利主义*的主导地位

英国在《1775年魁北克法案》(*Quebec Act of 1775*)中表达了其决定,即与新法兰西残余统治精英合作管理在北美的最新领土,有力地加强了英国当局带有旧制度神职专制的托利主义。这让讲英语的商人和讲法语的居民都产生了疏离感,前者被许诺要举行选举大会,后者指望英国人把他们从教会征收什一税和领主征收封建地租的繁重苛捐中解放出来。

殖民地统治者的保守立场使新的英语人口和法语人口中的抗议和反抗因素凸显出来。占主导的统治意识形态是帝国主义、托利派和保守主义,与之对立的是民主、自由和激进。美国革命**(the American Revolution)后涌来的联合帝国保皇派移民、1812年战争以及1837年和1838年叛乱失败,加强了统治意识形态。另外,席卷西方世界的

---

* 译者注:原文为Toryism,有"托利主义"和"保守主义"之意,此处根据历史背景和语境,译为"托利主义"。

** 译者注:美国革命是指在18世纪后半叶导致了北美洲的十三个州的英属殖民地脱离大英帝国并且创建了美利坚合众国的一连串事件与思潮。美国独立战争(1775—1783)是革命的其中一部分。

◈ 加拿大左翼：批评性分析

强大的社会动荡浪潮，特别是美国独立战争的胜利，为加拿大社会中的民主元素提供了支持。许多作者都强调开放的边疆及其地方主义和独立精神对包括原住民在内的北美定居者心态产生的影响。①

除了在美国独立战争后不久即出现的保皇派移民以外，大多数来自美国的移民并非出于对美国价值观的排斥，而是为了寻找自由的土地。在1788—1812年间，上加拿大的人口增长到了七万五千人。

>……在这些人口中，其中大约五分之一是保皇派及其子女，英国移民及其子女的人数较之略少，其余是非保皇派的美国人。除了进入上加拿大的保皇派运动之外，独立战争后，主要是寻求土地者共同的西进运动，他们就定居在了英属不列颠省和邻近的美国领土上。②

加拿大人口构成中存在两种美国元素：保皇派和非保皇派，这对上加拿大的政治文化产生了重要影响（在其他英属北美殖民地也是如此）。

保皇派倾向于强化英国统治的托利党意识形态。S. D. 克拉克（S. D. Clark）认为，他们的意识形态观在1812年战争后变得更加强烈。

>这场战争让保皇派有了新的自我意识和新的自我重要性认知，这使他们迅速成为上加拿大政治中前所未有的强大保守力量。通过他们的影响，托利主义成为统治阶级在政治、宗教和社会生活中更加独特的信条。③

加拿大的保守主义力量不仅来自当地的殖民政府，也来自其源头英国，这个时期的英国"托利主义非常占上风"，并且"母国的政治

---

① See S. D. Clark, *Movements of Political Protest in Canada 1640 - 1840* (Toronto, 1959).
② Fred Landon, *Western Ontario and the American Frontier* (Toronto, 1967), p. 1.
③ S. D. Clark, *Movements of Political Protest*, p. 247.

保守主义直接支持殖民地人口的政治保守主义"。①

但是，随着英国改革运动胜利而导致英国保守党势力的坍塌，各方的角色发生了变化。当地的托利党成员不再听命于英国政府任命的官员，这些官员开始越来越多地沦为当地既得利益的傀儡。当上加拿大和下加拿大的改革运动获得越来越多的民众支持，导致当地托利党势力崩溃时，英国军队不得不代表地方保守主义进行干预，因为它被认为是维护英国殖民统治的唯一可靠堡垒。

因此，加拿大历史上有两种重要的趋势在这个时候表现出来了。其一，英国政治文化的变化并没有改变殖民地的政治文化。英国国内正在走向民主自由主义，却支持在它的加拿大殖民地对抗民主自由主义的势力。从此之后，加拿大的托利主义发展成为一种自发的意识形态，与当地的民主力量相冲突，随当地情况而呈现出鲜明特点。其二，加拿大当地的保守党精英能够利用英属殖民关系来巩固其在国内权力特权地位。他们越来越觉得，作为一种自我保护的工具，维护殖民主义的形式和部分实质即使不是至关重要，也是有用的。这种殖民主义推崇古老的英国价值观，坚持伯克派（Burkean）对固有权威的重视，对社会变革持保守态度，维护等级特权和传统。

另一方面，民主派从美国革命和法国革命（包括19世纪的法国革命）以及上下加拿大改革者有直接联系的宪章运动中获得了大量的意识形态支持。他们包括新兴的中产阶级商人、工匠、专业人士和农民。他们的人数通过移民在不断扩大，有来自不列颠群岛的失去土地的农民、熟练工人和半熟练工人，还有来自美国的农民、贸易者和商人。19世纪上半叶的大部分移民有易于增强加拿大的民主力量和激进主义力量。

来自英格兰、苏格兰和美国的移民有一个重要特点，这些移民中有很多是持不同宗教观点团体的成员，他们认为英国教会在上加拿大地区的既定地位令人憎恶。

---

① S. D. Clark, *Movements of Political Protest*, p. 251.

改革运动所体现的政治社会概念是古典自由主义与边疆农业社会平民主义的混合。改革者想要小型廉价的政府，普选权，废除非选举产生的统治机构，选举代表对财政的控制，废除教会，公共教育，消除土地垄断和荒地旷地的持有，自由贸易，地方政府，良好的道路，终结世袭头衔和等级制度。

下加拿大的民主党人也有类似要求，并对维持封建和神职人员的苛捐杂税感到不满。《1791年宪法法案》（*Constitutional Act of 1791*）准许选举产生议会，为新兴小资产阶级成为加拿大社会的政治领导者提供了一个舞台。正如一位作者所言：

> 这个议会是由大部分在农村的法裔加拿大选区通过半普选男性选举产生的，该议会很快反对了一个没有代表它的行政机构，该机构旨在为英国殖民建立基础。在一个寡头政治不同于大多数民族的国家中，对多数民族的权利的要求同时也成为了一种国家要求。①

在另一位作者看来，正是这个主要由"职业资产阶级"组成的群体，在1791年之后的时期里，在界定法裔加拿大"集体性"方面发挥了主要作用。这个群体将自己的要求和条件作为那个社群的总概念，而且

> ……在反对商业资产阶级（占绝大多数的是英国人）和竞争社会的过程中，最激进的（法裔加拿大人）资产阶级迅速转向激进的意识形态方向。②

---

① Jean-Paul Bernard, *Les Rouges, Liberalisme, Nationalisme, et Anti-Clericalisme au mileu du XIX siecle* (Montreal, 1971), p. 11.

② Fernand Dumont, "Quelques Reflexions d' Ensemble" in Dumont, Montmorency, Hamelin (eds.), *Ideologies du Canada Français 1850 – 1900* (Quebec, 1971), p. 2.

第二章 加拿大意识形态的形成

正是由于这种激进主义，罗马天主教神职人员很快成为了小资产阶级的主要对手。

> 在1837年以前，大部分神职人员已经表现出对民主倾向的反对。这无疑可以解释为教会必须不断向维持它在社会中权威的殖民政府表现忠诚。这也是神职人员具有的旧制度心态的长期延续。但也可以认为，在职业阶层和神职人员之间存在着阶级冲突。这两个团体由于对各自成员的培养，各自在民众中的根基，各自权力和威望的类型，使它们不得不在各种手段上相互对立。①

因此，民主资产阶级以其各种制度形式（无论是作为"爱国者""红派"还是"加拿大研究院"）强烈反对神职人员的政治角色，并引发了一场强大的反教权主义运动，虽然在1870年被击败，但那时它已经给魁北克社会留下了深刻印象：

> 一个由知识分子、自由派和反教权主义者构成的资产阶级与整个神职阶层对立。在加拿大法语地区有一种倾向，即人们往往忽视了在近半个世纪里加拿大神职人员受到报纸、小册子甚至整个政党的粗暴攻击的程度。在伟大的共和思想和英国、法国及美国的自由主义哲学的启发下，我们的知识界同时指责神职阶层的愚昧主义、权威主义、君主主义精神及对英国的忠诚。②

有些英裔和法裔加拿大历史学家声称，魁北克人由于他们的天主教信仰而更喜欢农业生活，而英裔由于已经深受新教固有资本主义精神的熏陶，因此能够接管并主导加拿大社会的商业生活。

---

① Fernand Dumont, "Quelques Reflexions d'Ensemble" in Dumont, Montmorency, Hamelin (eds.), *Ideologies du Canada Français 1850–1900* (Quebec, 1971), p. 6.
② Dumont and Rocher, "An Introduction to a Sociology of French Canada", in Rioux and Martin (eds.), *French-Canadian Society* (Toronto, 1969), p. 190.

然而，新法兰西在被征服之前主要是一个商业殖民地，在法国强大的商业垄断组织的控制和指导下，他们不懈地寻求毛皮，只容许维持毛皮贸易所需的最低限度的农业殖民地。正是这些商业阶层在征服战争中被剥夺了财产，他们跟随法国殖民统治者一起返回了法国，留下了法裔加拿大人、农民、领主和教士。英国商人迅速填补了经济生活顶层的空白，他们与英国银行和批发机构有着密切的商业联系，控制了皮毛贸易并形成自己的垄断——西北公司（the North West Company）。到1820年，西北公司与另一个英国毛皮贸易垄断——哈德逊湾公司（the Hudson's Bay Company）合并，后者在毛皮贸易利润基础上实现了原始资本积累，在加拿大资产阶级的最终形成中发挥了决定性作用。

法裔加拿大人在征服战争之后没有参与商业领导层，并非出于哲学、意识形态或宗教特点的原因，而主要是由于法国商业精英离开了殖民地而使资本陷入贫困。他们留下来的社会从未有机会积累从皮毛贸易中获得的利润。

魁北克的激进主义

法裔加拿大社会在征服战争后并没有停滞不前。它现在面对成为外来势力的殖民地的事实，必须重建自己的精英阶层，重新定义自己的意识形态。新的资产阶级开始出现，主要是专业人士和知识分子，却急于参与经济和商业生活，甚至随经济的发展想要掌控经济。他们利用对选举议会的控制权，向大多数是英裔加拿大人的议会、行政机构和总督提出种种要求。他们为自己定义的前景越来越自由、理性、民主、反教权，正如前文所述，也变得越来越激进。他们特有的意识形态立场在很大程度上是回应反对派的特点而形成的，反对派结合了英国的权力、当地的英语商业主义、天主教极权主义神职人员和法裔加拿大乡村地主（贵族或领主）。因此，法裔加拿大的开明小资产阶级必须进行双重斗争，既要反对英国的托利主义，又要反对法属加拿大的教士反动势力。他们与英国托利主义的斗争是为了获得经济和政治权力的席位。他们与神职人员的斗争是为了争夺对法裔加拿大民族的意识形态主导权。

后一种斗争产生了两种相互竞争的法裔加拿大民族主义：一种是保守主义，另一种是激进主义。1837 年和 1838 年起义的失败，加强了保守的民族主义，却损害了激进的意识形态。城市小资产阶级中有一部分人寻求参与到加拿大资本主义的发展中，他们脱离了爱国派，与保守的神职人员结为联盟。

两种民族主义意识形态的冲突在起义后甚至在 1850 年后都没有减弱，尽管保守的民族主义显然正在获得更多支持。1848 年的法国内战给激进派注入了新动力。他们自豪地接受了"红派"（le parti Rouge）的称号，以表明他们与巴黎起义者在意识形态上的亲缘关系。

激进派加紧推进他们的意识形态进攻，借助加拿大省①（the Province of Canada）议会中的"红派"成员，遍及魁北克的法裔加拿大协会的十几个分支机构及附属图书馆（其中许多书籍收录于教宗索引），以及从 1840 年代开始定期出版的三四本知识类期刊等途径。他们的纲领拓展了"爱国党"的要求，也增加了附加条件，其中最重要的是废除《1840 年联合法案》（Act of Union of 1840）。他们的方案被流亡归来的帕皮诺称赞为"明智而真正自由主义的"方案。它具有自由和民主的特征，呼吁普选、根据人口实行选举改革、普及教育、基于乡镇而非教区的地方政府、自由贸易和航行、新闻出版自由。其中包括两个民族主义的宣言："法裔加拿大人高于一切；鼓励法裔加拿大人的协会和机构"。他们钦佩美国的民主理想，特别是杰克逊和杰斐逊的理念，而对加拿大政治体制的殖民和非民主特征的挫

---

① 译者注：在 19 世纪中期，在加拿大成为一个完全独立的国家之前，它由两个独立地区上加拿大（现在的安大略）和下加拿大（现在的魁北克）组成。1840 年，英国议会通过的《联合法案》将这两个地区合并为一个政治实体，称为加拿大省。这个省有自己的议会，被称为加拿大省议会，它代表了居住在其边界内的人民的利益。

败感,对英语统治的反感,对经济发展缓慢的不耐烦,导致许多激进分子在1849—1851年期间支持美国兼并加拿大。至于这个方案如何符合法裔加拿大民族主义的问题,其支持者认为,民族性只有通过建立民主才能获得,无论加拿大人是在英国还是在美国的保护下,他们都将作为一个民族存在。而且,如果他们注定要被同化,他们宁愿是在美国的而不是英国的庇护之下!

议会中的"红派"成员对联邦制发起了主要攻击。他们从几个方面攻击它,如方案中存在明显的非民主特征,突出的中央集权主义及其对法裔加拿大民族的威胁。

联邦制的胜利严重削弱了激进派力量,但毫无疑问,激进派发出的批判确实促使在地方政府的方向上作出了一些让步,并在最终形成的联邦政体而不是在立法联盟中达成了一致。

激进派的失败是由麦克唐纳托利派、卡地亚布鲁派和罗马天主教会的极端教权主义神职人员组成的三方结盟促成的。联邦的解决协议确认了英国当局在《魁北克法案》时期的原始政策:通过支持等级制度在宗教、教育和民法典方面的既定地位来治理魁北克。这项政策帮助击败了1837年的爱国党和1850年代的激进民主主义者。在其他方面,激进派长期以来都在反对神职人员对教育的控制,认为这是在持久地强调传统教育,而不是重视科学技术学科"以符合本世纪的实践"。这一立场符合中产阶级的目标,他们超越了文化问题,主张在该省的社会和经济生活中发挥更有意义的作用。

因此,针对整个魁北克的保守主义实际上是英国殖民政策的产物,也是加拿大托利党支持天主教会反对法裔加拿大民主力量的的产物。托利党的支持在很大程度上是因为他们觉得神职人员的要求与托利党商业阶层在该省的经济控制不构成冲突或任何挑战,而魁北克中产阶级的要求可能就会挑战这种经济支配。

商业与政治

托利党商业阶层的动机是希望建立一个自己可以控制的切实可行

的商业社会。当法裔加拿大知识分子进行意识形态辩论时,殖民地的主要英裔精英们却在讨论铁路、运河、关税、资本和信贷。商业精英是由最先跟随英国军队来到殖民地的商人的后裔组成,他们很快就垄断了贸易。他们还包括美国独立战争后移民到加拿大的第一批联合帝国保皇派的后代,其中许多人已成为大地主和商人。他们与殖民地行政官员、军官和圣公会高级神职人员一起构成了统治阶级:

> 从某种意义上说,托利主义是本省少数上层阶级的政治表达,他们认为自己天生就是社会的领导者。[①]

他们通过"抵押公共信贷"来"补充并最终取代私人资本"的政策促进经济增长,尤其是在运河和铁路的建设方面。[②]

他们认为,政府必须在资本形成中发挥主要作用,没有意识形态上的障碍会阻止他们实现这个目标。自由放任主义曾经是英国新兴资产阶级的口号,针对的是敌视他们并将他们排除在外的政府。但在这里,在加拿大正在建设的新社会里,资产阶级能够而且也将控制政府,因此,他们可以掌控和管理公共资金用于经济增长的方式。

他们所行使并努力保持的控制权具有最直接的性质,在大多数情况下无法区分商业精英和政治精英。一位作者将这种关系描述为:

> 立法机构的政要们有权为自己授予这些特许状,政要们自己往往也是推销者,这并不令人惊讶。特别是因为很多当时所谓的政治家,并不是只关注政治意义上的政治家,他们有不少是拥有大片土地的地主,而促进铁路的建设对于他们来说只是迈出了一

[①] S. F. Wise, "Upper Canada and the Conservative Tradition", Edith Firth, ed., *Profiles of A Province* (Toronto, 1967), p. 24.

[②] S. F. Wise, "Upper Canada and the Conservative Tradition", Edith Firth, ed., *Profiles of A Province* (Toronto, 1967), pp. 29-30.

小步，因为铁路运营可以增加他们的木材和土地价值。议会的其他成员是贸易商、商人或船东，以及土地投机者，现代运输方式的发展关系着他们的切身利益。还有些议员是律师，他们要么与土地或贸易家族有联系，要么自身经常也对资本主义事业感兴趣或渴望成为其中一员。①

正是这种动机导致了联邦和国家建设，从而建立了被最近一项研究称为"政治高于经济"的传统，声称这代表了"加拿大保守主义对加拿大政治思想的最大贡献"。② 弗兰克·昂德希尔（Frank Underhill）则不那么盲目崇拜，他将这个传统定义为"国家政府日益屈从于赚钱的大商人的贪婪欲望……"③

怀斯认为，19世纪50年代，上加拿大所有主要政治倾向都囿于这种精神，包括由鲍德温和布朗组成的所谓"改革党"：

> 19世纪50年代，加拿大出现了一种共同的政治文化，各主要政党尽管表面有敌对情绪，但在基本设想上达成了一致，没有这个基本设想，就不可能有可行的政策，加拿大民族感情的基础就此奠定了。在少数几个综合政策中，尽管自由主义和保守主义的传统都有很大的修改，但保守主义的价值观使整体政策保持一致。在这种情况下，麦克唐纳的职责就是与成千上万加入西部移民的上加拿大人一起，把他从旧安大略托利主义继承来的价值观推广到全国其他地方。④

---

① Gustavus Myers, *History of Canadian Wealth* (Chicago, 1914), p. 153.
② W. Christian and C. Campbell, *Political Parties and Ideologies In Canada* (Toronto, 1974), p. 110.
③ F. H. Underhill: "The Conception of A National Interest", *In Search of Canadian Liberalism* (Toronto, 1960), p. 180.
④ S. F. Wise, "Upper Canada and the Conservative Tradition", Edith Firth, ed., *Profiles of A Province* (Toronto, 1967), p. 32.

因此，这种"共同的政治文化"是一种改良的托利党文化，改良之处在于它吸收了改革者的一些自由主义思想，但托利党拒绝接受民主，强调精英统治。对于约翰·A. 麦克唐纳（John A. Macdonald）这位"真正的大联盟"（the Grand Coalition）思想的带头人，布鲁斯·W. 哈金斯（Bruce W. Hodgins）这样说道：

> 像所有的保守派父辈们一样，他拒绝民主这个词，也拒绝许多现在被认为是民主必不可少的属性。他拒绝政治平等，支持有产者和富人的特权，他似乎更关心少数人的权利，而不是提供多数决定原则……麦克唐纳认为，民主是非保守主义的、非自由主义的、共和主义的，也是危险的；总之，民主不是英国的，因此也不是加拿大的。①

在世界范围内，从1859年到1871年的这一时期以战争、内乱和革命为特点，导致了所谓"大型民族—国家的巩固"（德国、意大利、奥匈帝国），美国内战中北方的胜利，俄国封建制度的终结，日本对西方的开放，以及"从海到海"的加拿大自治领（the Dominion of Canada）的建立。所有这些发展都是对以蒸汽、钢铁和铁路为重点的新工业主义兴起的回应。资本主义需要一个扩张和发展的地方，而扩大的国内市场是必不可少的条件。它需要政治上的统一，需要打破海关壁垒，需要消除阻碍"民族"资产阶级政治和经济霸权的一切障碍。

在加拿大联邦建设时期出现加拿大民族—国家（the Canadian nation-state）是相对平和的，因为通常伴随国家建设的暴力已经在三十年前发生过。早期斗争中产生的国家单位规模不够大，还不足以满足加拿大省资产阶级的野心，但那场冲突确实决定了这个资产阶级的阶级利益将被视为"国家利益"。

---

① Bruce W. Hodgins, "Democracy and the Ontario Fathers of Confederation", *Profiles of A Province*, p. 85.

加拿大民族—国家的诞生并不是为了反对外国或殖民统治者的独立斗争。占统治地位的加拿大资产阶级在形式上多于实质的殖民关系中获得了对国内经济和政治生活的完全管辖权。他们确保了加拿大资本家能够与当时世界上领先的工业、商业、金融和军事强国英国拥有特殊而有利的关系。

因此，联邦并不是自下而上的人民运动的结果。事实上，在某种程度上，当时普遍存在反对联邦的动乱，特别是在纽芬兰、爱德华王子岛、新不伦瑞克省和新斯科舍省。在加拿大省，提交该提案进行投票表决被认为是不明智的。它远不是一场大众运动，而是一项强加于各省的计划，除了安大略省，这些省份即使没有明确反对，也似乎并不情愿。①

加拿大民族—国家是在西欧完成商业和工业革命之后发展起来的，当时自由主义意识形态在西欧已经完全形成并占据主导地位。尽管在英国标志着这种发展的斗争催生了自由民主主义，但在加拿大的发展中还没有出现这种推动力。事实上，原本可能给加拿大带来自由民主的本土力量——爱国党、改革派和土地激进分子都被击败了。工业工人阶级在英国曾是自由民主主义的主要促成因素，但它在加拿大仅处在早期形成阶段。

因此，当蒙特利尔和多伦多的强大商业利益相互交替地在商业、银行、交通和政治上占据主导地位且几乎没有对手的时期，联邦制应运而生了。政府与商业的融合从一开始就显著影响了加拿大政治和意识形态上层建筑的特征。加拿大政府在联邦成立时完全公开地成为一个商人政府，能够做到而且也确实做到了促进资本主义经济所需的事情，并在《英属北美法案》中加入权威主义条款（参议院、魁北克立法委员会、否决权等）来保障资产阶级的利益。

而正是这个群体成为了国家的建造者，因此在很长一段时间里，他们能够把自己的利益看作是国家的利益。克莱顿将其升华为一种意识形态。

---

① Peter B. Waite, *The Life and Times of Confederation* (Toronto, 1967), p. 323.

第二章 加拿大意识形态的形成

保守主义的基本信念是国家超越群体、阶级或派别,这是国家联合理念的基础。麦克唐纳正是以这样的信念而非其他思想,明确地迈向英国保守主义。①

这位思想家此处把阶级与民族的一致性视为永恒的原则。但是,联邦制建立之后很快出现的冲突表明,确实存在群体、阶级、派别甚至国家的分裂,这些分裂将挑战保守的国家利益概念,并在此过程中发展或完善意识形态来表达这些挑战。

在联邦制时期,加拿大社会内部的紧张关系并没有像克莱顿所暗示的那样被消除,而只是暂时被掩盖了。而且也出现了新的冲突,这些冲突在当时是不可能存在的,即使有也只是萌芽状态。

首先,民族界线上的历史性分裂在与曼尼托巴省和西北地区梅蒂斯人定居者的斗争中再次爆发,最终以瑞尔被处决而告终。尽管这在魁北克引起了震惊和愤怒,但当时并没有试图安抚法裔加拿大人的意见。联邦制建立后,西部的殖民化就开始了,这项政策意在鼓励主要来自安大略省的英裔加拿大人前往西部地区定居,并向他们提供最好的土地。这一举措"确保了安大略在马尼托巴省战胜魁北克"。②

其次,英国政府对其殖民地施加了巨大的压力,要求殖民地参加一系列海外军事冒险行动,这是19世纪末英国资本主义进入新帝国主义阶段的结果。法裔加拿大人对这一政策的反对意见被忽视了,到第一次世界大战和征兵危机结束时,英法决裂已成为加拿大社会的永久特征。这种决裂主要是由于加拿大保守主义所表现出的两个特征所导致的:一是强硬而粗暴的盎格鲁—撒克逊沙文主义是英帝国主义意识形态的产物;二是加拿大保守主义漠视少数族裔的权利,尤其是当"处在争论中的少数族裔是按照民族界线组成的"。

---

① Donald Creighton, *Towards The Discovery of Canada* (Toronto, 1972), p. 217.
② W. L. Morton, *Manitoba: A History* (Toronto. 1970), p. 233.

◈ 加拿大左翼：批评性分析

正如克莱顿所言，保守主义意识形态的基本理念可能是"国家超越群体、阶级或阶层"，并且"建立在国家联合理念的基础之上"。由于没有认识到加拿大是由两个民族而不是单个民族组成的，而这个保守观念在两个政党中都有支持者，导致了大规模的试图以武力强加推行托利党的国家联盟的想法，其结果不可避免地引发混乱和分裂。因此，在联邦时期取得胜利的保守主义的国家利益观念不久就开始瓦解，仅就魁北克而言，这个观念在1917年后是不可能实现了。

尽管这种分裂基本上是沿着民族界限出现的，但它带有的宗教维度往往掩盖或加剧了民族冲突。例如，关于分离学校的问题既反天主教也反法裔，如果不是因为这两个因素交织在一起，可能就不会出现这个问题。所以必须在这样的背景下看待"橙色秩序"（the Orange Order*）组织的存在和持续，正如一位当代历史学家作出的恰当描述：

> 安大略的"橙色秩序"兄弟会里面有一些会员是帝国统一观念最强烈的拥护者，他们经常想在"同一个种族、同一面旗帜、同一个王座"的座右铭上再添加同一种宗教。[1]

试图将盎格鲁—撒克逊解决方案强加给"法裔加拿大问题"的尝试，得到了被认为在大多数其他问题上持自由主义而非保守主义政治观点的思想家们的认同。其中最重要的是戈德温·史密斯（Goldwin Smith）和后来的约翰·达福（John Dafoe），为托利党对魁北克社会的批评增添了一个"自由主义"论点：从哲学、宗教和政治视角来看，魁北克社会本质上是非民主主义。他们二者都有英国沙文主义情结，但认为北美而非英国将成为"英语世界的大本营"，而且都主张

---

* 译者注："橙色秩序"是一个新教友爱组织，1795年始于爱尔兰阿尔马郡。它在加拿大历史上发挥了重要作用，有包括约翰·A. 麦克唐纳等四位加拿大总理在内的许多杰出成员。

[1] Carl Berger, *The Sense of Power* (Toronto, 1971), p.134.

采取大陆主义的方法。史密斯呼吁全面的兼并，认为唯一能湮没法裔加拿大地区的方法就是让美国吞并它。① 达福虽然从批判魁北克的非民主开始，但他提出的解决方案难以称得上是自由主义民主和自由选择的范例：

> 毫无疑问，英裔加拿大人将管理加拿大，而法裔加拿大人将成为徒劳无用、愠怒沉闷的少数群体。请不要自以为是地认为，英裔加拿大人会被你们受伤无辜的态度或你们的报复威胁所困扰。你们愿意怎么做就怎么做；我们将采取一切必要措施。当我们证明，我们也将会证明，一个坚固的魁北克失去权力后，圣劳伦斯河畔的人们可能会回归理性。②

这种分裂在两个民族群体中都带来了重要的意识形态内涵。在加拿大法语地区，它加强了一种被围困的堡垒心态。这就增强了魁北克教士的世俗权力，他们正在创建教会主导的组织，几乎涵盖了法裔加拿大人每一个重要的世俗活动。在大教士莱昂内尔·格鲁克斯（Lionel Groulx）有说服力和影响力的倡导下，人们再次听到了一个独立的劳伦蒂安民族（Laurentian nation）的观念。对许多英裔加拿大人来说，这种分裂是由法裔加拿大人的不妥协造成的，战争事件只是加剧了他们的盎格鲁—撒克逊沙文主义和对法裔加拿大人的敌意。另外，这些事件有助于促成对法裔加拿大的和解政策，其中包括寻求从英国获得加拿大的自治，因为英国的政策和英裔加拿大对英国的感情依恋被认为是导致法裔加拿大紧张局势的根源。这种和解政策构成了在麦肯齐·金（Mackenzie King）领导下重建自由党所使用的基本手段之一。但这最多也只是一种生硬的手段，因为许多成员在短暂地成为联合主义派之

---

① Goldwin Smith, *Canada and the Canadian Question* (Toronto, 1971).
② John W. Dafoe, in a letter to Thomas Cote, January 1, 1918, quoted in M. S. Donnelly, "The Political Ideas of John W. Dafoe", from J. A. Aitcheson, ed., *The Political Process In Canada* (Toronto, 1963), p. 109.

后又重回自由党,他们仍然保留着反法的基本观点,这种观点不时地会显露出来。因为许多作为联合主义者短暂逗留后回到自由党的成员仍然保留着基本的反法观点,这种观点时不时地就会出现。

这并不意味着从英国寻求自治的政策仅仅是安抚法裔加拿大人的手段。修补加拿大社会裂痕的需求与越来越多的加拿大资本家的愿望相符合,他们希望以削弱跨大西洋两岸的旧关系为代价来强化与美国的经济联系。这对他们来说是不可避免的,因为他们意识到英国在战后处于衰弱状态,现在是一个债务国,而美国已经成为世界主要的工业、商业和金融强国。曾经让加拿大那么情愿地依赖英国的同样条件或环境,现在却驱使它倾向于依靠美国。

"国家政策"(the National Policy)已经走到了尽头。英尼斯把它看作是"以圣劳伦斯河地区与大英帝国贸易为基础的扩张时期的结束"。① "国家政策"为联邦的基本规划提出了具体经济目标,即"将北美散乱的英国殖民地团结起来,使加拿大资本主义得以扩大并巩固其权力,为蒙特利尔和多伦多的资本主义企业家提供可以实现他们梦想和雄心的半个大陆"。② 政治爆炸预示了这一时期的结束,这表明"国家政策"从民族团结的工具变成了一个明显的不可挽回的分裂因素,几乎动摇了加拿大社会的根基。

根据昂德希尔的说法,《英法协约》(Anglo-French entente)是麦克唐纳和卡地亚建立的,作为对早期目标的政治表达,现在这个协议由金和拉普恩特重新振兴,以体现蒙特利尔和多伦多的资本主义企业家的新方向,并恢复对他们统治至关重要的团结。

"国家政策"确实带来了加拿大制造业在1878—1911年期间的扩张。以实际制造业产出为衡量标准,这个时期包括了1870—1957年间加拿大工业增长最为突出的两个十年。不同于之前以主要原料生产为基础的工业化进程,新定位的显著特点是发展国内市场经济。工业

---

① H. A. Innis, *Essays In Canadian Economic Histoy* (Toronto, 1965), p. 209.
② F. H. Underhill, *In Search of Canadian Liberalism*, p. 177.

活动的激增需要迅速建立劳动力大军，除了魁北克省有过剩的农村人口外，其他省份都无法从国内轻易获得劳动力，而必须从国外引进。

加拿大工业的来源主要依赖于英国，尤其是技艺熟练的手工业者。

> 总的看来，英国移民手工业者为加拿大劳动力市场的现代化作出了很大贡献，他们提供了稳定可靠的熟练劳动力，并坚持要求相应的工资水平和工作条件。①

社会主义思想的起源

英国移民也带来了他们的阶级意识、工会和社会主义的思想和传统，这是在英国一个世纪的工人阶级斗争中发展起来的。在那个时期，英国工人阶级首先获得了工会的法律承认；他们创造了一个强大的宪章运动，震动英国政界长达十多年；他们赢得了男性选举权；先后在手工艺和工业领域中建立工会，并在19世纪末期开展独立的劳工政治行动。这样的活动为社会主义思想创造了肥沃的土壤，虽然社会主义思想最初源于知识分子，但从一开始就与英国劳工运动联系在一起，并成为其19世纪传统的一部分。英国是欧文主义、马克思主义的很大部分、费边主义和基督教社会主义的发源地。在1900年工党成立之时，反映这些不同的社会主义倾向的机构和组织被整合到了工党的联盟结构中*。因此，毫不奇怪，社会主义的先进思想，包括马克思主义，最初通过来自英国的工人阶级移民传到加拿大。

但是，正如加拿大社会的主要资产阶级政治文化反映了英国和美国的影响一样，加拿大工人阶级的发展及其政治观也反映出相同的影

---

① H. C. Pentland, *Labour and Development of Industrial Capitalism In Canada*, unpublished Ph. D. Thesis, University of Toronto (1960), p. 283.

* 工党的名称直到1906年才开始使用，但工党代表委员会在1900年就成立了，六年后才将工党作为政党的永久名称。

响。J. A. 霍布森（J. A. Hobson）在 1905 年游历了加拿大，在他的书《今日加拿大》（*Canada Today*）中曾指出："加拿大在工业发展的大多数方面都落后于美国一代人的时间……"这种"代沟"反映在工会运动中，与加拿大相比，美国的工会运动已经相当先进。1886 年在俄亥俄州哥伦布市召开的美国劳工联合会（AFL）成立大会上有 316469 名会员，大会后第一年的会员人数翻了一倍。同年，成立近二十年的老"劳工骑士团"（Knights of Labor）估计其成员在 50 万—80 万人之间。该团成员是基于地区而不是贸易来决定的，这意味着生产工人和工匠都可以加入；而美国劳工联合会则通过强调工艺工会而倾向于排除非技术工人。除了这些中央劳工组织之外，还有一些强大的非附属工会组织，如尤金·德布斯（Eugene Debs）领导的美国铁路工会（the American Railroad Union）、威廉·T. 海伍德（William T. Haywood）领导的西部矿工联合会（the Western Federation of Miners），以及 1905 年德布斯、海伍德和社会主义工党领袖丹尼尔·德利昂（Daniel DeLeon）共同创立的世界产业工人联盟（the Industrial Workers of the World，IWW）。

这些美国工会极大地影响了起步中的加拿大工会运动，因为它们已经拥有相当丰富的组织经验，而且由于美国当局和雇主在二十年间采取了持续而空前的暴力手段，包括武装干预、谋杀、监禁和私人恐怖主义，使它们变得激进和好斗。

美国劳工联合会章程的序言表明，该组织致力于"资本和劳工之间的斗争，而且斗争强度必然会逐年增加"。它的第一任主席塞缪尔·冈珀斯（Samuel Gompers）在伦敦就是马克思主义者，据说他以英国工会大会的章程为模板制定了美国劳工联合会的章程。它最初的一项行动是 1886 年在美国发起了全国范围的八小时工作制大罢工，当时罢工最激烈时候有 35 万名工人参加，这为该组织在美加边境两方都赢得了重要地位。

许多加拿大工人认为，美国工会比大多数加拿大本土工会更具战斗性和侵略性。加拿大工人早年被美国工会吸引的一个典型例子是新斯科舍省的煤矿工人。他们的工会是"省工人协会",对雇主的态度既保守又温和,因而未能为矿工赢得任何重要利益或领导旷工斗争来实现相关目标。根据如下陈述:

> 矿工们对本应是自己的工会却缺乏战斗精神感到不满,他们开始寻找一个真正能维护他们利益的组织。对于 J. B. 麦克拉克伦(J. B. McLachlan)、J. D. 麦克伦南(J. D. McLennan)、丹·麦克杜格尔(Dan McDougall)和其他意志坚强的年轻矿工来说,答案似乎是建立一个像美国矿工联合会和煤矿工人工会那样的工会,这些工会在美国煤矿领域取得了长足发展。①

因此,矿工们在1908年通过投票解散了省工人协会,并邀请美国矿工工会来代表他们。

其他被提到的美国工会甚至比劳工联合会更激进,它们对加拿大劳工运动的影响也很明显,但其影响持续时间较短。西部矿工联合会、美国铁路工会和世界产业工人联盟在不列颠哥伦比亚省尤其活跃,它们将激进的工会主义与广泛有力的社会主义宣传结合起来,无疑是该省根深蒂固的社会主义传统的重要因素。

劳工骑士团在魁北克省尤为成功,其松散的组织结构使它有可能在蒙特利尔、东部乡村和下圣劳伦斯地区的法裔加拿大人聚居区兴起的大规模生产(服装、皮革、鞋业、纺织、烟草和食品加工产业)中把非熟练和低工资工人组织起来成立工会。劳工骑士团在美国形成的初期,受到马克思国际工人协会的极大影响,特别是来自巴黎公社的难民的影响,他们移民到美国并活跃在纽约劳工骑士团领导层。它在19世纪后二十年里在魁北克蓬勃发展,但因魁北克天主教会集团的猛烈攻击和美国劳动联合会的强烈反对而开始衰落,最终在1902年被加拿大贸易和劳工大会(TLC)开除。

---

① *The Peoples' History of Cape Breton* (Halifax, n. d.), p. 6.

◈ 加拿大左翼：批评性分析

尽管如上所述，工会主义在加拿大的发展相对缓慢*，但它也伴随了社会主义思想和机构的首次发展。这不是偶然的巧合，因为正如前面已经指出的那样，许多工会组织包括美国劳工联合会和劳工骑士团，在其纲领中对资本主义体制进行了意识形态上的攻击，而许多工会组织者包括一些更知名的领袖如德布斯和海伍德也是美国社会主义运动的教导者。然而，马克思主义思想比这还要早地进入了加拿大，主要是通过英国移民和从德国移民到美国的马克思主义者的著作，他们中间有几位马克思最亲密的同事。从多伦多劳工记者菲利普斯·汤普森（Phillips Thompson）在 1887 年出版的《劳工政治》(*The Politics of Labor*) 书中**，我们得知，他当时至少接触过马克思的一些著作。1894 年 8 月《加拿大杂志》(*Canadian Magazine*) 刊登了题为"加拿大民主与社会主义"的文章，证明了马克思的思想在加拿大的影响日益扩大：

> 卡尔·马克思（1818—1883）是著名著作《资本论》(*Das Capital*) 的作者，是社会民主主义者的圣经，这本著作现在在美国和加拿大都具有重大影响。

关于加拿大的第一个社会主义团体是何时何地成立的存在一些争议，尽管人们似乎一致认为社会主义团体是在 19 世纪最后 20 年开始出现的，到 1900 年全国至少已有 60 个分支机构。它们中的大多数人接受并宣传马克思的思想；但对马克思思想的阐释却有很大不同，主要是关于哪些活动最有可能引导加拿大走向社会主义。

这些早期社会主义团体的重要特征是它们与发展中的工会运动有着密切联系。社会主义组织的大多数成员是工人，其中许多人领导着工会成员，他们把社会主义宣传的重点放在有组织的劳工运动上。他

---

* 加拿大贸易和劳工大会是加拿大主要的工会中心，到 1902 年已有 13465 名会员。

** 这本书现已由多伦多大学出版社再版（1975 年）。

们越来越认识到工人参加各级议会选举的重要性。许多社会主义领导人成为候选人，其中一些人当选为省立法机构和地方议会的代表，要么是直接的社会主义者代表，要么是劳工代表。

早期形成的中央工会团体联合各个工会组织进行立法行动，反映出工会认识到将政治斗争与纯粹的经济斗争相结合的必要性：他们意识到除了更高的工资和更好的工作条件外，劳工自身需要的东西已经超越了雇主和雇员在工厂层面上的争论。这些需求转化为政治问题，诸如九小时工作制、工会合法权利、义务免费教育和工厂改革立法等。通过讨论这些和其他类似的问题，并将其体现在中央劳工联合会的立法纲领中，加拿大的工会运动成为第一个并且始终是推动建立福利国家的主要力量。

加拿大工业家对工人阶级第一次罢工的暴力反应，以及国家给予他们反对工会的及时支持，产生了"具有非法和暴力色彩的劳工骚乱和工业冲突的记录，仅次于美国，远远超过大多数西欧国家"。[1]

根据一位历史学家的说法，从1876年到1914年，加拿大民兵在33个不同场合干预罢工事件。[2] 1919年的温尼伯大罢工（the Winnipeg General Strike）是一连串这类对抗事件中的一次，无疑也是规模最宏大的一次总罢工。涉及的三级政府合力击败了这场罢工。联邦政府联合保守党和多数自由党组成的战时联盟政府作出了镇压罢工的决定。实际实施镇压行动的是代表曼尼托巴省资产阶级的"一千人委员会"，该委员会得到政府的紧密支持，其主席也被任命为联邦司法部特派副部长。站在对立方面的是温尼伯绝大多数有组织和无组织的工人，他们要求的是当前被视为基本民主权利的集体谈判权；并要求行使他们拥有的唯一权力：停工。

加拿大商业精英对于罢工的普遍观点是：这是对现行制度的攻

---

[1] Stuart Jamieson, *Times of Trouble: Labour Unrest and Industrial Conflict in Canada, 1900 – 1966* (Ottawa, 1968), p. 7.

[2] Desmond Morton, "Aid to the Civil Power: The Canadian Militia In Support of Social Order 1867 – 1914", *Canadian Historical Review* Vol. 50 (1970), p. 407.

击，对罢工者的任何让步只会点燃加拿大各地反抗的火焰。这不仅是政府的立场，也是全国除两家报纸*以外的每家报纸的看法，以及审判和定罪了大多数被捕罢工领导人的法庭的观点。

这一事件包含经典的阶级对抗的所有要素，似乎证实了马克思关于国家是"资产阶级的执行委员会"的描述。正如历史学家肯尼斯·麦克诺特（Kenneth McNaught）所言，这一方面对工人阶级的意识产生了深刻的影响。

> 在罢工、审判和监禁的过程中，激发了更强烈的阶级情感，加深了对精英控制的国家暴力的怀疑，推动了独立劳工政治的新动力，从而成为平民合作联盟—新民主党（CCF-NDP）的主要根基。①

在这些运动的发展期，雇主阶级和政府对劳工发动的暴力，表明他们尚未调整自己的思维以应对工会运动，反而加强了表达工人阶级利益的机构和思想的战斗性。

工人阶级利益的分离作为加拿大政治思想中一个独特的意识形态因素，至少从19世纪最后25年就开始酝酿了。它隐含在19世纪前25年最早成立的地方工会组织中，但阶级独特性的公开表达和意识直到后来才显现出来。马克思在1851年的《纽约论坛报》（New York Tribune）一篇文章中，以普遍性的术语描述了这一过程，涉及所有工业社会。

> 工人阶级运动本身从来就不是独立的运动，从来就不是完全具备无产阶级性质的，直到中产阶级的所有不同派系，特别是其

---

* 《多伦多之星》和《渥太华公民报》对授权版本提出了质疑并坚持认为温尼伯大罢工是一场真正的工会权利斗争，现在对此已经不再存在争议。

① Kenneth McNaught, "Violence in Canadian History", John S. Moir ed., *Character and Circumstance*.

第二章 加拿大意识形态的形成

中最进步的派系即大制造商已经夺取了政权,并按照他们的意愿改造了国家。只有在这时,雇主和与雇佣者之间不可避免的冲突才会变得迫在眉睫而不能再拖延下去;只有在这时,工人阶级不能再被不切实际的希望和永远无法实现的承诺所拖延;只有在这时,19世纪的大问题,即消灭无产阶级,终于公正恰当地提出了。①

马克思在这里特指1848年的德国革命以及英国和法国的革命,在这些革命中,中产阶级与贵族争夺政权,并依靠无产阶级的支持。当然,在加拿大没有类似的发展。创建联邦的资产阶级主要是商业和金融精英,他们后来刺激并参与了二次制造业的发展。所有经济部门——贸易、运输、制造业、初级生产、金融都得到了"国家政策"的加强,尽管并不是均衡发展的。"国家政策"成为了加拿大统治集团的主旨、主旋律和意识形态。在某种程度上,它继续发挥作用,或似乎是在发挥作用,它被全体人民接受,或至少它没有受到挑战。在很大程度上由"国家政策"产生的工业工人阶级也普遍感到欢欣鼓舞,认为这项政策的成功与自己的利益息息相关。因此,在这个意义上,马克思关于欧洲无产阶级的观察也适用于加拿大。

从一开始,两个政党都通过支持工会运动来争取工人阶级的选票,但麦克唐纳的号召力似乎更有成效。这最初是因为麦克唐纳巧妙地利用了1872年乔治·布朗(George Brown)的《环球报》(*Globe*)的罢工来提出一项法案,给予工会有限的法律地位。但更可能是因为执政党作为国家建设者所积累的赞誉。这种情况在19世纪80年代发生了变化,当时出现了大量的工人从保守党转向自由党,或者谴责两个"旧党派"的现象。② 这是由多种因素造成的:保守党在整个十年内未能提出任何劳工立法,"重新实施"了

---

① Karl Marx, *Revolution and Counter-Revolution* (Chicago, 1907), pp. 22 – 23.
② Bernard Ostry, "Conservatives, Liberals, and Labour in the 1880's", *Canadian Journal of Economics and Political Science*, Vol. XVII, No. 2 (May 1961), p. 157.

《1872年法案》(the Act of 1872)之前就有的工会限制，对国家政策未能防止经济萧条的失望，以及在1889年《皇家资本与劳动委员会报告》中公之于众的"产业工人的悲惨困境"。

关于这份报告的重要性，瓦特总结如下：

> 委员会报告里隐含的重要结论是，在过去十年中，人与利益之间的裂痕已经暴露出来，却被当时新流行的"资本"和"劳动"的抽象概念所掩盖。虽然这种裂痕没有被描述为马克思主义的"阶级斗争"，但矛盾的是，日益自觉和积极进取的无产阶级被认为是在"国家政策"的推动下成长起来的，而"国家政策"的重要武器就是民族团结。而且，这个群体越来越把所谓的敌人"资本"的利益与"国家政策"，甚至与爱国主义精神等同起来。①

因此，似乎在劳工运动内部最早表达的一种意识形态独立就是意识到"国家政策"并不代表工人阶级的利益，而是假设这种利益在工资、工作条件和社会措施方面必须服从于更抽象的非阶级的国家特性。这种对"国家政策"及其同时诉诸爱国主义和民族主义的拒绝态度，在19世纪70年代末和80年代初开始出现的几种劳工期刊中越来越频繁地可以找到。根据这些证据，F. W. 瓦特评论如下：

> 随着国家建设第一阶段的推进，矛盾理想的困扰压力并非来自受过教育的阶级，而是来自无产阶级。②

加拿大最早倡导工人阶级政治独立的人之一是多伦多劳工记者菲

---

① Frank W. Watt, *Radicalism in English-Canadian Literature Since Confederation*, unpublished Ph. D. Thesis, University of Toronto, 1957, p. 94.

② Frank W. Watt, *Radicalism in English-Canadian Literature Since Confederation*, unpublished Ph. D. Thesis, University of Toronto, 1957, p. 18.

第二章　加拿大意识形态的形成

利普斯·汤普森（Phillips Thompson）。他的重要理论著作《劳工政治》（*The Politics of Labor*）于1887年出版，面向加拿大和美国的劳工运动。他的主题并不是原创的：实际上，大部分主题都是借鉴自马克思，尽管书中仅有一次提到马克思。但他的书在历史上标志着加拿大部分劳工领导层思想和方向进入新阶段，具有重要意义。仅仅进行工会主义是不够的；劳工必须为自己的利益参与政治活动，必须挑战资本主义制度本身，并在此过程中领导所有同样被资本主义剥削的其他阶层：

> 劳工在实现自身解放的过程中将重建世界。在解决劳工问题的同时，其他长期以来亟待解决的问题也将得到解决。困扰人类的各种社会和道德弊病都可以追溯到种姓统治和对劳动阶级的剥削。战争、放纵、卖淫和犯罪，要么是由资本主义滋生的贪婪，有钱有势阶层的自私、傲慢和奢侈，要么是因为被剥夺者的客观需要、无知和堕落所致。当社会和政治平等得到确立，并且每个男人和女人都能享受其劳动所得的全部收益时，激发这些罪恶的动机和滋生这些罪恶的条件将在很大程度上消失。[①]

显然，汤普森的影响及工会在当时的影响力并不很大。但重要的是要看到，在这些运动中和社会主义替代方案中，加拿大开始形成一种真正的反主流文化，首先以无产阶级为基础。汤普森的书出版之时，正值社会主义团体和独立工党在加拿大许多城市中心涌现的时候。

1896—1921年期间，工会运动、各种社会主义组织（主要是加拿大社会党和社会民主党）、一些独立的工人政党、大量的劳工刊物同步并行发展，在一些成功的选举中增加了议会机构中的工人代表人数。同时，罢工斗争、纠察线上的暴力和有组织的工人的战斗性也有

---

① Phillips Thompson, *The Politics of Labor* (Toronto, 1975).

所增加。这种激进行动有明显的区域性，最常发生在新斯科舍省和西部地区。

这其中的一个主要原因似乎是对已经开始显现的地区性差异作出的回应。这些地区的工业企业家试图通过加强对工人的剥削来与加拿大中部地区的制造业企业竞争。另一个因素是这些地区的原始生产适合于工业工会，比如采矿和伐木业，这些工会在所有工业化国家中都比手工业工会更具激进性。

所有这一切都发生在经济领域空前增长的背景下，这是由大量移民潮维持的增长，移民来到这里满足了工业和农业劳动力扩大的需求。来自传统来源地英国的熟练工人和来自新来源地中欧和东欧的非熟练工人的大量涌入，使工人阶级迅速壮大。这反过来又加强了工会运动及其社会主义对应体在数量和激进主义方面的实力。移民潮的另一个影响是许多移民，尤其是来自英国的移民，凭借他们在母国所获得的政治和工会经验，迅速上升到这些组织的领导层。他们的影响力主要体现在两个方面：一是沿用英国已实现的路线，加大立法来保护工会权利；二是效仿英国模式建立加拿大工党。

加拿大工党在1917年贸易和劳工大会全国代表大会上正式成立，但它从未成功地发展为加拿大的第三大党，主要因为英国模式以占人口多数的工人阶级为基础，在与之不同的加拿大环境中是无法复制的。

正如菲利普斯·汤普森所预测的那样，工人阶级的崛起对整个加拿大社会产生了重大影响。最明显的负面影响是保守派对工人阶级诉求的激烈抗拒。在1919年大罢工爆发之前，这是资产阶级、大多数省级政府和联邦政府的主要反应。1917年俄国革命在当时引起了加拿大工人的热烈反响，加重和助长了这种情况。战争的经历直接而迅速地加剧了工人的激进主义，对他们而言，这里和在其他地方一样，战争的影响产生了愤世嫉俗、厌恶和对社会领袖幻灭的痛苦情绪，几乎到了反抗的地步。这反过来又影响了此后具有重大政治意义的两种发展：一是被称为社会福音的新教牧师运动；二是作为资产阶级对工人阶级要求的回应而出现的自由改良主义。

根据最近的历史研究,① 社会福音是一场运动,主要是在新教教会中,试图通过强调社会改革和人类福利的必要性作为教会关注的有效目标,将基督教的原则与工业社会联系起来。它开始于19世纪的最后十年,在战争期间和战后不久达到顶峰。这一历史记录明确了加拿大运动中形成的三个派别:保守派、进步派和激进派。

激进派在一群卫理公会牧师中兴起,主要是在加拿大的西部,他们与劳工和社会主义运动有联系,他们深受这些联系的影响,成为加拿大激进主义的主要人物。其中最著名的是 J. S. 伍德沃斯(J. S. Woodsworth)、威廉·欧文(William Irvine)、威廉·伊文思(William Ivens)、塞伦·布兰德(Salem Bland)和 A. E. 史密斯(A. E. Smith)。他们与已有反抗迹象的西部农场运动也有密切联系,他们"可以相对轻松地在农场和劳工组织之间来回游走……"②

激进派的转折点是温尼伯大罢工。除欧文以外的其他人都直接参与了罢工。艾文斯和伍德沃斯被逮捕,艾文斯被判有罪且监禁一年。罢工之后,艾文斯和史密斯作为曼尼托巴工党的候选人进入曼尼托巴立法机关,伍德沃斯和欧文在1921年当选为下议院议员,在那里他们组成了"工党集团"。由此,他们完全认同了劳工运动,对塑造劳工意识形态观的影响开始起决定性作用。

正如所预料的那样,他们给加拿大社会主义带来了他们的宗教背景和社会福音思想的影响。通过从教会辞职,他们超越了这场运动,因为根据伍德沃斯在辞职信中所说,在教会内"实施任何激进的社会改革计划几乎是不可能的"。③

伍德沃斯是加拿大社会主义中社会民主主义和主导观点的主要倡导者之一,与马克思主义的革命方法有所不同。尽管这种区别可能已经隐含在加拿大社会主义运动内部的许多辩论中,但实际上也是直到俄国革命之后才开始形成。伍德沃斯更倾向于他所称的"英国方式",即英国

---

① Richard Allen, *The Social Passion* (Toronto, 1971).
② K. McNaught, *A Prophet In Politics* (Toronto, 1963), p. 81.
③ J. S. Woodsworth, *Following the Gleam* (Ottawa, 1926), p. 15.

工党在战后的纲领《劳工与新社会秩序》(*Labour and the New Social Order*),其中包含一系列通过议会实现英国社会重建的深远建议。在《温尼伯罢工公报》(*Winnipeg Strike Bulletin*)的一篇文章中,伍德沃斯称这种方法在目标上是革命性的,但在方法上是符合宪政的。他认为,这种方法适合加拿大的需要,但并不排除发生暴力的可能性:

> 难道我们加拿大的企业家以为,随着欧洲各地的革命正在进行,随着英国提出的纲领可以作为取代突发的或许是暴力的革命,我们加拿大人就有可能不受干扰地沿着习惯道路走下去吗?

> 不会的!我们也必须面对新的形势。这些不可避免的根本性变革能否和平实现,在很大程度上取决于加拿大企业家的良好判断力,他们现在大规模地控制着这个国家的工业和政府。

> 我们承认前景并不十分光明。①

麦肯齐·金和自由主义改革主义

然而,伍德沃斯的悲观主义是没有根据的。就在他写下那段话的同时,加拿大政界的高层正显示出向劳工更具妥协性的态度和接受一些改革措施的准备。这些观点包含在麦肯齐·金1918年出版的《工业与人道》(*Industry and Humanity*)一书中。② 金也读过英国工党的纲领,对其印象深刻。他认为其中呼吁政府保障"国家最低生活标准"的方法是切实可行和公正的。他还读懂了加拿大工人阶级的情绪,并得出结论,必须努力满足工人阶级的一些诉求,采取一种和解而非对抗的方法。下面这段话表达了该书的典型主题:

---

① J. S. Woodsworth, *Following the Gleam* (Ottawa, 1926), p. 15.
② W. L. Mackenzie King, *Industry and Humanity* (Toronto, 1918).

第二章 加拿大意识形态的形成

  社会主义不太可能以一个全能的无所不在的国家形式，或以一个民主国家控制工业的产业工会主义的形式，永久地取代现有的秩序；完全有可能的是，集体主义理想，特别是它们所代表的社会观念和提高劳工地位的理想，将在未来岁月中极大地扩大其影响力。这不过是自然进化的延续，经验已完全证明这是合理的。相信一定程度的国家干预是明智和公正的，这种信念取代了旧有的自由放任观念，即无限制竞争是工业组织的理想方式。监管，特别是涉及最低社会福利方的监管，越来越成为当今所接受的秩序。①

  金还警告说，如果政府不采取这种做法，就会出现冲突、混乱和工业动荡。温尼伯大罢工似乎证实了这一预测，他觉得这一事件发生在自由党领导层大会前的两个月，将加强他作为该职位候选人的可信度。1919年6月，金在写给其弟的信中透露出："西部的劳工动乱可能会导致党内一些人倾向于我的领导……"②

  他的推断是正确的。他在大会上的演讲重点是劳工和社会改革。这个主题思想迎合了大会的意愿，会议将大量福利和劳工立法纳入了自由党的纲领。一位观察员对本次大会作出评论：

  大会的一些计划确实表明，这将是加拿大进步主义的一次集会，派遣代表的权利将扩大到加拿大贸易和劳工大会、铁路兄弟会（the Railway Brotherhoods）、农业委员会（the Council of agriculture）和第一次世界大战退伍军人协会（the Great War Veterans Association）。《工业与人道》对这些人和新商人来说似乎不太激进。就加拿大自由社会改革的世界而言，这本书的出现就像他本

---

① W. L. Mackenzie King, *Industry and Humanity* (Toronto, 1918), (from revised and abridged edition, 1947), p.179.
② Quoted in F. A. McGregor, *The Fall and Rise of Mackenzie King*, 1911–1919 (Toronto. 1962), p.335.

人一样，在正确的时间出现在正确的地方。①

关于此次大会所代表的重大转变，霍洛维茨是这样描述的：

> 金的《工业与人道》和"1919年自由纲领"标志着加拿大英语地区从旧的个人主义向新的自由主义改革的过渡。②

然而，如果仅把这个转变看作是自由党寻求政治优势或者麦肯齐·金利用这种呼吁来推进自己的竞选活动，是不够准确的。这也表明，鉴于托利党意识形态所产生的破坏性影响，加拿大资产阶级的很大部分人认识到并响应了变革的必要性。在这方面，他们是在重复西欧和英国的经验，在那里出现民主自由主义是资产阶级对工人阶级崛起和社会主义思想兴起的反应。

当托利党政府在向自己和全国灌输工人起义的幽灵时，实际上发生的是安大略省和草原省农民的政治起义。起义摧毁了联邦的两党制，在安大略省、阿尔伯塔省和曼尼托巴省产生了第三党政权，并建立了通过农民主导的省级政权来表达农民不满的传统。

加拿大农业的特征是以独立小生产者为基础，他们拥有自己的土地，但其生存依赖于商业、金融和工业利益，这使得土地激进主义成为加拿大政治和思想发展的一个永恒主题。这种激进主义是导致上加拿大和下加拿大叛乱的边疆民主思想的基础。这是联邦成立后安大略省改革运动的一个重要因素。乔治·F. G. 斯坦利（George F. G. Stanley）断言"1884—1885 年的梅蒂斯运动也是一场土地抗议运动"。③ 然而联邦建立后的西部地区作为加拿大中部经济开发的殖民地腹地，通过赋予区域基础而放大了固有的冲突。C. B. 麦克弗森（C. B. Macpherson）在《阿尔

---

① Richard Allen, *The Social Passion*, p. 198.
② G. Horowitz, *Canadian Labour In Politics* (Toronto, 1968), p. 30.
③ George F. G. Stanley, "The Western Canadian Mystique". David P. Gagan ed., *Prairie Perspectives* (Toronto. 1970), p. 14.

伯塔的民主》①（*Democracy in Alberta*）一书中分析了这种阶级和区域冲突的结合。这一冲突引发了针对铁路、银行和工业垄断企业的农场运动，触及了劳工运动和社会主义运动同时提出的许多要求。然而，虽然在纲领上存在巧合，但它们之间几乎或根本没有联系。1919年，安大略省选举似乎是这方面的突破，43名安大略省联合农民和11名安大略省工党当选成员联合组成了加拿大第一个农民—劳工政府。

然而，在西部地区的农民与劳工之间的这种联系更加没有规律。1921年4月，阿尔伯塔农民联合会（the United Farmers of Alberta）在一次补选中取得了首次选举胜利，一位农民候选人与梅蒂逊哈特市有组织的劳工进行合作而赢得了联邦席位。在农业激进主义和以劳工为基础的社会主义之间形成可行和持久的联系，花费了数年时间和大量努力，尤其在意识形态方面。这个任务主要是由涉足两个阵营的社会福音牧师或前牧师完成的，特别是威廉·欧文和J. S. 伍德沃斯。他们巩固这种联系的行动使他们意识到，1933年伍德沃斯所说的区别于英国方式或美国方式的"加拿大方式"是农民和工人的政治运动的结合，以其意识形态的混合来反映了这种联盟。

特别是在20世纪20年代发展起来的这种结合吸引了学术界的一部分人（麦吉尔大学和多伦多大学很突出），并导致加拿大学者们第一次在社会主义运动中公开露面。他们对这场运动作出了重要贡献，尤其是在30年代。他们确立了知识分子参与激进政治的权利，尽管这让他们中的一些人几乎失去了工作。

小　结

加拿大社会的主要意识形态主题是在两个截然不同的时期形成的：第一个时期是从征服战争到联邦成立，第二个时期是从联邦成立

---

① C. B. Macpherson. *Democracy in Alberta: Social Credit and the Party System* (Toronto, 1962).

到第一次世界大战结束。

英国当局在征服战争后植入的托利主义与新法兰西统治精英残余的宗教专制主义相结合，建立了比以往更加僵化和专制的政府和社会机构。随之而来的冲突和斗争挑战了代表加拿大法语地区和英语地区的小资产阶级的权威主义，他们从英国、法国和美国的革命和改革运动的自由民主的思想中汲取了很多灵感。

联邦的成立使这些斗争达到了高潮，现代加拿大国家的建立很大程度上反映了商业阶层的利益，他们的观点主要是托利党的观点，由于吸收了改革者的一些思想而使其观点有所改变，但仍拒绝自由民主主义。

这个时期出现的共同政治文化在"国家政策"中以纲领形式表达出来，只要它能带来经济扩张，就有望实现国家统一，并将最大程度减少两个主要政党之间的分歧。但是，地区、群体、阶级和国家的分歧开始爆发，威胁到这种团结，并在第一次世界大战结束时破坏了这种团结。

托利党的国家联盟理念无法容纳这些分歧，引发了几次爆炸性的对抗，不可避免地造成了分裂和分歧。这些分歧表明"国家政策"已经走到了尽头。一种新的政策开始出现，随之而来的是基于和解而非对抗的自由主义改革思想。

自由主义改革主义的兴起是对工业工人阶级和有组织的劳工运动的回应；也是对社会主义思想发展的回应。社会主义思想成为加拿大意识形态光谱的一部分，与此同时，自由主义改革主义正在成为加拿大社会的主导观点。

这一阶段的社会主义思想完全以工人阶级为中心，在很大程度上受到马克思主义的影响。然而，作为对俄国革命的反应，同时在农业起义的推动下，它开始转向具有加拿大特色的社会民主主义表达方式，越来越朝着连接劳工和农民运动的方向发展，并通过意识形态的结合实现这一目标。

第三章 加拿大的社会主义思想：从起源、开端到1921年

加拿大的社会主义思想起初就包括多种思潮：马克思主义（Marxism，主要表现为总部设在美国的社会主义劳工党）、各种形式的基督教社会主义（Christian socialism）、亨利·乔治主义（Henry George-ism）、基于贝拉米《回望》（Looking Backward）的空想社会主义（Utopian socialism），以及劳工主义（laborism）。所有这些思想都体现在加拿大社会主义联盟（Canadian Socialist League，CSL）中，到1900年时，该联盟在"自治领各地区有17个分支机构"。① 这些思想被植入加拿大，主要是通过与英国和美国思想的接触，还有大多数来自英国的移民工人的影响。而加拿大社会主义联盟的领导人之一 G. 韦斯顿·威格利（G. Weston Wrigley）则认为，上加拿大和下加拿大叛乱的后果是社会主义思想的另一个来源：

"1837年反叛者"的许多后代在1901年积极参与了社会主义宣传，本作者的祖父曾有幸作为反叛分子入狱三个月。②

麦肯齐·金据说也是与社会主义运动有过接触的反叛者后代，社

---

① G. Weston Wrigley, "Socialism in Canada", *International Socialist Review* (Chicago, 1900–1901), Vol. 1, p. 686.
② G. Weston Wrigley, "Socialism in Canada", *International Socialist Review* (Chicago, 1900–1901), Vol. 1, p. 685.

会主义运动的一名成员说，金在多伦多大学读本科期间参加了多伦多社会主义团体的会议，"有时"也参与其中的讨论。①

1903 年，随着加拿大社会主义联盟和不列颠哥伦比亚省社会主义党（the Socialist Party of British Columbia）合并成立加拿大社会主义党（the Socialist Party of Canada），马克思主义成为加拿大社会主义的主要特征，并一直保持到 1921 年。与此同时，加拿大社会主义党的结构变成以无产阶级占绝对优势，以至于有些人认为，它是工会运动的附属物。它的主要拥护者是工人，其中大多数都是工会的积极分子。社会主义很少得到工人阶级以外的支持。加拿大的社会主义队伍中完全没有任何知识分子，尽管对加拿大社会主义影响最大的两个国家英国和美国，可以夸耀有一大批学者、诗人、小说家、剧作家、散文家投身于社会主义事业并认同它。

很难确切地解释缺少知识分子参与的原因，除了少数社会福音牧师的支持，这种情况一直持续到 30 年代。J. A. 霍布森在其《帝国主义研究》（*Imperialism*：*A Study*，1902）中提到加拿大大学里的恐吓行为，但没有详细说明：

> 很少直接干涉思想自由，也很少针对个人，虽然在美国和加拿大都发生过一些最粗暴的搜捕异端事件。②

霍布森接着说道，然而，"真正的危险在于教师的任命而非解雇，在于决定应当教授哪些科目，应该给予每个科目相应的关注程度，以及使用哪些教科书和其他教学工具"。按照这些标准，审视多伦多大学政治经济学系 1894—1917 年的课程表是很有启发性的。在这段时期，该系没有列出任何一个与社会主义或马克思有关的科目，也没有推荐任何一本与这个主题相关的阅读材料。

---

① James McArthur Conners, *The Labor and Socialist Movements in Canada*, unpublished manuscript, undated in "Woodsworth Collection", University of Toronto, p. 2.
② J. A. Hobson, *Imperialism*：*A Study* (London. 1968), p. 219.

第三章 加拿大的社会主义思想：从起源、开端到1921年

另外，加拿大确实有一些知识分子以激烈反对社会主义而著称。戈德温·史密斯（Goldwin Smith）在他的许多文章和公开演讲中警告工人阶级要提防"社会主义的幽灵"。詹姆斯·梅弗（James Mavor）曾是英国社会主义运动的重要人物，在那里与西德尼·韦布（Sidney Webb）是同事，但从1894年接任多伦多大学政治经济系主任之后，成为"谴责社会主义、批评工会运动和学术政治"的专家。① O. D. 斯凯尔顿教授后来成为麦肯齐·金政府的一名重要公务员，在1911年发表了他对马克思主义的大规模攻击，而在此三年前他就曾因为一篇题为"反对社会主义的案例"的文章获得了美国一家公司颁发的最佳论文奖。

加拿大社会主义的无产阶级特征

这种情况突出了加拿大社会主义运动在早期的无产阶级特征。大多数宣传社会主义思想的作家和演讲者都是工人，受过很少的正规教育，自学马克思主义及相关主题，全职工作之余进行教学、学习和组织工作。他们对马克思的著作产生了浓厚兴趣，激发了他们对通识教育的求知欲，许多人在哲学、人类学和历史学方面变得非常博学。W. A. 普里查德（Pritchard）是这个工人知识分子团体留守下来的成员，他描述了1911年加入加拿大社会主义党在温哥华地方第一分部（Local 1 of Canada Party）时首次接触到的教育计划：

> 当地有一个很好的图书馆，所有的社会主义经典著作和各种学科的大量科学著作都陈列在阅览室的桌子上，或专门留出区域展示最新的杂志和期刊。在冬季的几个月里，每周日下午有一节经济学课，由乔治·摩根（George Morgan）主持。周二是当地的商业会议，周四是J. D. 哈林顿（J. D. Harrington）的

---

① H. S. Ferns and B. Ostry, *The Age of Mackenzie King* (Toronto, 1976), p. 5.

历史课，有一段时间里周五晚上还有一节课是为有兴趣成为党派演讲人开设的，由满腔热情的红头发演说家 H. M. 菲茨杰拉德（H. M. Fitzgerald）主持。①

在1960年加拿大广播公司（CBC）的一系列访谈中，保罗·福克斯（Paul Fox）就加拿大早期社会主义的性质问题，采访了许多加拿大社会主义运动的资深成员，他们无一例外地描述了对社会主义教育的重视。最常提及的主要宣传家的名字是哈林顿、金斯利、普里查德、摩根、菲茨杰拉德、奥布莱恩、卡瓦纳、佩蒂皮斯和勒菲科斯。议员安格斯·麦金尼斯（Angus MacInnis）告诉保罗·福克斯，他们中有些"可能是我听到的最有才能的演讲者"。勒菲科斯就是这些先锋社会主义者中最有才华的人之一，他评价 E. T. 金斯利（E. T. Kingsley）：

……是一位真正的哲学家和科学家。我认为他是自学成才的。金斯利是我见过的在社会主义和通用哲学方面最博学的人。他是一位马克思主义者。

外部的发言人也受邀在社会主义的公共论坛上演讲。最受欢迎的有英国的拉姆齐·麦克唐纳（Ramsay Macdonald）和凯尔·哈迪（Keir Hardie），美国的尤金·德布斯（Eugene Debs）、丹尼尔·德利昂（Daniel DeLeon）以及斯科特·尼尔林（Scott Nearing）教授。但在这个形成期，给加拿大灌输社会主义思想的主要工作是由这些自学成才的工人阶级成员完成的。

这种情况既有积极的一面，也有一些可理解的负面特征。它培养出了一批在劳工运动中备受尊敬的人，甚至超越了那些赞同他们社会主义观点的人。他们对教育的重视使他们在同事中脱颖而出，被视为

---

① W. A. Pritchard, *Letter to Normon Penner*, August 6, 1974.

第三章 加拿大的社会主义思想：从起源、开端到1921年

特别有才能的人。与此同时，这也给其他人带来了自信。毕竟，如果他们的同伴能够在没有正规培训的情况下掌握哲学、历史和经济学，那么他们也可以做到。

另一方面，他们的作品和演讲往往带有抽象和教条主义的特点，一遍又一遍地重复马克思主义的原则，但很少关注马克思主义作为一种分析工具对加拿大社会作出批判性研究的可能性。他们的作品主要局限于发表在社会主义和劳工期刊，或是五分和十分钱的小册子。在这一时期，除了具有启发性的两本作品之外，加拿大社会主义运动并没有产生出重大著作。

《劳工政治学》（*The Politics of Labor*）是多伦多社会主义者菲利普斯·汤普森于1887年出版的一部重要著作。它批判了美国资本主义及其政治制度，在美国出版，但书中没有提及加拿大。另一部著作是美国的古斯塔夫斯·迈尔斯（Gustavus Myers）的《加拿大财富史》（*History of Canadian Wealth*），1914年由芝加哥的查尔斯·H. 科尔（Charles H. Kerr）出版。这是一部从马克思主义观点审视加拿大资产阶级形成的经济史。虽然这本书由加拿大社会主义党和社会民主党进行发行，但正如科尔出版社的所有出版物一样，但除了例行广告中列出可供购买的书籍外，在当时没有特别引起注意，也没有对加拿大社会主义者的工作产生任何政治含义。在加拿大社会主义党机关刊物《西方号角》（*Western Clarion*）1917年刊发的文章中，开始了一系列面向读者的每周课程，主题是"初学者的唯物史观"。直到第19课，作者才涉及加拿大历史。他承认自己受迈尔斯的影响，并敦促读者进一步研究迈尔斯的著作。

如果加拿大社会主义运动与国际社会主义大会（the International Socialist Congress，又称第二国际）建立联系并参与其中，这种缺乏知识支持的情况可能会有所改善。该大会定期召集欧洲和美国社会主义的一些最有影响力的知识分子。但是，加拿大人与该组织的关系最多只能说是薄弱和间接的，从实际意义上说，几乎是不存在的。1904年，纽约的丹尼尔·德莱昂（Daniel DeLeon）向阿姆斯特丹大会递交

了资格证明,声称他代表澳大利亚、加拿大和美国的社会主义工党。

德莱昂在大会结束后给加拿大成员的报告中解释说,虽然加拿大社会主义工党被接受为出席政党名单上的一个单独实体,但它没有获得代理表决权。德莱昂接着告诉他的加拿大成员,他们的独立代表权甚至也受到英国社会民主联盟的质疑,该联盟声称,由于加拿大是英国的殖民地,它根本就没有自己的合法身份。因此,加拿大社会主义工党无权获得"单独承认"。[1]

但是,加拿大社会主义党(SPC)在这个时候已经存在,不久就成为加拿大主要的社会主义组织。1909年,它的自治领执行委员会在回应党内的询问中,通过了一项反对加入第二国际的决议。所提出的主要理由是"国际社会主义局(the International Socialist Bureau)认为应该适当地接纳某些非社会主义团体,特别是英国工党,可是这样的政党非但不懂社会主义的原则,而且公开实行与资本主义政党融合和妥协的最无耻的政策……"

这项决议具有重大意义,原因是多方面的。它驳斥了一些加拿大历史学家的简单假设,即把社会主义思想从英国带到加拿大的工人阶级移民也带来了英国工党及其费边派的思想。这一时期来到加拿大的大多数英国社会主义者,实际上都是劳工主义和费边主义的坚定反对者。该决议还作出一个有趣的评论,认为加拿大社会主义党的僵化方法与欧洲社会主义政党对英国工党申请加入它们所采取的立场形成了鲜明对比。

列宁和考茨基在那场辩论中非常突出,他们都主张接受工党,尽管按照第二国际的入会规则,工党并没有正式承认阶级斗争的原则,也没有自称是社会主义党派。考茨基认为,虽然英国工党"不直接承认无产阶级的阶级斗争,但它还在进行斗争……"列宁宣布,英国工党正在"向社会主义和无产阶级群众组织的阶级政策迈出第一步",

---

[1] Daniel DeLeon, *Flashlights of the Amsterdam Congress*, New York Labor News (1929), p. 6.

第三章　加拿大的社会主义思想：从起源、开端到1921年

通过接受工党的申请，第二国际将继续鼓励该党沿着这条道路迈出更多的步伐。列宁特别批评了英国社会民主联盟的 H. H. 海恩德曼（H. H. Hyndman）"带着宗派主义态度行事"，他所采取的立场实际上被加拿大社会主义党在1909年决议中照搬了。①

加拿大社会主义的分裂

加拿大社会主义党执委会采取的立场在党内引起了强烈反对。这成为导致加拿大社会主义党的分裂和1911年加拿大社会民主党（the Social-Democratic Party of Canada，SDPC）成立的问题之一。加拿大社会民主党在成立大会上加入了第二国际。1914年，加拿大社会民主党内以933票对127票的公投结果，决定选派一名代表"在加拿大社会主义历史上第一次"参加定于8月在维也纳举行的国际代表大会，"将与世界上最著名的社会主义者站在一起"。② 这位代表（最初选派社会民主党执行秘书 H. 马丁，后由票数第二的詹姆斯·辛普森代替）因途中战争爆发而不得不返回加拿大。因此，加拿大社会主义运动一直与国际社会主义运动分离，直到1919年共产国际成立后才再次面临这个问题。它唯一的联系是通过《国际社会主义评论》（International Socialist Review），该月刊由查尔斯·H. 科尔于1901—1918年在芝加哥出版，为加拿大社会主义运动的领导干部提供有关其他地方社会主义运动的信息来源。但加拿大对该杂志的贡献很少，只有 G. 威斯顿·威格利在1901年、1903年和1904年发表了三篇文章；新斯科舍省的罗斯科·菲尔莫尔（Roscoe Fillmore）在1915年发表了一篇文章，古斯塔夫斯·迈尔斯在1913年发表过一篇关于加拿大的文章。

除了社会主义工党短暂地成为加拿大主要的马克思主义团体之外，加拿大的社会主义运动一直是独立的，两个主要的社会主义党派

---

① See Lenin's account of this debate in the collection *British Labour and British Imperialism* (London, 1969), pp. 93 – 98.
② *Cotton's Weekly*, June 4, 1914.

都是自治的、无隶属关系的全国性组织。这两个社会主义党派的纲领相似，主要基于《共产党宣言》中的一般性陈述，并没有试图用特定的加拿大术语来表达。

加拿大社会民主党（SDPC）于1911年12月30—31日在亚瑟港举行的团结大会上通过了一个纲领和章程，其执行声明如下：

> 社会民主党的任务是教育加拿大工人认识到自己在社会中的阶级地位，认识到自己在经济上被资本家奴役，并将工人们组成一个政党，夺取政权，把一切资本主义财产转变为工人阶级的集体财产。这种社会变革不仅意味着无产阶级的解放，也意味着全人类的解放。只有工人阶级才能实现这一目标……

加拿大社会主义党（SPC）的"纲领"或"宣言"（这两个术语可以互换使用）于1910年最终定稿，其中包含了对社会主义革命的描述：

> 工人阶级的利益在于通过废除工资制度使自己从资本主义的剥削中解放出来，而工资制度是在生产环节上对工人阶级进行剥削的幌子。要做到这一点，就必须把财富生产资料中的资本主义所有制转变为集体所有制或工人阶级所有制。
>
> 资本家和工人之间不可抑制的利益冲突正迅速升级为一场争夺政府控制权的斗争——资本家要掌握政权，工人要通过政治行动来获得政权。这就是阶级斗争。
>
> 因此，我们呼吁所有工人在加拿大社会主义党的领导下组织起来，我们的目的是争取公共权力，制定和实施工人阶级的经济计划……

这两个纲领在如何实现转变都表述得模糊不清。加拿大社会民主党使用了"夺取政府控制权"的措辞，而加拿大社会主义党则谈到通过工人的"政治行动"来"征服公共权力……"社会民主党并未表

第三章 加拿大的社会主义思想：从起源、开端到1921年

明自己必然是领导这一过程的党派，而社会主义党在这个问题上却非常明确。二者都同意只要工人或客观条件还没有为社会主义做好准备，那么在争取权力的道路上就应该支持立即进行改革的建议。尽管不反对围绕即时问题的行动，但两个社会主义党派都将这种行动放在次要的位置。他们在纲领中提出了民主和支持劳工的总体要求，但并未就当前的政治问题形成独特的党派立场，而通常就由他们选出的代表根据问题的出现作出回应。他们倾向于认为，采取任何其他的态度可能会在工人中间产生幻想，并妨碍"告知我们阶级的其他成员，他们不能指望从敌人—资产阶级那里得到补偿"。①

然而，社会主义党派并没有忽视其当选的社会主义议员的工作。例如，1910年，加拿大社会主义党发布了一本小册子，描述了自1901年以来在不列颠哥伦比亚省议会任职的社会主义党成员 J. H. 霍桑韦特（J. H. Hawthornthwaite）的立法工作业绩。这是令人印象深刻的表现，社会主义党为之自豪，并因此获得赞誉。然而，党派之间的关系及其代表所提倡或支持的社会主义措施继续困扰着社会主义运动，人们经常对社会主义运动中的"治标不治本"表示不安。

从加拿大社会主义党的文件中可以清楚地看出，他们认为，自己做的所有工作都是对工人教育的贡献，并不像有些历史学家把社会主义宣传理解得那么狭隘。《红旗》（*The Red Flag*）是社会主义党机关报刊曾短期用过的刊名，它在1919年的一篇社论中是这样解释的：

> 人们经常以一种或多或少带有贬义的口吻问：为什么把自己局限于教育？难道社会主义党已经无能为力了吗？
>
> 答案当然是否定的！
>
> 但是必须理解，用无产阶级的语言来说，教育意味着阶级意

---

① From a 1914 Pamphlet Written by T. Pilkington and Published by the Socialist Party of Canada.

识——阶级意识必然带来阶级团结——教育能够并且正在以许多不同的方法实现之。社会主义党派有其独特的方法，即宣传集会和文献分发。工会，无论是手工业工会还是工业工会、革命性还是其他形式，无论是有意识还是无意识地，都在尽力教育群众，让他们认识到自己在人类社会中的地位。罢工、暴动、劳资纠纷或初步的革命只能促进阶级意识和阶级团结，除此之外对（统治阶级的）垮台没有任何贡献……

这种看待问题的方式是否被所有社会主义党领导层认同还存在疑问。但可以确定的是，他们虽然不反对支持即时要求，但并不认为制定此类要求是社会主义党的职责。他们认为，有必要对资本家和资本主义毫不妥协，全面谴责这个制度的基本特征，从而在加拿大的工人面前表现为资本主义不可调和的敌人，并成为资本主义政党和政府的唯一真正的替代物。

对于社会主义者提出的这种意象，阿尔伯塔省议会的社会主义议员C. M. 奥布莱恩（C. M. O'Brien）在1909年作出如下概括：

> 这个议会的每位成员，无论是自由党人、保守党人还是独立派（我不知道这个独立派是什么意思；他可能独立于自由党或保守党，甚至独立于两者，但他不能独立于资本统治之外）。我要说，这个议会的每一位成员，除了我自己以外，都是被选出来捍卫和维护现行社会制度的，捍卫其基础——资本，从而为资产阶级拥有一切必要的财富和生产资料所有权的合法性进行辩护。

> 我们社会主义者的纲领是"把资本主义所有制转变为工人阶级的集体所有制"；因此，议长先生，很容易看出，大会其他成员所代表的利益与我所代表的利益是绝对对立的，反之亦然。诚然，我们喜欢阳光明媚的阿尔伯塔的好天气，都希望远离瘟疫、疾病和自然灾害，但是在经济和政治立场上，我们是敌人。

第三章 加拿大的社会主义思想：从起源、开端到1921年

据说1910年的分裂导致了加拿大社会民主党的成立，这在很大程度上反映出加拿大社会主义党对"即时要求"采取教条主义方法遭到了反对。因此，新社会主义组织的活动及其纲领应当明显地更加重视改革措施。然而，社会民主党的政纲并没有明确界定这种差异。但它确实表示加拿大社会民主党"将支持任何有助于在资本主义条件下改善状况的措施，如：（1）缩短劳动时间；（2）消除童工；（3）不区分性别或不考虑财产资格的成人普选权；（4）倡议权、全民投票权和罢免权"。

这些措施实际上与加拿大社会主义党的纲领并无不同。虽然在侧重点和实践活动中确有差异，但其差异绝不是单方面的。在1911年的联邦选举中，加拿大社会主义党谴责互惠主义（Reciprocity）是"转移无产阶级视线的诱饵，旨在吸引觉醒的无产阶级摆脱对资本的追求"；而社会民主党则"支持将它作为朝向自由贸易迈出的一步"。加拿大社会主义党在那次竞选中提名了八名候选人，而社会民主党在加拿大的最大分支机构安大略省分部却没有提名任何一位候选人。加拿大社会主义党倾向于忽视市政选举，而社会民主党则开始提名并选举进入温尼伯和多伦多市政机构的代表。

但是，社会主义者认为，劳工运动是他们最特殊和最重要的支持力量，他们在劳工运动中发挥的影响远远超过他们在整个国家政体中的力量。

这种影响归因于英国移民的作用，尤其是"国家政策"出台后，他们的涌入为加拿大工业化进程补充了劳动力。当然，在20世纪头二十年里的工会运动中崭露头角的社会主义者大多是英国人，他们带来了发展完善的社会主义和工会意识，还有他们的技术技能。

但是，加拿大社会主义和工会主义在那些年相互交织的过程，在很大程度上也要归功于美国工会运动对加拿大的渗透。

劳工骑士团（The Knights of Labor）和美国劳工联盟（the American Confederation of Labor）在很大程度上都要归功于社会主义者，包括一开始的塞缪尔·冈珀斯。这些组织机构的序言和章程采用了马克

思主义的风格和语言就反映出这种作用。这个时期,对加拿大有一定影响的较小的美国工会中心也是如此:西部矿工联合会(the Western Federation of Miners)、美国工会(the American Labor Union)和世界产业工人联盟(the Industrial Workers of the World)。美国工会的激进主义与加拿大工会的保守主义形成了鲜明对比,来自英国的早期社会主义者在美国工会中更有舒适感。

在许多关于加拿大所谓国际工会的文献中,人们关注的焦点是塞缪尔·冈珀斯(Samuel Gompers)的角色,尤其在他不再是社会主义者而成为"商业工会主义"的大力倡导者和社会主义的敌人之后。但在这方面被忽视的是,尽管发生了冈珀斯事件,但是,社会主义在美国劳工运动内部的影响仍然很强大,在这一时期,社会主义在一些强大的工会甚至占据了主导地位,这使得加拿大这些工会中的社会主义者更容易成为并持续成为当地工会的领导人。最近一项关于美国工会运动的研究确定了这些年来社会主义势力强大的五个主要工会:矿工联合会(美国劳联)、国际女装工人工会(美国劳联)、国际机械师协会(美国劳联)、啤酒工人联合会(美国劳联)、服装工人联合会(独立)和西部矿工联合会(独立)。① 除了啤酒工人联合会之外,加拿大的这些工会也是由社会主义者领导的。另外,加拿大社会主义者在不列颠哥伦比亚省的国际码头工人协会、多伦多的国际印刷工会、蒙特利尔的蒸汽钳工和水管工联合兄弟会、几个美国的铁路兄弟会以及许多行业和劳工委员会和联合会中都有影响力。从1911年到1918年,加拿大行业和劳工大会(TLC)的主席和副主席都是社会主义者:他们分别是 J. C. 沃特斯(J. C. Watters)和詹姆斯·辛普森。

社会主义政党把主要的宣传工作指向劳工运动。1913年,他们在加拿大行业和劳工大会上发起并成功通过一项决议,指导所有地方工会根据马克思的《价值、价格和利润》开设课程。1912年,他们

---

① William M. Dick, *Labor and Socialism In America* (New York, 1972), pp. 72 – 75.

第三章 加拿大的社会主义思想：从起源、开端到1921年

通过隶属于不列颠哥伦比亚省劳工联合会的工会进行公民投票，通过了一项支持社会主义的决议。当时，该联合会的官方刊物《不列颠哥伦比亚省联邦主义者》（*B. C. Federationist*）由加拿大社会主义党成员负责编辑，其内容以定期刊登马克思主义理论文章为特色，经常与社会主义党自己的期刊难以区分。在安大略省，《科尔顿周刊》*（*Colton's Weekly*）在1911年成为社会民主党的机关报，到1913年其发行量增长到3万份，在工会会员中拥有大量读者。

社会主义者在宣传工作中倾向于把工资斗争和工资增长贬低为虚幻的"缓和剂"。但是，作为工会成员，他们在这些斗争中的表现出色。他们主张独立的劳工政治行动，但是，对于这种活动应该通过社会主义政党进行，还是通过社会主义者参加的英国模式的劳工政党进行，他们并不清楚，也存在分歧。1917年，当加拿大行业和劳工大会年度大会上承诺建立加拿大工党时，后一种路线的支持者似乎取得了重大突破。在1918年大会的报告中，加拿大行业和劳工大会的执行委员会说明了这一决定：

> （这个决定）使工会主义者和社会主义者联合起来采取共同行动，为建立一个强大而进取的国家工党的前景从未像今天这样光明。

尽管执行委员会的乐观主义被证明是没有根据的，但是，该声明确实承认了到那时的各社会主义政党在与劳工运动的关系中发挥的效力，特别是承认了他们在最终建立两党制之外的政治中心方面所做的开创性工作。这是一个重要机构首次明确宣布现有的两党制并没有代表绝大部分加拿大人民的利益，对这一制度的反对在某种程度上也与社会主义思想有关。

---

* 该报于1914年更名为《加拿大前锋报》。

◇◆ 加拿大左翼：批评性分析

社会主义者与工会

对于社会主义工会主义者在具体的工会问题上应当采取什么样的态度存在着异议和分歧。其中最持久的两个问题是工会自治和工会机构，这两个问题在战争期间变得尤为突出，在西部工会的反叛、"大工会"*（the One Big Union，OBU）的出现以及温尼伯大罢工中达到了顶点。关于这些问题和相关问题的分歧，不仅出现在社会主义政党之间，而且也存在于他们队伍的内部。

毫无疑问，社会主义政党的成员在西部工会的反叛、"大工会"和温尼伯大罢工中表现突出。他们通过领导机械师工会（the Machinists Union）而在温尼伯大罢工中起到了决定性作用，因为机械师工会与金属贸易制造商的纠纷是引发大罢工的导火索。但没有确凿证据表明启动"大工会"是加拿大社会主义党采取的政策并指导其成员执行的。加拿大社会主义党机关报的一篇社论引发的争论为这个问题提供了一些线索。在1920年4月1日的《西方号角》中，一篇关于温尼伯大罢工审判的社论随意说了这样一句话，大意是"我们的职责不是宣扬何种工业组织形式更为优越，如果存在这种工业形式的话……"

这句话明确提及了"大工会"，特别是最后三个词，引发了"大工会"在卡尔加里发行的报刊《探照灯》（*Searchlight*）4月9日文章的犀利反驳。这进而又引起《西方号角》的一篇社论讨论这个主题并扩展其回答，包括加拿大社会主义党对劳工运动政策的陈述或重申。这篇社论发表于5月1日，是社会主义政策对待工会的重要声明。其部分内容是：

---

* 虽然1919年3月在卡尔加里举办的西部劳工大会上提出了"大工会"计划，但一直到6月11日"大工会"才成立。没有来自温尼伯的劳工参加就职大会。译者注：the One Big Union（OBU）可以译为"一个大工会"或"一个大联盟"，译文中简化为"大工会"。这是一个工团主义工会，主要活跃在加拿大的西部地区。

第三章 加拿大的社会主义思想：从起源、开端到1921年

这项政策的全部声明暗示的是，各种形式的工业组织的相对优势不属于加拿大社会主义党的活动范围，但这些问题引起的具体事务需要有组织的劳工运动进行考虑、决定和采取行动，因为它们影响到其成员在工作和工资条件方面的直接斗争。只有加拿大社会主义党在认识到把一切社会现象纳入社会主义革命观点的总体目标时，这类问题才是加拿大社会主义党的事务……

劳动组织的形式在结构上顺应于资本主义工业的实体组织形式，将在其成员与雇主就工作和工资讨价还价时发挥价值。然而，在革命意义上，劳工组织的价值并不在于它的具体形式，而在于它的队伍中有阶级觉悟的工人的人数。我们主张，对于有组织的劳工运动中的社会主义者、非社会主义者和反社会主义者，必须保留该运动对我们当前工业和社会生活中的即时状况的回应形式。

另一方面，社会主义党的任务是宣传社会主义，最终是要把人类从这种状况中解放出来。加拿大社会主义党把全部精力集中在工人阶级的这项事业上，这是最符合工人阶级利益的。

然而，这项政策的理论表述要比实践应用更为容易。在一定程度上，工会运动和社会主义运动之间存在着默契的分工，一个进行经济斗争，另一个进行政治斗争。但在战争所造成的压力和条件的冲击下，这种关系破裂了。其结果是，加拿大行业和劳工大会内部与社会主义者之间出现了尖锐的分歧，特别是来自西部的社会主义者与东部的重要且最终有决定性作用的一部分工会领导人形成了对立。在1918年大会上激化出来的问题包括征兵、产业工会主义、工会和民权，激进的工会主义者认为，这些问题正受到《战争措施法案》（*War Measures Act*）的侵蚀。这场斗争的后果是，同为社会主义者的

工会主席和副主席的失败,与西部工会的疏远,以及选举出一个更加自由主义的而非社会主义的加拿大行业和劳工大会的领导班子。

社会主义者虽然在大会上失败了,却把这些问题交给了工会成员和广大工人,并参与了一系列政治、宣传和经济运动,在随后的三年里。这些活动帮助工人阶级变得激进起来。其中的重点活动包括1919年的西部劳工大会、"大工会"的发起、温尼伯大罢工、1919年安大略农民—劳工政府的选举,1920年曼尼托巴省选举产生11名工党候选人,在支持温尼伯大罢工被逮捕和监禁的领导人的全国运动中的深远影响,以及1921年两名劳工议员进入下议院。

一些历史学家在撰写这一时期的历史时宣称,社会主义党陷入了"工团主义的狂欢",最终以灾难告终,从而证明了"工团主义策略的无效性"。德斯蒙德·莫顿(Desmond Morton)是提出指责的人之一,他将工团主义定义为"劳工斗争是使议会和政府的常规机构发生短路的学说"。[1] 马丁·罗宾(Martin Robin)声称工团主义代表了"直接行动主义者"和"政治行动主义者"之间的"长期争论"。[2]

在这些分析中,有许多从历史观点上无法支持的假设。其一是所谓的"政治行动主义者"和"直接行动主义者"是不同的人,或者说一个群体所参与的活动与另一个群体的活动是不同的。毫无疑问,在社会主义运动内部,对于各种形式的工人阶级活动的相对重要性,一直存在着不同的看法,但没有证据表明,一个群体拒绝政治行动,或者另一个群体反对劳工斗争。此外,这一时期突出的主要活动有温尼伯大罢工、西部劳工大会、"大工会",以及围绕温尼伯审判的辩护运动,在一定程度上使各种信仰的社会主义者达成了前所未有的团结。这也体现在选举活动中,各个工党提名的候选人中都有各个社会主义团体领袖的代表。

社会主义者亲自参与并激励了各种各样的行动。他们认为,正在

---

[1] Desmond Morton, *NDP: The Dream of Power* (Toronto, 1974), p. 4.
[2] Martin Robin, *Radical Politics and Canadian Labour 1880 – 1930* (Kingston, 1968), p. 199.

第三章 加拿大的社会主义思想：从起源、开端到1921年

发生的激进化是所有这些形式共同影响的结果。这正是 W. A. 普里查德（W. A. Pritchard）在 1920 年《致陪审团》（Address to the Jury）中作出的解释。事实上，这些活动并不是单独发生的，在当时主要行动者的观念中也是如此。①

布尔什维克革命的影响

俄国布尔什维克革命产生的震撼人心的影响，无疑在激发社会主义运动的各种动力因素中发挥了最大作用，这也在很大程度上解释了在这一时期增强的战斗精神和激进主义。

加拿大社会主义者在支持布尔什维克方面几乎是一致的，特别是在陷入困境的苏维埃政府抵御由 14 个国家的军队（包括加拿大）组成的干涉军时期。大量的社会主义者开始将目光投向苏联的经验和思想，以期寻找困扰他们多年的战略和战术问题的合理答案。社会主义和工会媒体开始用越来越多的版面报道苏联的事件，特别是随着列宁的作品在加拿大逐渐出现，而在革命之前，加拿大社会主义者并不知晓列宁。

大多数加拿大社会主义者对布尔什维克起义毫无准备。在沙皇被推翻之时，即布尔什维克夺取政权的七个月前，发表在《不列颠哥伦比亚省联邦主义者》上的一篇社论（显然是社会主义编辑 R. 彼尔姆·佩蒂皮斯撰写的）预测了资本主义的长期发展：

> 资本主义政权必须先建立起来，才能为工人阶级革命做好充分的准备。在当前迅速增长的混乱中，一个资本主义宪政国家很可能会及时出现。在反动统治占优势的时期，固然会有挫折，但总趋势肯定总是向前和向上的，这是可以肯定的。否则，所有关于人类社会成长和发展的理论都将化为乌有。

---

① See "Excerpts from W. A. Pritchard's Address To The Jury March 23–24, 1920" in Norman Penner, ed., *Winnipeg 1919, The Strikers' own History of The Winnipeg General Strike* (Toronto. 1975), pp. 243–284.

另一方面，温尼伯社会民主党乌克兰支部有位领导人则较为乐观，可能是因为他更了解俄国社会主义运动的实际情况。

> 我相信工人和农民，我们的阶级兄弟，是不会停止战斗的。现在，沙皇专制制度已经瓦解，尼古拉已经退位，人民将从临时政府走向劳动人民掌管的政府，从而走向社会主义。

在布尔什维克革命后的一年里，《西方号角》每期都刊登有关苏维埃政权的新闻和文章。虽然该期刊在1918年11月13日被政府下令查禁，但它在1918年12月28日以《红旗》（The Red Flag）刊名重新出现，继续强调普及布尔什维克的进展，并成为第一个向加拿大公众介绍列宁作品的出版物。其中包括：《我们时代的首要任务》（Chief Tasks of Our Day）（1918年12月28日）、《国际革命》（The International Revolution）（1919年1月11日）、《国家与革命》（State and Revolution）（自1919年3月22日起分期连载）。1921年3月1日，《西方号角》（自1920年解禁后以其最初的刊名重新出现）开始发表《共产主义运动的"左派"幼稚病》（Left-Wing Communism, An infantile Disorder）。社会主义党机关报的专栏还刊载了一些被认为与列宁持相似观点的欧洲社会主义人物的演讲和活动的报告记录：卡尔·利布克内希特（Karl Liebknecht）、罗莎·卢森堡（Rosa Luxemburg）、克拉拉·蔡特金（Clara Zetkin）、弗朗茨·梅赫林（Franz Mehring）。他们还发表了俄国革命领袖人物的言论，如托洛茨基（Trotsky）、加米涅夫（Kamenev）、奇切林（Chitcherin）、科隆泰（Kollontay）、利特维诺夫（Litvinov）。

当时在多伦多出版的另一个社会主义杂志《加拿大前锋报》（Canadian Forward）是加拿大社会民主党的机关报，同样高度关注俄国革命，对列宁及其追随者的成功感到欢欣鼓舞。一些刊物刊登了庆祝这一胜利的社论《激进派统治俄国》（1917年12月24日）；列昂·托洛茨基的《布尔什维克与世界和平》（1918年2月10日）、《布尔什维克是什么？》（1918年3月24日）；约翰·里德（John Reed）的《红色俄国》（1918

年5月24日);列宁的《我们当今的主要问题》(1918年9月19日)。

工会杂志在宣传热情上也不甘落后,用大量篇幅报道了俄国发生的事件。《不列颠哥伦比亚省联邦主义者》在布尔什维克胜利后的第一期的头版社论中宣告了"伟大的俄国革命的活力",之后还定期刊登有关苏维埃政权进展的新闻和评论。1918年,成为温尼伯贸易和劳工委员会官方机构的《西部劳工新闻》(Western Labour News)和多伦多的《工业旗帜》(Industrial Banner)也做了同样报道。*

1918年3月3日,曼尼托巴省社会民主党召开了一次省级大会,通过了一项决议,表示"愿意在布尔什维克纲领的基础上联合加拿大社会主义党"。

尽管当时有关俄国布尔什维克纲领的信息还很少,而且也没有任何关于纲领中哪些部分(如果有的话)可以适用于加拿大的讨论。大会还指示自治领执行委员会"采取必要步骤使加拿大社会民主党加入齐美尔瓦尔德会议(Zimmerwald Conference)",成为"第三国际的核心"。**

与此同时,国外发生了另一个对加拿大社会主义运动产生重要影响的事件:英国工党于1918年3月起草并在同年6月通过了题为《劳工与新社会秩序》(Labour and the New Social Order)的宣言。在1917年12月的一次会议上,当时的英国工党明确将社会主义作为其目标。1918年1月10日,约翰·亚历山大(John Alexander)在《加拿大前锋报》的头版文章中解释了这对于加拿大社会主义者的意义:

> 在我看来,英国的运动仅次于我们自己的运动,对我们而言最为重要,因为它的成功无疑会对加拿大的运动产生最有利的反应。自从英国工党的新章程采纳了明确的社会主义目标以来,它的进展现在更加引人关注。

---

* 《西部劳工新闻》由雷夫·威廉·艾文斯编辑,《产业旗帜》由詹姆斯·辛普森编辑。
** 齐美尔瓦尔德会议是1915—1917年间左翼社会主义者举行的三次会议的名称,这些会议谴责第二国际没有反对战争。列宁在齐美尔瓦尔德会议上发挥了重要作用,但他并不认为这次会议是"第三国际的核心"。

詹姆斯·辛普森出席了1917年12月的会议，并以特有的热情将信息带回了加拿大。社会民主党机关报连载了英国工党的整个宣言。宣言包含了一项全面的社会重组计划，呼吁"工业社会化"，将土地、铁路、矿山、电力国有化，并为每个公民的健康、教育、休闲和生计制定并实施国家最低标准。对于此前对英国工党持批评态度或寻求与苏联模式不同的社会主义模式的加拿大社会主义者来说，这似乎提供了另一个极具吸引力的选择。

1918年2月，詹姆斯·辛普森从英国回来后不久，在蒙特利尔向3000多人发表演讲，他直接把布尔什维克的纲领与英国工党的纲领联系起来：

> 布尔什维克和英国工人之间并没有多少区别。新闻界试图贬低布尔什维克政府，但他们最好认识到，俄国人民的情绪在本质上与英国工人是一样的。

> 他们厌倦了沙皇在俄国的统治，也受够了资本主义。工人们从资本家手中夺取了资本家曾企图在革命中夺回的权力。他们推翻了资产阶级，因为担心出现第二次法国大革命。英国工人想要的正是布尔什维克已经实现的目标——将所有伟大的公共机构国有化，例如铁路和银行。

布尔什维克革命和英国工党大会这两个事件同时发生，极大地推动了加拿大社会主义者的宣传工作。事实上，他们将这些宣传工作从同情者的小圈子发展到成千上万的听众，让他们定期收听"正在席卷全球"的社会主义精神。

从1918年3月起，在温哥华，联邦工党和加拿大社会主义党分别在每周日晚上举行论坛。他们吸引了众多的听众，以至于一度要同时举办四到五场会议。发言人包括联邦工党的J. S. 伍德沃斯、E. T. 金斯利和W. J. 库里博士，以及社会主义党的W. W. 勒菲科斯、

第三章 加拿大的社会主义思想：从起源、开端到1921年

W. A. 普里查德和 J. 卡瓦纳。类似的会议也在维多利亚市和纳奈莫市举行，尽管规模没有那么大。

《不列颠哥伦比亚省联邦主义者》在1919年1月17日的头版刊登了以下报道：

> 伍德沃斯在座无虚席的剧院发表讲话
>
> 在雷克斯剧院，演讲者解释了这个问题。我们想要什么？我们主张的是彻底推翻现行的生产制度。
>
> 上周日晚上也不例外，雷克斯剧院几个星期以来的情况一直如此火爆，数百人没有获准入场。
>
> 伍德沃斯先生在开场白中表示，过去的七个周日自己一直在百老汇剧院。他提到了这样现实情况的重要性，即为了工人阶级的利益，周日晚上可以在温哥华剧院同时举行四场大型会议。这些会议不仅是宣传会议，也是表达意见的中心。新闻界被控制，讲坛主要服务于一个社会阶层。因此，竟然有这么多人大声疾呼要表达广大人民群众的情感和愿望，这是多么令人鼓舞。

全国各地都举行了类似的会议。1918年12月，在温尼伯举行的著名的"沃克剧院会议"（Walker Theatre）是一个亮点。会议演讲嘉宾来自加拿大社会主义党、加拿大社会民主党、独立工党以及加拿大行业和劳工大会。它传递社会主义信息，支持布尔什维克，激进地要求恢复公民权利和工会权利。在蒙特利尔、多伦多、基奇纳、伦敦和格莱斯湾也举办了类似的会议，都表达了同样的兴趣和热情。

这些会议的发起源于一系列事件，不仅体现在促进宣传活动规模的扩大，也激励了对社会主义政治活动新路径的探索。一方面，布尔什维克革命，特别是列宁著作的日益普及，为马克思主义政党的角色、特性和任务提出了新的方法。另一方面，英国工党在第一次世界大战后的计划中采纳了社会主义，这增加了按照英国模式建立的加拿大工党的吸引力。1918年9月，安大略省、魁北克省、不列颠哥伦比亚省、阿尔伯塔

省、曼尼托巴省和新斯科舍省成立了省级工党，即将卸任的加拿大行业和劳工大会执委会提议"尽早召开一个全国加拿大工党组织大会"。安大略省分部成立于1918年3月29日，它超越了劳工和社会主义团体的界限，包括安大略省农民联合会（the United Farmers of Ontario）。不列颠哥伦比亚省劳工联合会报告称，1918年1月成立的政治力量联邦工党"取得了突飞猛进的发展，目前已在各省各地建立起来……在下一届的省级选举中，大多数选区都将出现该党支持的候选人"。

对于社会主义运动来说，这确实是令人振奋的时期，W. J. 库里博士的话语表达了他们日益高涨的乐观情绪，他在温哥华当牙科医生，也是宣传活动中最受欢迎的演讲者之一。他在联邦工党一个题为"社会革命"的论坛上发表演讲，用这几句话总结了马克思主义对资本主义社会的分析：

> 资本主义帝国即将灭亡，就像过去其他帝国灭亡一样。在天平中权衡资本主义，已经发现其存在的缺陷。资产阶级将被剥夺权力，王国也将属于工人阶级（热烈鼓掌）。

温尼伯大罢工及其影响增强了这种乐观情绪。虽然罢工运动失败了，一些主要领导人也被捕，但是，温尼伯大罢工委员会在罢工后的声明中所表达的总体认识是，这次罢工运动是一次政治和道义上的胜利：

> 工人对六个星期前老板强加给他们的长期艰苦斗争毫无准备，尽管他们没有做好准备，但他们还是进行了一场壮丽的斗争。现在准备迎接下一场斗争。

> ……政府应该从罢工中学到，民众的灵魂正在觉醒；民众将不再满足于口头承诺。劳工和退伍军人肩并肩站在一起，因为他们都遭受着不公正的待遇……

第三章 加拿大的社会主义思想：从起源、开端到1921年

……如今，遏制剥削者、确保工人获得更好的工资和生活条件的时机已经成熟。伟大的生产阶级将手握选票，清理立法机构。人们将在政府中拥有更多发言权，政府越早认识到这一点，对所有相关方面将会越好。

这个信息通过一些罢工领袖在盛大热烈的集会上讲话而在全国范围内传播开来。1919年7月15日的《多伦多之星》（*Toronto Star*）报道了在皇后公园举行的一场由5000人参加的公开会议，曾被逮捕的罢工领导人约翰·奎恩和A. A. 希普斯议员发表了讲话："真不确定古板保守的皇后公园是否也曾举行过这样热烈的会议。"

在新斯科舍省的格莱斯湾，为了配合议员希普斯在此地的访问，市长宣布了一个名为"温尼伯罢工日"（Winnipeg Strike Day）的公民假日。据1919年7月12日的《莱斯布里奇先驱报》（*Lethbridge Herald*）报道，J. S. 伍德沃斯在莱斯布里奇贸易和劳工委员会的一次特别会议上宣称："劳工能得到自己想要的东西的唯一途径，就是以某种方式控制加拿大的军队和法院。"1919年11月，威廉·艾文斯（William Ivens）在温尼伯的一次会议上，向"大约5000名听众……"报告了他在加拿大东部为期六周的"胜利之旅"。温尼伯总罢工的影响持续了近两年时间，继续激发了工人和社会主义运动。在1919年12月到1920年4月期间进行的审判是加拿大媒体的头版新闻，并成为持续的社论评论主题，根据1920年1月15日《纽约邮报》（*New York Post*）的报道，这反映出"不仅在温尼伯，而且在整个加拿大都引起了极大的关注"。

1921年，当W. A. 普里查德（W. A. Pritchard）刑满释放后，温哥华火车站有七千到一万两千名群众迎接他，并为他举行了持续一周的系列欢迎庆祝活动。

但是，关于加拿大社会主义运动的未来，社会主义党派内部和党派之间开始出现分歧，尤其体现在它们是否应该加入规划中的加拿大工党的问题上。1915年，在多伦多成立了一个新的社会主义党派，

名为北美社会主义党*（SPNA），态度非常明确。它的 1918 年《原则宣言》(*Declaration of Principles*) 包含以下内容：

> 北美社会主义党由此进入了政治行动领域，决心与所有其他政党——无论是所谓的劳工政党还是公开的资本家政党——开战，并号召本国的工人阶级成员举起旗帜奋战到底，以便迅速结束剥夺他们劳动果实的制度；让舒适代替贫困，让平等代替特权，让自由代替奴役。

1918 年 2 月 24 日的《加拿大前锋报》在头版刊登了詹姆斯·辛普森（James Simpson）的文章"加拿大社会民主党的未来"。辛普森指出，社会民主党现在面临着"加拿大新的政治形势"，有可能成为"一个强大的工人阶级政党，包括工会主义者、社会主义者、合作者、费边主义者、农民"。辛普森敦促他的社会主义党人抓住现有的机会，尽可能支持新党的组建。辛普森认为，有三种选择：将社会民主党完全并入新党，从而"完全失去其独立性"；社会民主党保留其独立性，作为"开展独特的社会主义宣传活动"的工具；隶属于新党的社会民主党接受其对候选人的决定，同时保留"作为社会民主党的地方组织继续开展教育工作"的权利。辛普森主张第三种选择：

> 英国工党的经验证明，工会主义者和社会主义者在一个政治组织中的密切联系是互惠互利的。工会成员更加清楚地认识到对自己阶级的责任，而社会主义者具有更加同情工人阶级运动的心理，从而迫使他们采取宣传的教育方法，明智地适用于必须面对的实际情况中。

---

* 北美社会主义党主要由社会主义党在多伦多、圭尔夫、基钦纳、汉密尔顿等地的分支机构组成，其中汉密尔顿分支机构于 1915 年 1 月脱离了总部。它主要由工会成员组成，虽然它的名字表示一个独立的组织，但只在这些分支中心发挥作用。

第三章　加拿大的社会主义思想：从起源、开端到1921年

显然，社会民主党在这个问题上存在严重分歧。1918年3月，温尼伯的雅各布·彭纳（Jacob Penner）在信中提出了这样的观点：

> 曼尼托巴省的地方党员*将于3月3日举行省级大会。这次大会将讨论的最重要问题是"社会民主党应该对新成立的工党采取何种态度？"在这个问题上，最普遍的意见是社会民主党不应该与工党为伍。我个人认为，温尼伯工党的组成及其相当保守的倾向让我们别无选择，只能拒绝加入该党的邀请。

曼尼托巴大会支持彭纳的观点，让隶属关系的问题"暂时搁置……直到后者（工党）通过纲领和章程"。然而与此同时，大会在对布尔什维克计划知之甚少的情况下就予以赞同，并投票加入了尚未成立的第三国际！

北美社会主义党（the Socialist Party of North America）也持有类似的观点，它在1918年3月29日安大略工党（the Ontario Labour Party）的成立大会上，提出了以下修正案：

> 工人阶级的政党只有建立在承认阶级斗争的基础上，以废除资本主义制度和建立合作联邦为直接目标，才能永久地改善工人阶级的状况。

虽然只有三人直接代表北美社会主义党，其修正案获得了35票的支持，但仍被100多票的大多数给否决了。

关于工人阶级政治行动性质的争论，预示了加拿大社会主义运动的最终分裂。那些对英国工党的新转变充满热情的人，支持沿着类似的路线建立一个加拿大政党。而那些被布尔什维克政权和列宁吸引的人则对加拿大工党持犹豫、怀疑或反对的态度。

---

* 曼尼托巴省的社会民主党的地方党员。

◈ 加拿大左翼：批评性分析

最初，争论主要是围绕着效果问题而非哲学问题展开的。各方都支持布尔什维克政权，而分歧在于哪种模式在加拿大境况中更为有效。但是，随着逐渐能够获得有关苏联党派特别是列宁著作的信息，基本的理论问题也被引入到讨论中。

"无产阶级专政"的概念似乎是俄国革命中首个吸引加拿大社会主义者关注的新理论命题。马克思《哥达纲领批判》（*Critique of the Gotha Programme*）的英文版刊登在 1917 年 6 月 26 日和 7 月 10 日的《加拿大前锋报》上，其中明确使用了这个术语，但在当时的社会主义出版物上并未引起任何评论。直到列宁掌权后，这个词语似乎才被注意到。1919 年 3 月 1 日的《红旗》头版刊发了克拉拉·蔡特金（Clara Zetkin）题为"通过独裁走向民主"的文章。随后一期的头版刊登了托洛茨基的文章"民主和无产阶级专政的原则"。两周后，自1919 年 3 月 22 日《红旗》开始连载列宁关于无产阶级专政的重要著作《国家与革命》（*State and Revolution*）。1919 年 3 月 13 日召开的西部劳工大会上，提出并一致通过了以下决议：

> ……本此大会宣布，完全接受"无产阶级专政"是把资本主义私有财产转变为集体财富的绝对而有效的原则，并向俄国苏维埃政府、德国斯巴达克斯党以及全世界认定的工人阶级运动致以兄弟般的问候，承认它们在阶级斗争的历史上赢得了第一名的地位。[①]

在加拿大社会主义党、北美社会主义党以及社会民主党的许多少数派中，似乎普遍支持这一观点。

这其中包括列宁提出的思想，即"马克思主义者就是把承认阶级斗争扩展到承认无产阶级专政的人"。

然而，并非所有赞同无产阶级专政概念的人都准备接受共产国际

[①] See N. Penner, ed., *Winnipeg*, 1919, p. 29.

第三章 加拿大的社会主义思想：从起源、开端到1921年

在莫斯科举行的第二次代表大会上所制定的条件，该大会于1920年7月19日至8月7日举行，其决议于1921年1月1日在《西方号角》上首次发表。在那次大会上，没有加拿大代表出席，也没有加拿大代表出席一年前的创始大会。但是，加拿大社会主义党的主要成员W. W. 勒菲科斯（W. W. Lefeaux）在大会后不久就到达莫斯科，并与参会的两位美国主要代表约翰·里德（John Reed）及其妻子路易丝·布莱恩特（Louise Bryant）有了广泛的接触。勒菲科斯还见到了匈牙利共产党领导人贝拉·昆（Bela Kun），并与俄国共产党政治局成员列夫·卡梅涅夫会面和交谈。回国后他对苏联政权的印象深刻，以加拿大访客身份写了关于新苏联政权的第一篇报道。在文章中，他认识到新苏联政权的困难，认为它的"理论和哲学是马克思主义社会主义的理论和哲学"，尽管"并非所有的马克思主义社会主义者都同意将这一学说付诸实践的方法"。[①]

勒菲科斯把随身带的《隶属条件》（the Conditions of Affiliation）副本交给了加拿大社会主义党，他在后来的辩论和党内投票中都反对《隶属条件》。几年后，他总结了自己的主要反对意见：

> 我们大多数人强烈反对《隶属条件》中的几项内容。其一是，成立的党派应当称为加拿大共产党。另一个是，我们应该完全由当时在莫斯科的国际组织的行政部门掌管……[②]

在加拿大社会主义党的辩论中，后一项内容成为持反对加入态度的人所提出的主要论点。在1921年2月1日《西方号角》的一篇文章中，编辑J. 哈林顿（J. Harrington）对这个反对意见做了详细说明：

> ……接受18条隶属条件……可能会加剧社会主义运动中右

[①] W. W. Lefeaux. *Winnipeg-London-Moscow*: *A Study of Bolshevism* (Winnipeg, 1921).
[②] Minutes of a meeting called by the B. C. Provincial Executive, CCF, October 15, 1943. Angus MacInnis Collection: Box 31, Folio 4.

◇❖ 加拿大左翼：批评性分析

翼、左翼和中间派之间的派系纷争，这种分歧在加拿大的社会主义运动中并不存在。因此，这将是一种基于外部因素的人为划分，与加拿大的局势几乎或完全没有关系。

哈林顿反对第二个条件，即有计划地将所有"改革派"分子从工会、政党媒体和议会派系的要职上清除出去，并由共产党人取而代之。他说，这"将使我们卷入一系列痛苦的斗争中，妨碍我们的教育工作并最终使之付诸东流"，哈林顿认为，教育工作是最重要的。

哈林顿也反对要求共产国际成员支持殖民地解放运动的条件，他认为这些运动"对于工人阶级反对资产阶级的主要斗争……毫无意义"。* 他在结束时发表了免责声明："我并不认为拒绝这些条款，就意味着对布尔什维克的方法和目的有任何异议。"

然而，尽管所有参加辩论的成员都是布尔什维克的支持者，但随着辩论的进行，争论变得越来越激烈，最终彻底破坏了该党。从1921年5月1日出版的新刊物《共产主义者》（*The Communist*）第一期对社会主义党的猛烈抨击中可以看出，这并非完全是偶然的，而是共产国际支持者所追求的目标。《共产主义者》由"第三共产国际在加拿大的权威机构"出版，但没有任何其他标识，共产国际指责加拿大社会主义党只对宣传感兴趣，而对经济或劳动人民的日常斗争不感兴趣。《西方号角》宣称这是"一个谎言，应该立即予以澄清"（1921年6月1日）。

W. A. 普里查德在1921年7月16日的《西方号角》用尖酸刻薄的信回复了《共产主义者》，信中除了其他内容外，还表达了加拿大西部对多伦多社会主义者的敌意：

> 然而，尽管如此，我们可以发现，虽然东部人口占优势，但是西部地区比东部地区有着更多的革命知识和革命自发性，这让我想

---

* 似乎没有其他人对此提出异议。

第三章　加拿大的社会主义思想：从起源、开端到1921年

对我们的批评者，即在《共产主义者》杂志上出现的那些不知名且似乎前所未闻的"下水道"革命家的荒诞态度略作评论……

我们那些在"老鼠洞"的朋友们用一堆精选的狂热术语来劝说我们……他们发现多年来在宣传领域的痛苦鞭策毫无效果，加拿大社会主义党是改良主义组织，哈林顿的记录是……像东部或西部运动中最纯粹的一样，是考茨基主义者。

至于这个加拿大的第三国际委员会，他们是谁？我们不知道……我抗议那些聒噪的无名小卒发出的无聊而阴险的攻击，反对那些被当局权威公认的在阶级斗争中直言不讳的主角……

但是，加拿大社会主义党的许多关键人物都决定加入隶属关系。其中包括 J. 卡瓦纳（J. Kavanagh）、H. 巴塞洛缪（H. Bartholomew）、W. 贝内特（W. Bennett）、J. 奈特（J. Knight）和罗斯科·菲尔莫尔（Roscoe Fillmore）。在进行辩论的大部分时间里，温尼伯的 R.B. 拉塞尔（R. B. Russell）还关在监狱，直到后来他才下定决心拒绝接受第三国际让他解散"大工会"以重回美国劳工联合会行列的要求。虽然反对加入的人数在全体表决中以微弱优势获胜，但是，党内的一大部分人确实脱离了社会主义党，成立了共产党。包括蒂姆·巴克（Tim Buck）、汤姆·贝尔（Tom Bell）、杰克·麦克唐纳（Jack Mac-Donald）在内的北美社会主义党全部加入了共产党。当时，社会主义运动中最大的党派加拿大社会民主党分裂了，大多数人加入了加拿大工党或其省级党派，其余的人包括所有的语言支部加入了共产党。

到1921年底，加拿大社会主义运动发生了决定性的转变。社会民主党和北美社会主义党已经不存在了。加拿大社会主义党在人数和影响力上都有所减少。共产党以俄国的经验和列宁的教导为基础，发展出一种新的马克思主义。加拿大工党安大略省分部、曼尼托巴省、萨斯喀彻温省和阿尔伯塔省的独立工党和卑诗省的联邦工党成为英国

劳工社会主义思想的宝库，但一段时间内还没有准备好联合成一个全国性的政治实体。

就这样，一个始于空前未有的劳工运动的战斗性和激进化高峰的时期，竟以加拿大社会主义的分裂而告终。似乎只有共产党人知道他们要去的方向，但他们的热情和乐观仍寄托于对俄国革命的厚望，最终证明是一个虚幻错觉。

然而，尽管存在分歧和挫折，加拿大社会主义在当时已经对加拿大的政治思想产生了影响，并已成为加拿大意识形态光谱中一个明确的组成部分。

这可以从正统或既定政治文化对社会主义的反应中看出。专制托利主义高层出于恐惧和蔑视，采取了压制知识分子的方式，后来，随着社会主义思想变得更加强大，又采取了国家镇压的方式。它在学术层面上对待马克思主义思想的手段已经有过论述。主要以拒绝接受马克思主义是值得纳入大学课程的学科而无声地扼杀之。弗恩斯和奥斯特雷在他们合写的有关麦肯齐·金的传记中描述了1895年多伦多大学发生的学生罢课事件，起因是时任政治经济系主任詹姆斯·梅弗教授不允许一名社会主义演讲人在校园政治科学俱乐部的会议上发言。[①]

在魁北克，社会主义在早期阶段就被教会禁止，"中立"或被视为社会主义同义词的国际工会主义也是如此。在1894年提交给加拿大皇家学会的一篇论文中，约瑟夫·罗亚尔（Joseph Royal）坚持认为，社会主义的危险来自工会的重要性和特征：

> ……工会已跨越了国界，在我们中间扎根。它们本身似乎是无可非议的，但是它们的起源是外来的，这是最严肃的反对理由。它们在本质和精神上都是美国式的。

政府、新闻界和大学里的许多人都倾向于把社会主义和工会主义

---

① Henry Ferns and Bernard Ostry, *The Age of Mackenzie King* (Toronto, 1976), p. 23.

第三章　加拿大的社会主义思想：从起源、开端到1921年

视为同义词。在这个时期，很多针对工会的暴力行为都源于一种恐惧，认为每一次罢工实际上都是一场小型的社会主义革命或无政府主义的阴谋。如果像罗伊尔所说的那样，美国工会把社会主义思想带入加拿大，那么同样地，美国雇主和政府对工会进行打击的态度也被引入了加拿大。

但是，直到战争年代后期，政府机构才越来越多地被用来打压社会主义运动。这是对社会主义者在战时征兵和通货膨胀引发工人日益增长的动荡不安中所扮演的角色作出的回应。对于曼尼托巴省社会民主党呼吁工人拒绝登记的事件，《多伦多电讯报》(*Toronto Telegram*)是这样评论的：

>温尼伯的社会主义让有组织的劳工运动蒙羞，正如社会主义在任何地方的情况一样。

>加拿大国家政府有权力教训温尼伯的社会主义者，这种教训也应该针对魁北克的反征兵分子及任何其他拒绝为其临危国家提供所需信息的逃避责任者。

>加拿大政府应该把这些人统统塞满监狱，挤到无地可容脚出窗外。①

在布尔什维克革命及该事件在社会主义和工人阶级范围内引发热情之后，对社会主义采取镇压行动的需求增加了。1918年9月和10月，政府通过了《内阁政令》(*Orders-in-Council*)，禁止在加拿大的所有社会主义出版物和社会主义组织。* 1919年6月通过《移民法》

---

① Quoted in *The Canadian Forward*, January 13, 1917.

* 虽然它的报纸被禁，但加拿大社会主义党本身并没有被禁止。社会民主党被禁，但后来解除了禁令，只有社会民主党的语言支部仍在禁令之下。北美社会主义党被禁止到《战争措施法》期间。

修正案和《刑法》修正案，也直接针对了温尼伯大罢工，其措辞如此之严格，以至于可以用来反对社会主义思想的传播，而事实上很多年里也都是这样使用的。

1919年4月，加拿大联邦内阁似乎笼罩着一种非理性的反社会主义的歇斯底里，内阁给凡尔赛的博登发去紧急电报，让他请求英国方面在温哥华附近部署一艘巡洋舰，作为"稳定力量"对抗"猖獗在温哥华、卡尔加里和温尼伯"的"社会主义"和"布尔什维克主义"。1919年6月2日，在下议院对温尼伯大罢工进行辩论时，政府发表的讲话也表达出这种情绪。米恩声称，他在温尼伯实施行动是为了把国家从"布尔什维克主义"中拯救出来，并作如下说明：

> 如果你想让自治领内的所有劳工组织联合起来参与并决定有关劳工条件和工资的每一个争议事件，不管在这里和那里或是其它任何地方，那么你就知道何为布尔什维克主义的精准体现。这绝非其它什么主义。

政府席位上的一名议员（他在那场辩论中的发言受到米恩的赞扬）说道：

> 必须消灭煽动叛乱的言行。谈论言论自由固然好，但是谈论布尔什维克主义、暴乱和推翻政府则是另一回事，我认为《煽动叛乱法》(Sedition Act)很可能四年前就应该修订好而不是现在；然而迟做总比不做好。激进的社会主义领导人必须被拘留或被驱逐出境。

劳动部（Department of Labour）在1920年8月发行了一本奇怪的书，进一步反映了这种势态，并广为传播。这本名为《关于俄国苏维埃制度及其在北美的宣传信息》(Information Respecting the Russian Soviet System and Its Propaganda in North America)的书中有一幅可怕的

第三章 加拿大的社会主义思想：从起源、开端到1921年

画，画着一个大范围的布尔什维克宣传网络在加拿大各地运作，并通过俄国驻纽约贸易代表团接受资金。书中提到了正在有意或无意地传播俄国宣传的组织和个人，其中有"大工会"、劳工教会、J. S. 伍德沃斯和威廉·伊文思。

在西方国家中，倡导自由改良主义是与发展社会主义和劳工运动完全不同的另一种方法，在英国政治理论中，这主要与约翰·斯图亚特·密尔（John Stuart Mill）的学说有关。1894年发表在《加拿大杂志》（Canadian Magazine）的文章"加拿大民主与社会主义"是在加拿大最早阐释这个方法的文章之一。文章的作者是经常为该杂志撰稿的约翰 A. 库珀（John A. Cooper）律师，他描述了社会主义在加拿大的发展，承认卡尔·马克思已经在这里发挥了"巨大的影响"，他这样总结道：

> 无需立即进行彻底改变，但必须立即考虑诸多有助于提高群众地位的措施。必须阻止没有灵魂的大公司的发展；避免财富集中在单个家族手中；资本和劳动之间的纠纷必须通过仲裁解决，才能维护劳资之间的和谐；必须加强在群众教育中注入新活力，以免无知和迷信滋生无政府主义；必须避免把穷人挤在大城市的不健康区域，因为纯净的心灵只存在于纯洁的身体中。这些是可以用来减轻未来麻烦的社会主义计划。随着这些举措的成功实施，极端社会主义将不再是一种威胁，无政府主义也将不再是一场噩梦。

这一论点的有力倡导者后来以 O. D. 斯凯尔顿教授为代表，他在1913年1月为加拿大商业杂志《货币时代》（Monetary Times）撰写了题为"我们正在滑向社会主义吗？"的文章。而就在他两年前出版的著作《社会主义：批评性分析》（Socialism: A Critical Analysis，1911）中，他认为，社会主义在加拿大无足轻重，没有"进一步扩展"的前景。但现在他认为，社会主义是一股不可忽视的力量。为了应对这

一挑战,他概述了加拿大各个政府需要采取的系列改革措施:国有化的有限程度;政府加强工业监管,老年养老金,免费教育,免费公园,对富人增税。随后他表明:

> 这些政策不仅未必是社会主义的;而是反对社会主义的最好堡垒。它们是顺势疗法,是防止它生长的疫苗。因为私有财产现在处于守势。这不是上天注定的。只有证明它对社会有益,它才会继续存在。社会民主和政治民主的时代已经到来。社会主义者和个人主义改革者共同的主导理想是为人民大众的利益组织工业。我们现有的秩序如果能够被制定出来且被证明是正确,如果私有制是比集体所有制更好的实现这一目标的手段,那么我们现有的秩序将会持续下去。必须表明,在现有的社会框架内,我们可以将个人主动性和个人能量与社会控制和社会正义结合起来。每一个偷税漏税的百万富翁,每一个城市的贫民窟,每一个见不得光的高层融资,或每一个过度工作而工资过低的雇员,都是支持社会主义的有力论据。除去这些不满,尽管社会主义者在各个方面都夸大了所有的观点,但是这些不满仍然很多——社会主义者已失去了他们最好的弹药。

1918年,多伦多大学新任命的政治经济学主席R. M. 麦基弗(R. M. MacIver)教授在加拿大皇家学院的系列讲座中向前推进了这一思想,他后来将其扩展为1919年4月出版的著作《变化世界中的劳工》(*Labour in the Changing World*)。他的演讲摘要以"资本与劳工的新形势"为题刊登在《多伦多大学月刊》。其开篇阐述了他的作品主题:

> 工人的新形势、新力量和新挑战,构成了所有谈论或思考"重建"的人都应该寻求理解的主题。一个世纪以前,工人阶级在斗争,盲目而混乱地斗争,仅仅为了组织的权利,几乎像社会

第三章 加拿大的社会主义思想：从起源、开端到1921年

的不法分子一样去斗争，而政府公开居于对立面。今天，由于许多原因，尤其是一战本身，让工人们感受到了一种权力意识，其挑战更加自信。工人们的挑战范围不再局限于生活工资。他们扩大了自己的主张范围。他们要求共同繁荣，要求在工业控制中享有发言权。工人的态度发生了变化，由于他们是具有挑战性的一方，我们无法在不了解这种变化的情况下理解资本与工人之间的问题。正如有些人现在仍在说的那样，侈谈资本和劳动利益的本质统一，那纯粹是愚蠢；还宣扬相互间的善意，仿佛只有这样我们才能渡过难关。因为工人们开始攻击现行制度的基础，并要求建立共同利益的新基础。

麦基弗在书中主张加拿大采用英国工党宣言《劳工与新社会秩序》。洛克"坦率地说，过去时代的物质主义个人主义……正与劳工的理想交战……因为它把财产置于人之上，尊崇竞争原则"，因此必须抛弃。劳工的工业民主目标将终结这样一种局面："劳工的子女们由于经济需要而被剥夺了发展自己和共同利益的合理能力的机会"。他坦诚地呼吁改革体制，但不是通过革命手段：

> 因此，概略地讲，这个想法无疑意味着革命。但是革命是结果，而不是手段，革命是通过智慧的过程建立新秩序的意义，而不是绝望的盲目灾难。[①]

加拿大社会民主党机关报《加拿大前锋报》对麦基弗在《多伦多每日星报》(*Toronto Daily Star*) 发表的系列文章中提出的观点持赞成态度。而北美社会主义党的《马克思主义社会主义者》(*Marxian Socialist*) 在1918年7月期刊中对这些观点进行了抨击，称它们具有"双重目的，一方面是迷惑工人，让他们认为自己的雇主愿意并渴望

---

① R. M. MacIver, *Labour in the Changing World* (Toronto, 1919), p. ix.

实现一种真正有益于工人阶级的工业状况,同时警告资产阶级中的部分人如果想要长期享受利润制度,那么他们将不得对许多变化作出让步。"

然而,麦肯齐·金是自由改革主义最重要的倡导者,他认为自由改革主义是社会主义和激进劳工主义的回答。他的职业生涯主要涉及劳工事务。因此,他掌握了劳资关系技术方面的专业知识,但更重要的是,他对工人阶级的政治重要性有了敏锐的认识。他在 1918 年出版的著作《工业与人类》以及他在 1919 年 8 月自由党领导人大会上的成功,确保了改革主义成为自由党的信条。这是劳工运动和社会主义运动对加拿大社会产生影响的结果。披上新改革主义外衣的自由主义为专制托利主义提供了另一种选择,它取代了保守主义而成为加拿大资本主义的主要意识形态。但它也为某些劳工阶层和大部分加拿大选民提供了一种有吸引力的社会主义替代方案。在加拿大行业和劳工大会内部,自由主义帮助自由党超越社会主义党上升到主导行政职位,这种情况持续了三十年。

小　　结

社会主义作为一种世界性的思想来到加拿大,在 20 世纪的头十年里被 O. D. 斯凯尔顿描述为"历史上最显著的国际政治运动,获得了代表着世界上所有文明国家的 800 万选民的拥护"。[①] 马克思主义一直是这场运动在加拿大及大多数国家的主要特征,直到俄国革命之后才发生改变。

然而,在马克思和恩格斯的普遍性理论命题中,各国之间和各国内部都存在着差异和变体。与大多数其他国家的社会主义政党相比,加拿大的社会主义是教条主义和宗派主义的。它也比大多数其他国家的运动更加无产阶级化。它的主要缺点之一是不能把马克思

---

① Skelton, *op. cit.*, p. 15.

第三章 加拿大的社会主义思想：从起源、开端到1921年

主义作为一种分析工具来更好地理解加拿大政治、社会和经济环境的特殊性。

加拿大早期的社会主义运动主要由英国工人阶级移民组成，尽管也有第二代和第三代加拿大人的参加，其中有些人是1837年叛乱者的后代。

自其开端，加拿大社会主义运动和劳工运动之间就有着密切的联系，这种联系得益于美国工会的存在，其中许多工会的领导人是社会主义者。

盖德·霍洛维茨（Gad Horowitz）在其文章"加拿大的保守主义、自由主义和社会主义：一种解读"中，对于社会主义为什么在加拿大比在美国更为成功的原因，作出解释：

> 在加拿大，社会主义是英国式的，非马克思主义式的和世俗化的；在美国，它是德国式的、马克思主义式的和超世俗的。

他接着以这样的术语将这些差异个性化：

> 美国的社会主义，即德莱昂、伯杰、希尔奎特和德布斯的社会主义，主要是马克思主义的，并且也是教条主义的，因为它是欧洲的模式。加拿大英语地区的社会主义，即辛普森、伍德沃斯和科德韦尔的社会主义，主要是基督教新教的、工会主义的和费边主义的，因为它是英国的模式。[①]

直至第一次世界大战结束之前，由霍洛维茨提名的美国社会主义者主导了美国本土的社会主义运动。而他列出的加拿大社会主义者是在战后主导了加拿大社会主义运动（科德韦尔的例子就是在战后很长一段时间了）。为了进行历史比较，我们必须列出与德莱昂和德布斯

---

① G. Horowitz, *Canadian Labour in Politics* (Toronto, 1968), p. 24.

◈ 加拿大左翼：批评性分析

同时期的加拿大社会主义主要人物：霍桑韦特、金斯利、奥布莱恩、普里查德、拉塞尔、奎因、勒弗、辛普森，他们都认为自己是马克思主义者。那些来自英国的社会主义者主要来自独立工党而不是费边社，该党主席基尔·哈迪（Keir Hardie）自认为是马克思主义党派。

这一时期的社会主义运动取得了两大成就：一是灌输和普及马克思主义思想，二是建立工会运动。社会主义运动把自己看作是反主流文化的资源宝库：有一整套反对资本主义社会主流哲学的思想和活动体系。与此相适应，它发展了各种形式的独立的劳工政治行动，取得了一定的成功，并在这一活动过程中开创了以社会主义理念为基础的第三政党的思想。

加拿大社会主义崛起的影响超出了它在劳工运动中直接取得的成功。它影响了在战争期间形成的社会福音运动。它还有助于使传统政党体系内的改革倾向因素具体化，以这种方式促成了托利主义的失败，并以自由民主主义取代之而为加拿大社会的主导意识形态。

加拿大社会主义运动的分裂（后来成为了永久性分裂）始于两个事件，它们在起初就引起了社会主义各阶层的热情和欢呼：1917年布尔什维克革命和正式通过英国工党宣言《劳工与新社会秩序》。人们很快就清楚地认识到，这两个事件代表了通往社会主义的两条截然不同的道路，一条以无产阶级专政为基础，另一条以宪法为基础把一种制度转变为另一种制度。但是，即使是那些赞成无产阶级专政作为通往社会主义道路的人们，也并不都准备完全接受列宁制定的战略和策略，以及体现在《共产国际的章程》中的规定。社会主义运动就这样分裂了，而亲苏派是它当时最确信的道路。

其他派别虽然明确拒绝苏维埃道路，但对另一种选择并不那么确定。英国道路一直被大多数人视为榜样，但随着1919—1921年间一个强大的农民政党的出现，人们提出了一些质疑。当社会民主党最终于1923—1933年间应运而生时，这个全国性的可行的政党并不是以英国模式为基础，而是基于该党主席所描述的"加拿大之路"。

第四章 加拿大共产党（1921—1957年）：国家问题

起　源

加拿大共产党（the Communist Party of Canada）最初由俄国革命时期存在的三个社会主义党派的前成员组成，即加拿大社会主义党（the Socialist Party of Canada）、加拿大社会民主党（the Social-Democratic Party of Canada）和北美社会主义党（the Socialist Party of North America）。其中第一个党派的大多数成员、第二个党派的少数成员、第三个党派的几乎全部成员都加入了共产党。这体现在由九名成员组成的加拿大共产党的第一届政治局中，这个政治局是行之有效的领导部门，常驻多伦多，用党的术语来讲，它完全由全职的"职务干部"组成，其中两人曾是加拿大社会民主党的成员，三人来自加拿大社会主义党，四人来自北美社会主义党。在这九人中，有八人在英国出生，有七人是工人，他们在担任共产党的全职职务之前曾活跃在加拿大工会运动和社会主义圈子中。其中的莫里斯·斯佩克特（Maurice Spector）出生在俄国犹太裔家庭，在共产党成立时，他是多伦多大学的学生，据《共产国际》（*The Communist International*）杂志1929年10月7日版的报道，他很快成为了"加拿大共产党的理论领袖"。

加拿大共产党在加拿大社会主义运动中崛起，其基础是坚信通过列宁的教导和加入以列宁为领导的国际共产主义运动，可以解决社会主义运动成立以来一直困扰着它的问题。几乎从得知布尔什维克起义

◈ 加拿大左翼：批评性分析

和列宁声名鹊起的消息以来，加拿大社会主义者就开始相信列宁的原则和方法（在俄国奏效）在加拿大也同样适用，而在此之前，列宁还不为加拿大马克思主义者所知。如前一章所述，1918年3月，社会民主党曼尼托巴省分部投票赞成加入国际共产主义运动，这是在共产国际成立的前一年，也是在起草《隶属条件》的前两年。无论共产国际和加拿大共产党在加入之后的关系如何，把加拿大社会主义运动与成功的俄国革命联系在一起的愿望来自加拿大本土，作为对此前困扰加拿大社会主义者的困难、疑虑和分歧的回应。列宁的各种著作和演讲在社会主义运动内部产生了强烈兴趣，一经出版就被加拿大劳工和社会主义杂志转载。许多社会主义者接受了列宁在《共产主义运动的"左派"幼稚病》中的声明："……在当前的历史时刻，俄国模式恰好向所有国家揭示了它们在近期和不可避免的未来所面临的非常重要的东西。"在没有太多信息的情况下，他们接受了这种模式，符合列宁在接下来的句子中的描述："世界各地的先进工人早就懂得这一点；他们在很多时候并没有理解俄国模式，而是通过他们的革命阶级本能来把握它，感知它。"

加拿大社会主义者的第一个重大"发现"是列宁强调了无产阶级专政的概念。

在前一章提到的一篇文章指出，加拿大社会主义党温尼伯地方支部在1919年1月把无产阶级专政看作"一个常用的新词语"，但宣称这个词语表达的概念早已包含在1848年《共产党宣言》（*The Communist Manifesto*）中。

而在1919年晚些时候由加拿大社会主义出版社连载的《国家与革命》（*The State and Revolution*）一书中，列宁首次把无产阶级专政称为马克思主义的试金石。事实上，无产阶级专政是新马克思主义的试金石，它从列宁的著作和俄国布尔什维克的经验中发展而来，并最终与列宁的名字联系在一起。对于加拿大社会主义者来说，它的新奇之处体现在他们在媒体、演讲和决议中强调它的方式。

但更大的影响是1921年在《西方号角》和《不列颠哥伦比亚省联

第四章 加拿大共产党（1921—1957年）：国家问题

邦主义者》同时发表的文章《共产主义运动的"左派"幼稚病》（副标题是《马克思主义战略与战术的通俗文章》）。这篇文章似乎是针对加拿大社会主义者所遇到的许多问题。它批评了列宁所称的"左派教条主义"，抨击了用革命修辞代替"战术上的最大灵活性"。它嘲讽了重复众所周知的马克思主义原理的普遍做法，而不是具体地"考虑到特定国家中运作的所有力量、集团、政党、阶级和群众"。它倡议参与议会活动，而不是"痛斥议会机会主义"。它呼吁共产党人拒绝创建"新的人为形式的劳工组织"的策略，并敦促他们参加反动势力主导的工会，因为"必须在有群众的地方开展工作"。列宁反对共产主义者永不妥协的观点，称这是"难以认真对待的幼稚行为……必须能够分析每次妥协或形成每种妥协形式的情况和具体条件"。他以全新的方式向加拿大社会主义者展示出一个"先锋党"的理念：纪律严明、集中管理，对其成员的所有活动实行"政治领导"。

虽然社会主义运动中的许多人可以接受这些新规定，但是，《西方号角》在1921年1月1日发布的《加入共产国际的条件》（*Conditions of Affiliation to the Communist International*）却引起了激烈的争论，一些关键人物拒绝这些条件的主要理由是，如果共产国际对各成员党的所有决定都具有权威，就会构成不可容忍和潜在有害的外部干涉。

那些把共产党组建为共产国际加拿大支部的人之所以这样做，不仅因为他们不反对这种干预，反而是因为他们欢迎这种干预，希望通过这种方式能够得到解决问题的答案。这种对共产国际的依附实际上是对苏联典范的依附，尽管共产国际在1943年5月正式解散，但这种关系一直持续到现在。

1924年列宁去世后，这种新的马克思主义被称为列宁主义（Leninism）和马克思主义—列宁主义（Marxism-Leninism），这两个词语均出自斯大林。然而，这个马克思主义的新概念更多地包含了斯大林对列宁的看法，而不是列宁对马克思的补充。随着斯大林在苏联党内通过连续的清洗异己行动而增长的权力和威望，他的理论领导给世界共产主义运动（包括加拿大在内）留下了深刻印记。

斯大林对加拿大共产主义的理论影响首先体现在他对共产国际的领导上。1928年，共产国际第六次代表大会确定斯大林击败了托洛茨基和季诺维也夫，从而确立了斯大林的绝对领导地位。1928年，加拿大共产党开除了长期公认的理论领袖莫里斯·斯佩克特，1929年，又开除了党的总书记杰克·麦克唐纳，加拿大共产党转向支持斯大林的领导，从此以后这一立场再未动摇。

斯大林在理论上的特殊贡献主要是通过一些小册子表达出来的，除一本例外，所有的小册子都写于列宁去世后，还有通过斯大林在苏联共产党代表大会（CPSU）的报告中传达的，特别是1930年的第十六届、1934年的第十七届和1939年的第十八届代表大会。这些小册子是《马克思主义和民族问题》（Marxism and the National Question）（1913）；《论列宁主义基础》（The Foundations of Leninism）（1924）；《论列宁主义的几个问题》（The Problems of Leninism）（1926）；《苏联社会主义的经济问题》（Economic Problems of Socialism in the USSR）（1952年）。此外，斯大林还指导编写《苏联共产党史（布尔什维克）》（History of the Communist Party of the Soviet Union（Bolsheviks），1938），亲自撰写了题为"辩证唯物主义和历史唯物主义"的部分。

从对世界共产主义影响的角度来看，这些著作中最重要的可能是《论列宁主义基础》。在1924年4月和5月的一系列演讲中，斯大林以教理问答的方式将他认为是列宁思想的内容编纂成典。列宁在《共产主义运动的"左派"幼稚病》中声明，俄国经验中只有"一些基本特征"具有国际正确性，而斯大林在《论列宁主义基础》中声称，所有这些特征在所有国家都合理有效，这就是"列宁主义"一词的构成。

斯大林对列宁主义的这种全面性定义立刻遭到苏共党内许多批评者的质疑，包括季诺维也夫，他指出："列宁主义是帝国主义战争时代的马克思主义，是直接从农民为主的国家开始的世界革命的马克思主义。"[①]

[①] J. Stalin, "*Works*" (Moscow, 1954), Vol. 8, p. 14.

第四章　加拿大共产党（1921—1957年）：国家问题

斯大林辩驳季诺维也夫的论点颇为有趣，不仅因为其内容，更主要的是因为它揭示了斯大林的方法论：

> 季诺维也夫所强调的这些话是什么意思？在列宁主义的定义中引入苏联的落后、苏联的农民特征，意味着什么？
>
> 这就意味着中了鲍尔合考茨基的圈套，他们否定列宁主义适用于其他国家，否定适用于资本主义较发达的国家。
>
> ……列宁主义在国家范围内的狭隘定义如何与国际主义相调和？①

正如在此处所示，斯大林的辩论方法首先是定义论点目的，然后排除所有与此目的不相符的考虑因素。他通过假设争论双方面临的选择而作出总结：

> 或者，农民问题是列宁主义的主要问题，在这种情况下，列宁主义对于资本主义发达的国家与非农民为主的国家，是不适合的，也不是必须的。或者，列宁主义的主要内容是无产阶级专政，在这种情况下，列宁主义就是全世界无产阶级的国际学说，对所有国家包括对资本主义发达的国家，无一例外都是适用的和必须适用的。
>
> 对此，人们必须做出选择。②

斯大林方法论的基础是理论服从于策略，它对加拿大共产党的理论工作有很大的影响。

斯大林在《论列宁主义基础》的开篇就表明，定义列宁主义的问题在于

---

① J. Stalin, "*Works*" (Moscow, 1954), Vol. 8, p. 15.
② J. Stalin, "*Works*" (Moscow, 1954), Vol. 8, p. 18.

……阐述列宁著作为马克思主义宝库作出的独特而创新的贡献，这自然与列宁的名字紧密相连。

他基于这个准则对列宁主义的简短定义是：

列宁主义是帝国主义和无产阶级革命时代的马克思主义。更确切地说，列宁主义是无产阶级革命的普遍性理论和策略，特别是针对无产阶级专政的理论和策略。

列宁关于这个问题的主要著作是《国家与革命》，在"十月革命"前夕撰写并出版。但在1938年，斯大林在"苏共第十八大"报告（B）中，却用以下措辞排斥了这部书的内容：

列宁的名著《国家与革命》写于1917年8月，也就是"十月革命"和苏维埃国家建立的几个月前。列宁认为这本书的主要任务是捍卫马克思和恩格斯的国家学说，使其不受机会主义者的歪曲和庸俗化。列宁当时正准备写《国家与革命》的第二卷，他打算在其中总结1905年和1917年俄国革命的主要教训。毫无疑问，列宁在他著作的第二卷中，旨在根据我们国家的苏维埃政权存在期间所获得的经验来阐述和发展国家理论。然而，他的去世没能让他完成本书稿的心愿。但是列宁没有做完的事情应该由他的追随者去实现。

斯大林在1924年表明，列宁对马克思主义的主要原创贡献是阐述了"无产阶级专政的理论和策略"，十四年后，他又断言列宁并没有真正为这个理论作出任何实质性的补充，也没有时间总结或解释俄国革命在这个问题上的经验。斯大林真正想表达的是，列宁主义是俄国革命的经验，是在列宁的"追随者"（主要是他自己）视角中的体

第四章 加拿大共产党（1921—1957年）：国家问题

现。在这个引人注目段落之前的论述中，斯大林宣称俄国无产阶级专政经验中的新内容是将其应用于"社会主义在一国取得胜利的部分和具体情况……"，这是马克思、恩格斯和列宁都没有经历过的。

特别是在1928年以后，加拿大共产党以斯大林理论框架为参照开展工作、学习和理论研究，这意味着采用斯大林对列宁主义的定义和理解，尤其是斯大林对无产阶级专政的"理论和策略"的"实践"方法。

此外，加拿大共产党在一定程度上确实试图吸收马克思主义哲学的纲要，这是在斯大林的指导下完成的。斯大林在这个领域的主要著作是他那篇题为"辩证唯物主义和历史唯物主义"的二十五页文章，这篇文章收录为1938年出版的《苏联共产党史》（*History of the Communist Party of the Soviet Union*）第四章。这是对马克思主义的哲学意义进行了高度机械、简单和说教化的缩减。事实上，这篇文章是对斯大林在1906年发表的理论文章"无政府主义还是社会主义？"的阐释和重述。它作为首次发表的作品，为了宣传目的而展示马克思主义方法的主要特点，是值得赞扬的努力。但是，当它几乎以原稿的形式再版，在1938年被大力推崇为世界共产主义领袖的"最新"著作，并声称它和马克思主义经典作品一样具有解释力的时候，这显然就是一种粗糙而笨拙的尝试。它试图在二十五页内为读者提供高度复杂的哲学和科学概念的直观认识，所有这些概念都被整合在一起，以证明共产主义是一个不可避免的质的飞跃，就像沸水变成蒸汽一样。然而，这篇文章变成了加拿大共产主义运动的主要研究来源，几乎取代了所有其他马克思主义哲学著作。

对加拿大共产党来说，斯大林对列宁的政党构想的阐述可能更为重要。斯大林的定义取代了列宁在《共产主义运动的"左派"幼稚病》中强调的策略方法和组织结构上的灵活性，而提出了一种严格僵化的军事化机构，控制党员的所有活动，让他们服从于上级委员会（他称之为总参谋部），没有考虑对不同国家的不同传统和文化的适应性。斯大林在《论列宁主义基础》中对党的工作的论述无疑受到了当时共产党人仍然坚持的观念的影响，即这一时期是革命、战争和内战即将来临的时期。但是，即使在革命热潮消退之后，斯大林的定义从未以任何方式被修改或改变过。

斯大林在加拿大共产主义运动中声望极高。他被视为所有智慧的源泉，他的领导地位从未受到丝毫质疑。对加拿大共产党的任何评价都必须牢记这一点，因为它是在斯大林的时代而不是在列宁的时代成长和发展起来的。最终被称为马克思主义—列宁主义的实际上是斯大林的列宁主义，就是他在《论列宁主义基础》中首次提出的领导世界的主张。

加拿大共产党与其前身和渊源的社会主义党派有显著的不同之处。第一个明显特点是它的国际联系，这并不是平等党派之间的友好关系，而是加拿大人自愿加入并在党的历史中自愿维持的从属关系。加拿大共产党的党员们将其视为一个世界党的国家分支，这个党应该是整体化且有纪律性，并受到领导世界委员会的权威指导。

第二个特点是党的结构及其对自身角色的认知。这是第一个特点的衍生。党要成为一个纪律严明、结构严密的组织，其领导委员会和干部在党内拥有巨大的权力。党员从事的各项活动如工会、议会和群众组织，都将由党通过其委员会和领导人进行指导。党认为，自己是先锋队，在争取加拿大社会主义转型的总体框架下领导工人阶级及其盟友的一切政治斗争。不像他们的前辈们对非革命斗争和革命之间的相互作用模棱两可，共产党人认为，列宁为党开的处方给了他们面对这些棘手问题的答案。无论怎样，在共产国际的指导下，中央委员会和"政治局"制订的解决方案，对从事任何领域工作的所有党员都具有约束力。无休止的辩论将结束，党员将停止独自行动。对共产党人而言，革命即使不是迫在眉睫，也是当代历史时期的主要任务，因此，他们肩负着作为革命党的重大责任。

第三个特点是党努力将其总体理论框架应用于所生活和工作中的加拿大社会。党在接受这个基本框架为首要的同时，也接受了列宁的告诫，要试图把无产阶级革命的总战略和战术具体化到国情中。这种努力从最初阶段就开始了，党的刊物和决议也越来越多地用马克思主

第四章 加拿大共产党（1921—1957 年）：国家问题

义的措辞方式来处理加拿大的具体问题。党关注的主要理论问题包括加拿大的地位（殖民地还是自治国家）、加拿大法语区、工会问题、联邦—省级关系和农业问题。这些理论问题是至关重要的战术问题的背景：统一战线、与社会民主党的关系、改良主义与革命的关系，以及党对议会和选举活动的态度。尽管这些问题看起来是理论和实践的两个独立类别，但在共产党人的观念中，它们是一个不可分割的整体，以至于常常很难评估是理论先行还是战术先行。

值得关注的是，党和其国际顾问在开始阶段并不认为有必要对加拿大的政治经济进行深入研究，虽然他们从未停止指出，列宁在他的政治生涯早期阶段就认为有必要"基于精确数据"撰写《俄国资本主义的发展》（*Development of Capitalism in Russia*）（1905）。事实上，加拿大共产党从未进行过这样的研究，尽管在其大部分的重要著作、政策声明和大会决议中，它确实对当前有关经济状况和阶级关系的材料提出了批评。然而，事实证明，党没有进行这样的全面研究是一个重大的不利因素。

加拿大的地位、独立及国家问题

在 1925 年 3 月份的《工人月刊》（*Workers Monthly*）和同年 3 月 21 日《工人报》（*The Worker*）上，时任加拿大共产党工会书记员的蒂姆·巴克（Tim Buck）发表了一篇题为"加拿大和大英帝国"的文章，试图就加拿大的地位问题达成协议。这篇文章开启了一个主题讨论，这对加拿大共产党人后来的历史来说是一个重要的主题，有时甚至是主导性的议题。

巴克的主要论点是，加拿大"仍然是一个殖民地，也仍然是'日不落帝国'的一部分"。他用以下论点来支持这一论断：

> 英国政府于 1867 年制定的《英属北美法案》规定和限制了加拿大自治领的政治地位及其政府的内外权力。该法案从未进行

过任何重要的修改，由于立法和技术上的障碍——事实上加拿大没有对该法案发表意见的机制；除向英国政府提出上诉以外并无任何追索权，而这些上诉迄今证明都是无济于事的——因此也不太可能有所修改。即使加拿大的"政治家们"呼吁通过"法律先例和解释"进行微小修改的可能性，但《英属北美法案》仍将加拿大自治领牢牢地固定在英国殖民地的位置上。

法案中没有一字一句授权联邦政府与外国政府谈判条约。联邦政府不得在内部事务方面立法，除非在该法案规定的范围内；它不能修改参议院（即"加拿大上议院"）的宪法；也不能改变任何省的宪法或采取可能影响（原文如此）副总督办公室（这是在"每个省的国王化身"）的行动。

最重要的是，自治领政府对加拿大以外的加拿大公民没有管辖权。当英国处于战争状态时，加拿大也处于战争状态，加拿大的港口必须始终对英国军舰开放。

因此，在政治上，加拿大仍然是一个殖民地，仍然是日不落帝国的一部分。

巴克接着指出美国日益增长的经济实力和影响力。他认为，美国已经取代英国成为加拿大最大的外国投资方。而且，"英国的资本投资于政府和市政证券，而美国的投资大部分在工业领域"，"美国企业在加拿大经营着800多家分厂"。

乍一看，人们会认为，不论是英国还是美国公开或隐蔽地统治加拿大，对革命运动来说都无关紧要。资本主义就是资本主义，就普通工人而言，这种争夺政治控制权的斗争只不过是一种情感诉求。

第四章　加拿大共产党（1921—1957年）：国家问题

然而，从非常现实的意义上讲，从英国的政治控制中赢得完全独立，对加拿大的革命运动和整个劳工运动来说意义重大。实质上，这意味着废除《英属北美法案》。它将戳穿资本主义政府的无能为力的长久借口，让这个国家的工人们直面现实。

因此，巴克建议共产党人应该支持资产阶级中争取脱离英国独立的那部分人，尽管由麦肯齐·金领导的这个集团"如今正在很好地服务于美国的利益"。

在争取摆脱"唐宁街"（代指英国政府）而获得完全独立的斗争中，加拿大共产主义者将竭尽全力帮助那些努力脱离英国而独立起来的资产阶级。然而，在赢得独立之后，当他们试图把加拿大全部移交给"华尔街"（代指美国）时，他们会发现我们是他们最激烈的对手。独立只是我们每个人的迈出的一步，对于占主导地位的经济利益团体来说，这是迈向美国化的一步；对我们共产党人而言，这是迈向"工农共和国"的一步。

巴克将这场争取走向独立的运动称为"现在非常向前"。巴克所说的这场运动以麦肯齐·金为中心，在金任职的四年里，他在几个重大的问题上都主张加拿大外交政策的主权，显然，他也会在每一个适当场合都这样做。在加拿大英语地区，这场运动中最激烈的知识分子代表有：被称为"加拿大民族主义之父"的"温尼伯自由出版社"（*Winnipeg Free Press*）编辑约翰·W. 达福（John W. Dafoe），其出版商克利福德·西夫顿（Clifford Sifton）爵士，以及渥太华律师 J. S. 尤尔特（J. S. Ewart）。尤尔特的《王国文件》（*The Kingdom Papers*）和最近的演讲包含了加拿大自治的最明确的阐述。就连保守党领袖阿瑟·米恩（Arthur Meighen）也刚刚宣布：如果英国加入战争，加拿大人将通过公投来决定加拿大是否也要进入战争状态。这对他的政党而言也是一项惊人的新信条。当然，由亨利·布拉萨（Henri Bourassa）领导的加拿大法语地区的人们的意见比以往任何时候都更强烈地支持加拿大自治，这是1917年征兵斗争的创伤性经历的结果。就在蒂姆·巴克的文章发表的同时，J. S. 伍德沃斯议员在《加拿大论坛》（*The Canadian Forum*）上发表了类似的观点："我们既没有摆脱殖民地地位，也没有摆脱殖民地心态。"

在上面引用的未发表文章的草稿中，巴克评论了自治运动在议会中广泛的吸引力，包括"从工党到保守党的各个党派的政界人士"。但是"除了加拿大国际法权威J. S. 尤尔特之外，唯有共产党人公开主张完全独立"。

这篇文章是在通常的共产主义参照系之外所写的。它没有提到马克思或列宁关于国家问题的任何说法，没有包含对加拿大阶级关系的分析。尽管列宁在他对共产主义国际的演讲中已经定义了殖民主义，但该文并没有用共产主义的术语来定义殖民主义，而是采用了J. S. 尤尔特的定义，因为巴克对加拿大"殖民"地位的描述遵循了尤尔特在《王国文件》中的论证。巴克试图通过提到联邦政府和省政府之间在工人关心的劳动法、失业救济和八小时工作制的管辖权纠纷，以此而给工人阶级一个导向。他声称，废除《英属北美法案》将终结由这些问题构成的政治难题。但他的主要论点是支持宪法程序，这对资产阶级有一定的重要性，但与工人阶级没有直接的关系。多年后，巴克确实承认"我们要求加拿大独立是为了摆脱英国统治而实现资产阶级独立"。①

但在当时，该文章在党对待工会运动的方法上确实有奇特用处，蒂姆·巴克亲自指导了这方面的工作。在同年（1925年）出版的小册子《迈向权力》（*Steps to Power*）中，巴克概述了共产党在工会运动中的方针政策。他在我们所引用的文章中提倡加拿大完全独立，但在有关工会策略的小册子中却局限于提倡美国工会的加拿大分支"自

---

① Tim Buck, *Lenin and Canada* (Toronto, 1970), pp. 71–72.

第四章　加拿大共产党（1921—1957 年）：国家问题

治"，他提醒工人们："加拿大工会的自治并不意味着狭隘的民族主义……"毫无疑问，采用这种策略的主要原因是列宁告诫共产党人要留在已建立起来的工会中，即使是最反动的工会也不例外。但这似乎也与巴克在早期文章中概括的实现加拿大独立的"两步战略"有关。他认为，独立的主要直接目标是英国，共产党人必须准备好把那些利益与美国紧密相连的人作为盟友。只有在稍后阶段，当加拿大从英国获得独立后，主要斗争才会转向反对美国。

另外两名政治局成员也和巴克一样强调了这条路线。他们是党主席兼党周刊《工人报》的编辑莫里斯·斯佩克特和共青团书记斯图尔特·史密斯（Stewart Smith）。1924 年，16 岁的史密斯当选为共产党最高政治委员会委员，直到 1956 年他退出共产主义运动后才卸任。1926 年 8 月，他在散发的题为《加拿大斗争的历史和当前经济背景》（*History and Present Economic Background of the Struggle for Canada*）文件中，试图用马克思主义分析加拿大历史，以支持加拿大独立口号的论点。但在这份文件中，史密斯的立场开始有所改变，他提供的统计数据显示，美国在加拿大的投资影响不断上升，并已达到一定高度。

> ……不仅美国资本在加拿大拥有如此更为强大的实力，而且美国资本在很大程度上控制着所谓的加拿大资本……与之相对立的是英国资本主义和英国资本家的利益。

他在这里以非常谨慎的措辞提出，加拿大正在发生美国资本和英国资本之间日益激烈的冲突，同时也间接地加剧着与这两个强大金融力量有关联的加拿大资产阶级不同派别之间的冲突。

莫里斯·斯佩克特在一个月后（1926 年 9 月）发表的一篇文章中，重申了他早期的立场：

> 尽管有各种相反的说法，加拿大仍然是英国的殖民地，是大英帝国的一部分……

◇◆◇ 加拿大左翼：批评性分析

　　这就是为什么工党*采取赞成加拿大完全自决的立场，以及为什么以共产党人为首的工党左翼采取更明确的立场，主张废除《英属北美法案》，支持加拿大脱离大英帝国而获得独立。

然而，在一年之内，斯佩克特、巴克和史密斯就完成了史密斯在上述文章中所预示的转变。斯佩克特现在是党的新理论机关刊物《加拿大劳工月刊》（*The Canadian Labor Monthly*）编辑，他利用该期刊最初两期（1928年1月和2月）的一篇文章《加拿大、帝国与战争危险》发展了新论点。他将英美之间的竞争描述为"当今基本的帝国主义敌对关系之一"，表示这场竞争正在全世界范围内进行，并在加拿大和其他英国领地找到了特别重要的战场："这些领地的发展不再主要依赖英国资本。美国如今是最大的资本提供者。"这种竞争使当地的资产阶级得以发展壮大，特别是在制造业方面，目前正在迫切推动其"国家自治"的要求，并结束"他们与'母国'的政治关系中的殖民主义"。

根据斯佩克特的观点，这种努力解释了金先后在国际事务和国内事务中坚定主张加拿大自治的举措，正如"拜恩与金之争"（Byng versus King）的例证：

　　但是，为了独立的关税政策、自由地剥削国内工人、商业条约的制定权、外交代表权以及在国际联盟中的席位，自治领资产阶级不需要分离出去。

斯佩克特认为，加拿大资产阶级的主要部分与英国的关系现在已达到它所期望和需要的独立程度。因此需要制定党的新政策，表述如下：

---

* 当时加拿大共产党隶属于加拿大工党。

第四章 加拿大共产党（1921—1957年）：国家问题

因此，加拿大的工人和农民反对帝国主义战争危险的斗争，必须针对作为英国帝国主义共同合作伙伴的加拿大资产阶级。但是还有另一种正在渗透加拿大、寻求加强其金融和外交纽带的帝国主义，那就是美国帝国主义，以其在拉丁美洲的"六月记录"（June record）为例。我们国家的工人和农民必须像抵抗英帝国主义一样来抵抗美帝国主义。

斯佩克特在文章结尾时断言，重新阅读列宁《帝国主义论》（Imperialism）让加拿大共产党人认识到，在帝国主义资本主义时期存在着"国家依赖的过渡形式。将国家划分为两大类——拥有殖民地的国家和被殖民的国家——并不能充分描述这个时期的特征。有必要考虑国家间的依赖性，它们在形式上具有政治独立性，但实际上被金融和外交纽带的精密网络包围着"。列宁的这段话使斯佩克特相信加拿大就是这种过渡性依赖的国家之一，只有推翻"这个国家的资本主义政府"，建立"一个工农共和国"，才能获得"真正的独立"。

同年晚些时候，在莫斯科召开的共产国际第六次代表大会确立了这个立场。1928年9月，共产国际在关于殖民地问题的决议中表示：

> 有必要区分那些曾经作为资本主义国家过剩人口的殖民地，从而成为资本主义制度的延伸的殖民地（如澳大利亚、加拿大等）和那些主要被帝国主义剥削为商品市场、原料来源地和资本投资场所的殖民地。第一种类型的殖民地变成了"自治领"，即特定帝国主义体系的成员，拥有平等或几乎平等的权利。[①]

基于这项决议，共产国际执行委员会（ECCI）于1929年4月在第六次大会召开前夕给加拿大共产党写了一封"密函"。这是一封很

---

① Jane Degras, ed., *The Communist International Documents*, Vol. II, p. 534.

◈ 加拿大左翼：批评性分析

长的信，涉及党的工作的各个方面。在关于加拿大地位的内容中，它主张：

> 在加拿大发展成为明确的资本主义国家的基础上，党必须强调加拿大资产阶级是加拿大无产阶级的主要敌人。加拿大和大英帝国之间不是强制性关系，而是在剥削中寻求共同利益的关系……因此，加拿大无产阶级不能把为国家自由和资产阶级民主共和国而斗争的反帝国主义阶级的作用归于加拿大资产阶级。加拿大资产阶级是帝国主义攻击加拿大工人阶级的主要和最积极的代理人。加拿大资产阶级利用英、美帝国主义在加拿大的势力冲突来影响加拿大，削弱大英帝国本身的实力，以此来主张日益增长的行政独立……在这种情况下，"在工农政府领导下实现加拿大独立"的口号……只能迷惑地……使工人群众相信，他们更多地受到英帝国主义的压迫，而不是加拿大资产阶级的压迫。

约翰·波特*（John Porter）随后写了两篇文章，分别发表在1929年6月30日和10月3日的《共产国际》杂志上。这两篇文章都有大量的统计数据，代表了当时共产党人对加拿大分析的一种进步。

第一篇文章谈到"加拿大有一个不断壮大的资产阶级"，它利用"英美在加拿大的竞争"来谋取自己的利益。这个资产阶级不仅控制着加拿大的经济，而且越来越多地向海外投资，特别是在拉丁美洲的投资。

波特谴责"共产国际的许多圈子持有的一种观念，认为加拿大实际上是美国的殖民地"。

---

* 约翰·波特是一个笔名，一些消息来源表明该笔名代表了在莫斯科列宁学校学习的加拿大青年约翰·威尔、莱斯利·莫里斯和萨姆·卡尔的集体名字。后来被共产国际用来驳斥巴克—史密斯—斯佩克特路线。

第四章　加拿大共产党（1921—1957年）：国家问题

> 事实上，加拿大自1837年资产阶级革命以后就不再是殖民地，而是在完全资本主义关系的范围内发展起来了……加拿大正在发展自己的帝国主义利益（而且）正在世界市场上寻求一席之地……

随着美国资本和影响力在加拿大的增加，大英帝国和英国资本在加拿大的衰退，以及加拿大的工业化，致使加拿大资产阶级的政策发生变化，金政府的作用证明了这一点：

> 加拿大资产阶级代表着加拿大最强大的利益，它试图利用英美冲突来维护整个加拿大资产阶级的利益；在这个意义上，它正在悍然地扮演一个机会主义的角色，这将会导致灾难。英美两个帝国主义都需要在作出让步的同时抵制两个集团，以寻求建立一个强大的国民经济，并在争夺加拿大制造业和农产品市场的斗争中采取一种稍微独立的帝国主义态度。

这种新形势要求党的政策作出相应改变。它必须"既反对美帝国主义，又反对英帝国主义，防止被加拿大资产阶级拖入两个帝国主义阵营中的任何一个"。同时，党必须避免提出"加拿大独立"的口号，以免"重蹈过去将党置于任何资产阶级反对派运动阵营里的错误"。

第二篇文章尖锐抨击了加拿大共产党以往的政策，指责其没有完全纠正过去的错误。*

> 多年来，党一直将加拿大统治阶级归因于革命角色，而对无

---

* 这些错误完全归咎于1928年11月被开除党籍的莫里斯·斯佩克特，他是"托洛茨基的叛徒"。波特引用了斯佩克特1926年9月的文章，但忽略了巴克1925年3月的文章。但从党内争论可以清楚看出，共产国际将巴克、史密斯和斯佩克特视为发起和推动这一政策的罪魁祸首。

产阶级革命问题保持沉默！这种认识的基础源于把加拿大视为殖民地的观念。

同时，波特指责加拿大党的领导层通过强调英美冲突，忽视加拿大资产阶级的独立作用，从而保留了旧立场的残余。他呼吁党放弃所有涉及"加拿大独立"的困惑设想，将注意力集中在工人与资产阶级的直接对抗上。

1929年6月，加拿大共产党第六次大会通过了这个修正案。但是，在1930年1月党的中央委员会全体会议上，时任党的领导人蒂姆·巴克为他在大会之前的立场作了激烈的辩护，并抨击了波特派和列宁学院学生派的一些言论。巴克表示自己的立场是提醒人们注意"加拿大的特殊性"，这"不同于英美两国共产党等党派的观点和任务"。巴克认为，站在波特的立场上"完全忽视英美冲突对加拿大的意义，忽视英美竞争给加拿大共产党带来的革命前景，是危险的"。他批评该声明忽略的事实，即"因为美国日益强大的实力和影响力，所以加拿大资产阶级摆脱了英国的统治……"。巴克认为，波特对"关于加拿大已经从原材料进口国转变为制成品出口国"的假设是错误的，并引用了统计数据来反驳这种说法。他还批驳了波特认为"本土资本已经摆脱了外国金融资本支配"的观点。

> 因此，将国民财富总额与投资于加拿大的外国资本总额进行比较，并不能证明本国资本的优越性，反而表明了57.5亿美元的外国投资是生产性产业的决定性因素……
> 进一步分析表明，英美两国的资本都倾向于各自的帝国主义发展的利益方向。例如，铁路的建设和小麦生产国的发展都是在英国金融资本的霸权下进行的，而英国的金融资本仍然牢固地控制着铁路领域。另一方面，美国资本寻求控制重要的基础工业，如新闻纸生产、镍、铜、电气工业等。此外，最重要的行业在发展到一定程度时仍易于落入美国的控制中。

第四章 加拿大共产党（1921—1957年）：国家问题

巴克指出，美国在加拿大的分公司倾向于设立加拿大董事会来掩盖美国的控制权，"但在每个案例中，控制权绝对掌握在母公司手中，母公司不持有的大部分股份是由美国投资者持有的"。他还以1919年J. P. 摩根*访问渥太华为例来说明美国对加拿大的影响，这次访问促使在渥太华的联邦政府"采用极端残酷的措施"镇压温尼伯大罢工。

巴克表示，很明显，加拿大的工业仍然由英美帝国主义金融资本所支配，与此同时，本国资本特别是在制造业方面正在迅速发展。"如今加拿大由加拿大资产阶级统治"，但这个资产阶级分为与美国资本相连和与英国资本相连的不同部分。"加拿大不能被定性为殖民地。另一方面，在当前情况下把加拿大明确列为帝国主义国家是不正确的……"此外，虽然加拿大的资产阶级统治着这个国家，但因为保留着"加拿大议会不能修订或修改"的《英属北美法案》，就仍然存在殖民主义的痕迹。巴克在结束声明时重申了他对加拿大形势特殊性的看法，同时正式接受了共产国际的立场，即加拿大是一个完全独立的资本主义国家。

那次演讲之后，巴克遭到了猛烈攻击。他被指责抵制共产国际的批评，特别是来自莱斯利·莫里斯（Leslie Morris）和萨姆·卡尔（Sam Carr）的指责，他们刚从莫斯科列宁学院（Lenin School）学习两年后回来，与约翰·威尔（John Weir）一起撰文批判加拿大共产党的立场。在讨论结束时，巴克完全改变了自己的立场，承认在这个"错误"论点上与史密斯和斯佩克特有过合作，并承诺要到党员中间领导一场思想运动，正确解释共产国际对加拿大现状的分析。但是，巴克在他的撤回立场声明中并未涉及他在开场发言中提出的论点实质。史密斯因留在莫斯科没有出席这次全会，巴克不得不在他的闭幕词中否认史密斯"被迫"关押在莫斯科接受一段时间再教育的传闻。史密斯在最近一次采访中说，虽然他也在共产国际的重压下让步了，但他仍然坚信自己的立场是正确的，并声称1955年党的新纲领体现

---

* J. P. 摩根是美国著名的银行家和实业家。

了"我在1929年充分发展的立场"①,证实了其正确性。

这场争议在一年后仍然困扰着共产党,当时党的政治局发布了一份"草案声明",刊登在1931年1月3日《工人报》上。

> 在这种情况下,至关重要的是,每一位党员都必须认识到纠正党的政治局以往关于加拿大无产阶级革命道路的错误观念的意义。

> 这个立场被共产国际指责为错误立场之后,我们的政治局仍然坚持了好几个月,它是对"加拿大是殖民地,我们的斗争道路就是争取'加拿大独立'"这一原有理论的修正。

> 加拿大资产阶级是帝国主义资产阶级。加拿大(他们的国家)是一个帝国主义国家。加拿大的资产阶级是帝国主义的,因为他们的经济、金融和政治利益来自于加拿大高度集中的工业和技术发展以及在资本输出方面的重要作用……除了拥有殖民地之外,列宁定义的帝国主义的所有特征都存在于加拿大的经济中……

鉴于这个问题在加拿大共产党历史中的重要性,特别是它在第二次世界大战后重新出现,因而蒂姆·巴克在后来这些年对这场争论的看法就颇受关注。1970年,他在纪念列宁诞辰百年的背景下出版了名为《列宁与加拿大》(*Lenin and Canada*)的著作。巴克在书中表明,对加拿大独立的要求是"我们的要求",并且"得到了许多人的赞同,特别是中产阶级激进分子"。② 回顾1925年3月至1928年1月党的机关报《工人报》可以看出,共产党在这个问题上非但没有影

---

① Stewart Smith: Taped interview with S. R. Penner, 1972, and deposited in I. M. Abella, ed., *Oral History of Canadian Radicalism*, at York University.

② Tim Buck, *Lenin and Canada* (Toronto, 1970), p. 72.

第四章 加拿大共产党（1921—1957年）：国家问题

响中产阶级激进派，实际上还受到资产阶级代言人如亨利·布拉萨、J. S. 尤尔特、J. W. 达福、克利福德·锡夫顿和麦肯齐·金的影响；在中产阶级激进派中，共产党受到了 J. S. 伍德沃斯的影响，他每周写的下议院专栏文章定期刊登在《工人报》上。贸易与劳工大会的立法计划从一开始就列入了这个要求，但是，除了在"拜恩事件"发生后要求废除总督一职或着要求废除参议院之外，它的立场内容在本质上与这些发言人的立场没有区别。巴克在早期著作《三十年》(*Thirty Years*，1952) 中更接近事实，他这样描述党的错误：

> 这个错误理论［加拿大独立］的结果是使加拿大共产党成为资产阶级民族主义的意识形态盟友，而资产阶级民族主义的发展已经使其变得反动了。

但是，巴克正确地指出，加拿大与英国和美国的关系问题当时在加拿大政界和知识界非常突出，党正在对此作出反应。由于总督拜恩拒绝了麦肯齐·金解散议会的请求，围绕该问题的煽动达到了沸点，引发了1926年著名的"拜恩对金"选举的戏剧性事件。党的领导层卷入了这场混乱，其激动情绪反映在1926年7月19日《工人报》的头条新闻中：

> 《拜恩独裁统治下的加拿大》
> 自治领是第二个埃及？还是《英属北美法案》应当被废除？

党至少在大体上能够认识到，加拿大独立问题是在美国对加拿大投资不断增加的压力下凸显出来的。巴克尤其清楚这个因素，但他无法说服加拿大和共产国际的同事们相信它的重要性，也无法克服自己执迷于在英国附属关系中表述的加拿大独立仪式。但一些非马克思主义的左翼发言人此时已经确信，对加拿大独立的真正威胁是日益增长的美国势力。《加拿大论坛》1926年2月刊上的一篇社论发出了这样的警告：

◆ 加拿大左翼：批评性分析

> 准确数据无处查询，但毫无疑问，加拿大工业的很大部分是由美国资本所有或控制的，据估计，这一比例高达全部工业的40%或50%……如果这种从美国流向加拿大的资本继续以同样的速度持续十年，实际上，我们所有的制造工厂以及大部分的矿产和木材范围都将由美国资本拥有或控制。在这样的制度下，成功的加拿大人将渴望成为美国公司的分公司经理，而少有野心的人将成为那些没有老板控制的工厂里的日班工人。这幅图景可能显得有些夸张和不切实际，但是这样的结局正在走向圆满。一旦美国资本在我们的工业生活中占据了主导地位，那么想象我们能够完全控制自己的政治命运是徒劳的。

根据1931年2月中央委员会会议的明确声明，加拿大地位的问题似乎终于在共产党的队伍中得到了解决。这为"党面临的重大任务"扫清了道路。这也被定义为"集中一切力量进行反击"，以抵制"加拿大资产阶级进一步降低工人生活水平的企图"。至少在20世纪30年代，这个问题没有以任何重大方式出现。它在《加拿大共产党第七次代表大会宣言》（1934年7月23—28日召开）略有回响。斯图尔特·史密斯（Stewart Smith）撰写了该宣言，他在蒂姆·巴克被监禁而缺席的情况下成为党的代理领导人。宣言指责英帝国主义将世界"推向新一轮世界屠杀的边缘"，声称"加拿大统治阶级及其本内特政府"正在支持"英国的战争准备"，为此正在开展"爱国主义和帝国主义宣传运动"，并花费数百万资金用于"重新装备军队和实施青年军事化"。但是在一年内，由于1935年8月在莫斯科举行的共产国际第七次代表大会宣布的重大战术转变，党对英国、大英帝国乃至泛美洲大陆主义采取了适度和解的立场。巴克在1937年10月8日召开的第八次代表大会上发表了重要讲话：

> 加拿大在英联邦中能够发挥的最有效作用是一个真正的民主

第四章 加拿大共产党（1921—1957年）：国家问题

国家的作用。加拿大的代表必须在英联邦会议上表达加拿大人民的意愿，而不是像现在这样沦为英国在加拿大实施帝国政策的工具。

加拿大应该作为一个美洲国家发挥其应有的作用，并与西半球其他爱好和平的国家携手，使美洲成为和平的力量。

加拿大能够对大英帝国的和平发挥最好影响的方式是忠诚而光荣地履行作为国际联盟成员的所有义务……

党内对党的政策发生转变的程度感到困惑，但普遍的共识是，包括马克思主义概念在内的一切都应当服从于全世界反对德国、日本和意大利法西斯主义的斗争。但是，当加拿大共产党人在1939年9月至1941年6月期间反对这场战争时，有关它先前的立场问题再次出现了。

党在1940年2月的《联邦选举宣言》（*Federal Election Manifesto*）中阐明了立场，谴责英国帝国主义与德国帝国主义对这场战争负有同等责任，指责加拿大政府和统治阶级"依赖于英帝国主义在欧洲的霸权"，寻求"从英帝国主义卷入的战争中牟取暴利"。虽然这份声明并没有重复加拿大是英国殖民地的观念，但它确实反映出党内一些领导人仍然相信加拿大对英帝国主义的依赖或与之的初级伙伴关系*。

直到1947年，共产党（当时称为劳工—进步党）才再次开始关注来自美国帝国主义对加拿大独立的威胁。在1929年被否决的"加拿大独立"口号重新出现在巴克1948年1月对劳工—进步党全国委员会的讲话中，并出版成小册子《让加拿大独立》（*Keep Canada Independent*）。从那时起，"加拿大独立"实际上成为党工作中无处不及的主题。

这次讲话的出发点是1947年由麦肯齐·金的新任财政部长道格

---

* 1943年1月，加拿大共产党总委员会在当时还是非法的。总委员会在多伦多举行了一次非公开会议，谴责斯图尔特·史密斯在没有事先征得其他同事同意的情况下就写了这份宣言，因为他们中的许多人在1940年6月6日对党的禁令到来之前就已经消失了。

拉斯·阿博特（Douglas Abbott）启用的一系列措施，表面上是为了应对美国日益严重的赤字问题……实现加拿大贸易平衡。它的直接效果是减少了从美国进口的制成品和新鲜水果，以保护美元，并增加了美国所需的加拿大商品的出口——主要是原材料和资源产品。用巴克的话说，这是一项计划

> 使加拿大的经济越来越依赖于为美国工业生产原材料和特种产品，如新闻纸张。这是一项降低制成品产业在国民经济中比重的计划，甚至比这更糟。这是一项通过让美国政府直接决定加拿大经济发展的方向和水平，从而抹杀加拿大主权的计划……

> "阿博特计划"无疑是让加拿大人民的当下福利和国家利益服从于美国金融资本的帝国主义目标和政策。

巴克认为，阿博特计划并不是政府为了满足紧急短期需求而制定的一些微不足道的法规，而是一项将改变加拿大经济方向的长期战略：

> 接着发生的是资本主义世界贸易和金融机制的崩溃。自从约翰·A.麦克唐纳爵士在近80年前提出他的"国家政策"以来，这个机制一直是加拿大与其他资本主义世界进行经济交往的一个关键因素。对加拿大人来说，它的崩塌意味着一个经济时代的结束。

巴克在讲话结束时，概括了他所称的"新国家政策"旨在发展"广泛的人民团结"。这些提议具有改良主义或社会民主主义的性质，强调增加贸易和扩大加拿大制造业。这些建议中最激进的是要求将银行和信贷系统、电力传输系统以及基础钢铁工业的国有化。

确实，这个新政策既没有革命分析的迹象，也没有革命行动。巴

第四章 加拿大共产党（1921—1957年）：国家问题

克没有把美国金融资本对加拿大经济的渗透视为一个历史过程，是马克思主义法则下资本主义发展的必然结果；相反，他完全将其与第二次世界大战后的情况联系在一起。他将其呈现为加拿大政府的政策，可以通过其他政策进行改变和纠正。这种分析是为了适合他讲话结尾的温和建议。1948年晚些时候，蒂姆·巴克出版了最重要的著作《加拿大：共产主义观点》（Canada: The Communist Viewpoint），呈现出更加深入、更具马克思主义色彩的研究。这是一部集合了许多内容的汇编，涵盖历史学、政治经济学、马克思列主义理论、长期战略和短期策略。在前言中，斯坦利·瑞尔森对本书作出如下描述：

> 这本书是加拿大劳工运动史上的一个里程碑，是第一部以马克思列宁主义为指导、全面研究加拿大垄断资本主义的发展和当前危机的著作。它为加拿大演变的基本原理提供了深刻的见解……

书中描述的许多演变过程都取自该领域的标准著作，巴克似乎很依赖O.D.斯凯尔顿的《经济通史（1867—1912年）》（General Economic History 1867 - 1912）。巴克详细阐述了他早期对"阿博特计划"的分析，就一体化政策对加拿大经济的短期影响作出了令人信服的预估。从这个意义上说，巴克的《加拿大的共产主义观点》是后来出版的相关主题著作的先驱，如欧文·布雷彻（Irving Brecher）和S.S.赖斯曼（S.S. Reisman）合著的《加拿大—美国的经济关系》（Canada-United States Economic Relations）（1957）以及沃尔特·戈登的《加拿大的选择》（A Choice for Canada）（1966）。巴克详细阐述了他对新国家政策的建议，提出在经济上脱离对美国经济依赖的"替代方案"，即"在很大程度上有计划地发展加拿大目前缺乏的生产能力"并通过"政府行动培育工业"来实现。他暗示加拿大资本家的利益曾一度与国家利益相一致，但是现在加拿大实业家的目标与国家利益之间曾经存在的联系已经消失。随着加拿大经济从竞争性资本主义企业向垄断资本主义企业转变，以及被"金融操纵天才"掌握控制权，这种联系就消失了，这在很大程度上是外国资本在其联系起源中影响的结果。加拿大金融资本最初是英国金融资本的初级合作伙伴，现在是华尔街的合作伙伴。公司董事们的目标一直都不是把加拿大作为一个国家来发展，而是以对他们最有利的条件把加拿大及其自然资源卖给出价最高的人。

在巴克描绘的图景中，加拿大制造商发展了这个国家，尽管他们是为了自身利益，但在这个过程中也建造了这个国家。即使在后来的阶段，当个别制造商与银行合并形成金融资本主义垄断时，他们仍然继续推动着加拿大的自治。

随着加拿大金融资本垄断的崛起以及由此引发的国家经济结构的变化，国内的主导利益愈发迫切要求确立加拿大主权。在联邦建立后，施加给加拿大的殖民限制一个接一个地被取消了。

加拿大资产阶级在何时以及出于何种原因而改变了他们的方向，采纳了"当前主导我国经济和政治的金融资本寡头的非加拿大目标"？巴克表示，这主要是由于第二次世界大战产生的条件所致，美帝国主义在战争中崛起为唯一有能力并准备征服世界市场的帝国主义力量。

因此，加拿大资产阶级在经济和政治上完全独立的情况下，通过刻意的政策出卖给美国资本，从而破坏我们的国家独立。他们将满足于在争夺世界市场和加拿大自身经济发展中扮演初级合作伙伴的角色。他们将通过他们控制的自由党和保守党，让政府的政策支持他们的目标。

第四章　加拿大共产党（1921—1957年）：国家问题

巴克提出了一个经过仔细论证的观点，他认为，虽然马克思主义者相信经济运行的必然规律，但历史表明，"经济规律的运行和效果可能会受到国家经济政策的影响"。

巴克引用例证来说明，历届加拿大政府通过谨慎运用政策能够引导加拿大朝着特定方向发展。因此，他建议通过选举一个"主权政府，它将坚定地以增加我们的经济独立为目标来推行国家政策"，从而改变目前的方向。这样的政府将采取措施旨在通过政府干预来"确保"制造业增长50%，从而增加国民生产总值，与所有国家尤其是社会主义国家进行贸易，并实施大规模的福利国家立法计划。巴克认为，实现这些目标并没有任何障碍。它们可以在现有的社会框架内完成。所需的最基本改变是制定一部新宪法，它将实现一个"地理上分区域但财政和行政上集中的现代工业国家"。但是巴克说，在共产党人看来，实现这些"重要改革"只是通往社会主义革命的一个中间阶段。

在随后的几年里，加拿大共产党人愈加坚信，从美国的控制下争取加拿大的国家独立是关键，通过中间阶段打开通往加拿大社会主义转型的道路。1952—1971年间，党起草和修订了一系列党纲来展示如何实现这一目标，这些文件有：《加拿大独立和人民民主》（*Canadian Independence and Peoples Democracy*）（1952年2月通过的草案）、《加拿大独立和人民议会》（*Canadian Independence and A Peoples Parliament*）（1954年3月通过的修订草案）、《加拿大的社会主义道路》（*The Road to Socialism in Canada*）（1958年1月通过的草案）、《加拿大的社会主义道路》（1959年10月修订，1962年再修订）、《加拿大的社会主义道路》（1971年4月通过的草案）、《加拿大的社会主义道路》（1971年11月通过的修订草案）。

这些纲领表明，自1948年党重新对加拿大独立问题产生兴趣以来，它就更加专注于这个问题，并从对这一主题的连续分析中得出了更为全面的结论。

在1952年草案的前言中，蒂姆·巴克把加拿大的情况比作殖民地和半殖民地国家所面临的情况：

> 这些重大的新问题影响着加拿大各阶层的人们……如同殖民地和半殖民地国家屈从于外国剥削而对其各阶层的爱国者产生的影响一样。

这个纲领的开篇充满意气激昂的语气：

> 从四百年前加拿大殖民拓荒以来，我们的人民就为摆脱法国和英国的统治，争取国家独立而斗争。我们的人民奋斗了几个世纪，现在却要被美利坚合众国吞并吗？

> 每个爱国的加拿大人都会异口同声地回答：不。为了确保这种情况不会发生，加拿大人民将进行我们民族历史上最伟大的斗争。加拿大人现在要求赢得国家独立，摆脱美国的统治，确立议会至高无上的地位，恢复我们对加拿大的资源、工业、武装力量以及外交和国内政策的主权控制。

> 为了实现这些崇高的爱国目标，加拿大人必须团结起来，击败那些数量虽小却很强大的投机者、垄断者集团及其政治代表，他们正在犯下背叛国家的罪行——为了获得美国的信任要把我们推入第三次世界大战。

这是整个纲领的核心。每个问题和党的每项任务现在要么服从于这个问题，要么以这个问题作判断。加拿大工会的独立性在党的历史上首次被提升到一个独立的要求：

> 加拿大工人为他们的工会赢得全国性独立，这是加拿大争取国家独立斗争的一部分。

第四章 加拿大共产党（1921—1957年）：国家问题

党警觉到"美国对文化和艺术领域的渗透"正在日益增强，呼吁"要充分推动加拿大自己的文学和艺术的素材形式，来表达我们人民的民主传统"。

法裔加拿大人必须坚信，"只有打破美帝国主义对魁北克和加拿大其他地区的控制，他们才能赢得完全的民族自由"。

党提出了一个人民联盟的构想，它"不受任何一个党派的主导"来实现新的国家政策。其纲领将沿用巴克在1948年提出的建议，但增加了加拿大国旗、退出北约，并恢复"将加拿大武装力量交由加拿大指挥"的内容。

然而，"反对美国统治的斗争同时也是反对内部敌人的斗争，也就是反对那些反民主的加拿大垄断资本家，他们是内外政策的反动根源"。因此，这种斗争必须发展到超越了赢得国家独立的阶段，才能发展到为社会主义而斗争的阶段。到那时，共产党人必将接管这场运动的领导权。

1954年通过的纲领与1952年的草案相似，但首次提出了"加拿大优先"（Put Canada First）的口号。它忽略了任何可以让人们得出这样结论的参考：根据加拿大共产党的推断，加拿大的情况类似于殖民地或半殖民地。它加强了工会独立的章节，尽管与草案初稿一样，它使用"独立"和"自治"来代表党的工会目标，这似乎令人困惑，因为它们是截然不同的概念。

党现在坚定地致力于把加拿大从美国控制下独立出来的理念。这成为党的各方面利益的普遍主题。党的新闻和期刊上都是这条新线路。一些文章开始重新解读加拿大历史，把加拿大过去所有反美方面的内容都放在突出位置，其中很多内容都具有奇怪的非阶级性质。虽然许多党员对"加拿大优先"的口号感到不安，因为它使人回想起以此命名的旧运动的反动性质，但党的发言人还是着重强调了这一主题。

这很大程度是在不同的背景下延续了1935年共产国际第七次代表大会之后共产党人对加拿大传统重新燃起的兴趣。在那次大会上，共产国际总书记格奥尔基·迪米特洛夫（Georgi Dimitroff）批评了大多数共产党的"民族虚无主义"：

> 那些认为这一切与工人阶级的事业无关的共产主义者，那些不以历史上正确的方式用真正的马克思主义、列宁主义—马克思主义、列宁—斯大林精神来启蒙群众了解自己民族的过去的共产主义者，那些不把自己当前的斗争与革命传统和过去联系起来的共产主义者——就会自愿把民族历史上一切宝贵的东西让给法西斯的虚伪，那么法西斯分子就可能欺骗群众。

> 不，同志们，我们关心的不仅是我们人民现在和将来的每一个重大问题，而且是我们人民过去的每一个重大问题……

> 我们共产党人在原则上是各种资产阶级民族主义的不可调和的对手。但我们不是民族虚无主义的支持者，我们也永远不会这样去做。

加拿大共产党人立即接受了迪米特洛夫的警告，斯图尔特·史密斯在1935年11月给加拿大共产党的报告中这样写道：

> 今天，正是加拿大的共产主义运动发扬了加拿大人、英国人、法裔加拿大人和外国出生的加拿大人的一切优良传统。我们的新闻媒介和宣传鼓动已经正确地开始向群众表明，我们是1837年革命传统在现代条件下的承担者。在今天的条件下，我们继承发扬了加拿大和英国努力争取民主自由的传统。

加拿大共产党人运用这种新方法在对麦肯齐、帕皮诺和瑞尔的新阐释方面作出了卓著的工作，将他们视为加拿大历史上的革命英雄。通过把1936年为西班牙共和国政府作战的加拿大营命名为"麦肯

第四章 加拿大共产党（1921—1957 年）：国家问题

齐—帕皮诺营"（Mackenzie-Papineau Battalion），他们吸引了公众对这一革命传统的关注。在第二次世界大战后，除了已经提及的人物之外，还增加了新的"英雄"。布洛克、西姆科和麦克唐纳因反对美国在加拿大的企图而受到尊敬。1954 年，斯图尔特·史密斯率领党的多伦多执行委员会代表团向皇后公园的麦克唐纳纪念碑敬献花圈。但这一举动遭到了党内成员的强烈反对，他们感到在多年来一直向被麦克唐纳送上绞刑台的叛军表示崇敬之后，现在转而要他们纪念麦克唐纳，这是很难接受的！

然而，大多数加拿大共产党人支持了党的新纲领。他们将其视为党努力用马克思主义的术语解释加拿大现实的必要延续。他们认为，在将共产主义与充满激情的加拿大主义相融合的基础上，这是为共产主义赢得更多认可的一种手段。

巴克在 1948 年开展的对美加关系新阶段的预测被证明是有预见性的——巴克的分析表明，在现有资本主义社会的框架内，可以针对美国控制造成的当前问题采取一系列即时解决方案。在加拿大英语地区，一股新的民族主义情绪和运动出现在部分加拿大资本家中间，他们认为美国在加拿大的投资损害了他们的商业利益，同时也出现在一些知识分子中间，他们原本很少或根本没有参与社会主义或共产主义运动。最不关心这个问题的是劳工运动，其大多数成员在美国开设的分厂工作，属于美国的工会。

共产国际对巴克早期民族主义的批评可以看作适用于这种最新和最普遍的民族主义。党把"加拿大独立"作为主要口号，难道不是偏离了以社会主义为主要目标的真正的马克思主义运动的革命目标？此外，党再次提出社会主义斗争的"两步"理念，难道不是暗示加拿大社会必须先实现资产阶级民主革命，然后才能进一步发展吗？

然而，共产党早期的观点和现在的观点有根本的区别，党的所有材料都充分说明了这一点。冷战时期，美苏对抗被视为全球范围内的主要矛盾，这场冲突渗透到所有其他问题中。而且，美帝国主义当时在世界范围内进行多方面的努力，以接管旧帝国主义列强摇摇欲坠的帝国，并在世界各地攻击革命和民主运动。因此，每个共产党的主要任务是在自己的领土上，在尽可能广泛的基础上组织起来，反对美帝国主义及其同盟。

事实上，这是世界共产主义运动的基本策略，斯大林本人也公开强调了这一点。在1952年10月苏共第19次代表大会闭幕时，也就是斯大林去世前六个月，他在简短的发言中敦促资本主义国家的共产党要举起"民族独立的旗帜"。

> 资产阶级曾经被视为国家的领导者：它捍卫国家的权利和独立，将其置于"高于一切"的地位。如今"国家原则"已荡然无存。现在资产阶级为了美元而出卖国家的权利和独立。民族独立和国家主权的旗帜已被抛弃。毫无疑问，作为共产党和民主党的代表，就要由你们来举起这面旗帜，高举着它向前进。没有其他人能够举起它。
>
> 显然，所有这些情况都应该为尚未掌权的共产党和民主党派减轻工作负担。
>
> 因此，我们完全有理由相信，在资本占主导的国家中，兄弟政党能够取得成功和胜利。

加拿大共产党人的立场已经预见到了斯大林的立场。令他们明显感到满意的是，斯大林肯定了他们自1948年发展起来的主题；实际上，这是他们在20世纪20年代末率先开创的。毫无疑问，加拿大和美国资本主义之间密切而特殊的关系帮助他们得出了这个结论。但他们对这种关系的早期认知来自巴克坚持研究他所称的"加拿大特殊性"，尽管共产国际的告诫完全忽视了这些特征。

法裔加拿大

加拿大共产党对法裔加拿大的政策的演变始终与其他相关问题交

第四章　加拿大共产党（1921—1957年）：国家问题

织在一起，其中最突出的问题是加拿大的地位、联邦与省的关系、宪法的修正与废除。但从根本上讲，其长期战略目标以及对列宁主义政党的性质、结构和角色的认知，制约着它对加拿大法语地区的阐释。

作为一个社会主义政党，它认为要实现加拿大社会主义转型所需的措施，只能通过一个拥有经济和社会控制权力的强大的中央政府来完成。然而，即使在社会主义转型之前，共产党一直支持并主张给予联邦政府更大权力作为实施其迫切要求的计划所不可或缺的条件。从这个意义讲，它与平民合作联盟在立场上非常相似。

党对加拿大的阶级斗争的认识是，工人阶级与资产阶级的对抗正在全国范围内进行，而地区、国家或其他方面的差异是次要的。因此，需要一个具有强大中央集中领导和单一结构的列宁主义类型的政党。在这样的结构或概念中，就不能有自治或半自治地区的空间，法裔加拿大党员要求对此作出让步的所有努力都遭到了拒绝。

党研究"民族问题"的理论背景是列宁和斯大林的许多著作，这些著作强调"被压迫民族"的"自决权"是一种民主要求，必须得到每个真正的无产阶级政党的支持。但是，对他们而言，民族问题总是从属于阶级斗争，因此被看作是战术要求而非战略要求。加拿大共产党经常在承认和支持法裔加拿大作为一个民族的"自决"权力与担心党内外出现"资产阶级民族主义"之间难以抉择。这样，党对法裔加拿大的立场就显得两面性和模棱两可。

直到1960年，革命社会主义和社会民主主义在魁北克的法裔加拿大社区中都极为薄弱。这是由许多复杂的因素造成的，其中最突出的是神职人员的权力和影响，以神职人员为导向的民族主义的力量，省政府对共产主义者的公然迫害，以及法裔加拿大的学术机构对社会主义和自由主义思想的压制。

在党的成立大会上没有法裔加拿大人出席，但是，根据蒂姆·巴克的说法，党成立后的第一年就成立了一个法语支部。[①] 阿尔伯特·

---

① Tim Buck, *Thirty Years 1922 – 1952*, p. 29.

圣马丁（Albert St. Martin）是负责人，他创立了"工人大学"。巴克说，圣马丁因为"极端的小资产阶级民族主义"被开除党籍，因为他支持天主教组织而不是国际工会。虽然共产党能够招募其他法裔加拿大人加入魁北克支部领导层，但这个领导层"由弗雷德·罗斯（Fred Rose）指导"，代表的是加拿大共产党的主体。①

巴克在回顾过去时承认了党在理论上的弱点，他在讨论党的成立初期时说：

> 党在领会列宁强调工人阶级在捍卫国家真正利益斗争中的作用时，并没有充分理解法裔加拿大人民在民族地位问题上的全部历史意义，因而未能提出加拿大法语地区人民享有从民族自决权到分离权的必要要求。②

直到 1929 年，涉及加拿大法语地区的言论或文章确实非常稀少。巴克于 1925 年 3 月发表的两篇题为"加拿大与大英帝国"的文章，都没有提及法裔加拿大人的地位，甚至没有把加拿大法语地区的代言人列入反对英国统治加拿大立场的人员名单中。其原因可以从 1926 年他写的一系列题为《独立》（Independence）的笔记中看出。在讨论加拿大独立斗争中可依靠为盟友的加拿大人口各要素时，巴克将以下内容标注为"d"类：

> 法裔加拿大人：毫不夸张，具有反英倾向，也具有沙文主义倾向。他们反对英国的战争，也反对法国的战争。参见《英属北美法案》保护他们的特殊利益（语言、宗教、学校）。必须证明独立后的加拿大也将给予加拿大法语地区人民同样的自由和保障。

---

① Tim Buck, *Thirty Years 1922 – 1952*, p. 30.
② Tim Buck, *Thirty Years 1922 – 1952*, p. 30.

第四章　加拿大共产党（1921—1957年）：国家问题

在党对"拜恩与金"竞争的激昂气氛中，《工人报》突出地展示并赞扬了布拉萨对加拿大自治的要求和对总督的谴责。但在一个月后，斯图尔特·史密斯为党的中央政治局撰写的文件《为加拿大斗争的历史与当前经济背景》，却完全忽略了加拿大法语地区在"为加拿大斗争"中的特殊作用。1929年3月9日，蒙特利尔的P. 罗森博格（P. Rosenberg）（后被称作弗雷德·罗斯）在《工人报》上发表了一篇论述文章，严厉批评了政治局为即将召开的全国代表大会发布一项决议草案，因为"没有提到法裔加拿大人的问题"。

在这次大会召开之前，共产国际执行委员会（ECCI）组织部和政治秘书处在写给加拿大共产党的信中，强烈建议党要更多地关注加拿大法语地区问题。信中给加拿大党列出了工作任务和优先事项的清单，第7点内容如下：

> 党必须立即在魁北克的法裔加拿大群众中开展工作。为此，应该立即在魁北克省安排组织者；应当更新已经停刊的法语报纸；考虑到宗教偏见、语言等因素，必须找到接近法裔加拿大群众的特殊方式。无论如何不能将法裔加拿大人视为"移民"意义上的"语言单位"因为加拿大是双语国家，加拿大法语地区的人民是本土群众。

共产国际执行委员会政治秘书处的信函进一步讨论了涉及的理论问题。它提请加拿大党注意"法裔加拿大人的强烈反英情绪，这在上次战争中起到了非常重要的作用"。它呼吁党为加拿大法语地区争取"完全自主权力"。信中指出，"魁北克省的法裔加拿大工人……构成了加拿大工人阶级中最受剥削的部分"。它呼吁党的魁北克支部"在天主教工会内部工作"，但是如何做到这一点没有给出建议，因为信中提到党在魁北克"实际上与法裔加拿大工人没有任何联系"。*

---

* 这是自阿尔伯特·圣马丁之后颇有讽刺意味的表述。他与法裔加拿大工人有联系，曾因倡导在天主教工会工作等原因被驱逐。

然而，尽管共产国际发出了这样的警告，但是，本次大会除了几次提到需要招募法裔加拿大工人之外，仍然忽视加拿大法语地区人民的问题。在会议记录中没有关于魁北克自治问题，也没有表明任何党派认识到法裔加拿大"民族"的特殊性质。

在党的大会之后，对于加拿大法语地区作出的唯一决定是恢复用法语出版的党刊《加拿大工人》（*L'Ouvrier Canadien*）（1935年更名为《工人生活》（*La Vie Ouvrière*））。然而，该刊物的内容仅仅是复制党的英文报刊和外文报纸上的鼓动和宣传。在20世纪30年代召开的两次党代会（1934年的第七次和1937年的第八次）都没有特别提到魁北克。这反映出党内的主导态度，认为加拿大法语地区和英语地区之间的差异微不足道。党在魁北克的组织者弗雷德·罗斯在1935年1月19日《工人报》上发表的文章表达了这种态度。

> 1867年英国授予加拿大资产阶级行政权。英属加拿大的部分是最强大的，在国家自然资源的开发中占有更大的份额。这并没有把法裔加拿大人置于受压迫的少数族裔。这就是资本主义在各国的发展模式。资产阶级中有一部分人比另一部分人更能攫取和窃取人民的资源。法属加拿大资产阶级得到了自己的一份，或单独得到，或与英属加拿大资产阶级共同得到。至于在资本主义制度下民众所能享有的"权利"，法裔加拿大人和英裔加拿大人享有同等程度的语言和其他所谓的"民主"权利。加拿大工人阶级在反对资产阶级的斗争中，既能使用法语，也能使用英语。

罗斯接着批评魁北克省长L.塔什罗（L. Taschereau）把法裔加拿大称为一个民族。罗斯坚称这是"一种谎言"，因为法裔加拿大并不具备斯大林所说的定义民族所必需的属性：语言、领土、共同的经济生活、心理构造和文化共同体。它缺失其中的一个特征——共同的经济生活，因而法裔加拿大不符合成为一个民族的条件。

第四章 加拿大共产党（1921—1957年）：国家问题

没有法裔加拿大经济，只有加拿大经济，很明显，除了以加拿大法语地区人民（他们是加拿大最大的单一族群）为基本群体的加拿大之外，不存在法裔加拿大国家……

绝不能低估在法裔加拿大工人中根深蒂固的民族主义情绪……革命的国际主义正在迅速取代反动的民族主义……民族主义分离只会给法语地区的工人带来一件事——那就是增加苦难。

这篇文章阐明了加拿大共产党人在评价法裔加拿大问题时遇到的困难。第一，他们对魁北克民族主义的反动性质感到震惊，因为它受到宗教社团主义的支配。第二，他们无法将法裔加拿大人定义为除"种族群体"之外的任何其他身份。第三，他们把阶级斗争看作统一斗争，认为对法裔加拿大人独特性作出任何让步都会分裂和削弱工人阶级。虽然他们此后多次改变立场，但从未完全让步于这些制约因素。

斯坦利·瑞尔森（Stanley Ryerson）自1937年开始书写了一系列关于法裔加拿大的著作，旨在解决这些问题，但他也未能毫无遗留地克服这个难题。他在论著《1837年：加拿大民主的诞生》（*1837, The Birth of Canadian Democracy*）中强调了法裔加拿大民族主义中的民主传统，被加拿大共产党誉为"首次努力尝试用马克思主义评价加拿大历史上的一个重要时期"。

瑞尔森认为，1837年发生在上加拿大和下加拿大的叛乱都是资产阶级民主革命，是"开辟资本主义发展道路"和"创立现代民主"的世界运动的一部分。而且，下加拿大的叛乱属于"法裔加拿大的民族问题"，"当然其原因可以追溯至征服战争时期。英国政策从最初就基于这样的设想，即法兰西民族、语言和宗教信仰会迅速消失，由征服者的语言和宗教信仰取代之"。面对美国革命，这个假设被抛弃了，但在"达勒姆报告"（the Durham Report）之后，英国再次试图将法属魁北克进行英国化，最终也失败了。英国的"地主—商人"成为下加拿大的"统治阶级",他们"为了击败法裔中产阶级和农民的民主力量",有必要与亲封建天主教阶层和法国地主建立联盟。

然而,除了零星地提到"民族问题""民族身份"和"国家问题"(后者同样适用于上加拿大和下加拿大)之外,瑞尔森尚未明确地将魁北克定义为争取民族自决的法裔加拿大民族。

正如1938年共产党向联邦与省关系皇家委员会(罗威尔—西罗瓦委员会)提交的简报所显示,党并没有准备好走得那么远。这份名为《走向加拿大的民主团结》(*Toward Democratic Unity For Canada*)的文件在首次发表时受到日报各部门的广泛赞扬。这可能是共产党迄今为止对加拿大和宪法问题进行的最详细研究。它显然经过了充分的调查和记录。然而,尽管如此,它的时效却很短暂,因为其中许多提案和大部分解释很快就被抛弃,以利于支持新的提案。简报的"引言"表明它已预见到了这一点:

> 在一种情况下,中央集权的国家政府可以服务于民主群众争取经济发展和民主权利的利益;在另一种情况下,中央集权国家政府受到反动既得利益的支配,可能成为民主进步的障碍。

简报认为,当时加拿大国内的情况需要中央集权的国家政府。该文件对联邦的阐释为这一论点提供了历史背景,可以总结为以下摘要:

> 在联邦的实际形式中,联邦代表了新兴工业资本阶级的妥协,渴望内部自由贸易和对外贸易的中央管辖权,受到前资本主义和半封建主义的影响,寻求保留在各省地主和封建主义的权力……魁北克的半封建制度并入联邦时几乎没有改变,因为新兴工业资产阶级看到维护法裔加拿大的下降地位对自己是有利的。虽然基本实现了中央控制国内自由贸易和对外贸易,但是这个新国家仍然存在着经济的不统一。

第四章　加拿大共产党（1921—1957年）：国家问题

> 国家统一是不完整的……魁北克一直是生活水平极低的"经济区"，被剥夺了加拿大其他人民所享有的社会和文化成就。

简报接着指出，"加拿大法语地区人民从未享受过真正的少数民族权利"，这些权利被定义为经济、社会、政治和文化上的福利。

> 真正的少数民族权利包括中央政府向少数民族授予平等的政治权利；但法裔加拿大人民却被通过选举权限制和压迫性选举法剥夺了平等的民主权利。真正的少数民族权利要求中央政府确保少数民族享有与其他公民相同的社会服务；但法裔加拿大人们被剥夺了这一权利……工业利益的增长和魁北克的半封建影响旨在联邦制的基础上阻止法裔加拿大人享有平等的社会、经济和文化权利……通过确保魁北克人民享有平等的社会、经济和文化权利，并赋予中央政府确保实现这些权利的责任，需要实现国家的完全统一，从而首次确保法裔加拿大人的少数民族权利。

共产党在此处使用"少数民族"一词来形容法裔加拿大"人民"。它借用了社会学用语中很常见的术语，但对马克思主义列宁主义而言就很奇怪，至少在这里使用的意义上是这样。在党的声明中，既没有对少数民族的定义，也没有对少数民族的特征加以区分。当有人建议中央政府应在"少数人"实际上是"多数人"的地区介入省级司法管辖权，以加强少数人的权利时，这个概念就更加令人吃惊了。简报的后面部分解释了采用这种方法的部分原因，讨论了魁北克的反动政治势力的增长：

> 因此，魁北克的反动势力反对加拿大国家统一并大声宣称"省的权利"正在侵入国家领域，剥夺加拿大公民的民主权利。

与此同时，以魁北克省为中心的法西斯主义受到鼓励和培育，并试图向整个自治领蔓延。

……就像在法西斯主义掌权的其他国家一样，魁北克的政府结构中充斥着公开宣称反对民主的人……执政党在"封锁法"（Padlock Law）和工会中实行的政策由法西斯分子直接批准……

在简报的结尾，党重申了它所坚信的内容：

这是解决这个问题的唯一合理且有原则的方法。法裔加拿大人的少数民族权利并不等同于魁北克省的权利；相反，《英属北美法案》修正案允许完成国家统一，为建立法裔加拿大人的平等权利开辟了道路，如果没有这种平等，加拿大人民作为一个整体就无法实现经济进步和社会保障。

这里涉及理论和策略的混淆。从策略的角度看，这是一个很好的理由，为了支持党建议要为国家经济和社会福利计划而奋斗，并坚决反对杜普莱西斯企图阻碍相关立法的民族主义。但除此之外，党对加拿大历史和社会的基本解释充其量是为了支持眼前的策略问题，是值得质疑的。斯坦利·瑞尔森在1943年出版的著作《法裔加拿大》*（French Canada）更突出了这种做法，该研究首次确立了党的明确观点，即魁北克问题在根本上是一个"民族问题"。劳工进步党**的全

---

* 译者注：French Canada: A Study in Canadian Democracy 是斯坦利·瑞尔森1943年出版的英文著作，中文译为《法裔加拿大：加拿大民主研究》。因为经查证，French Canada 是加拿大地理和文化区域概念，即大多数人口以法语为第一语言，或以法语和法语文化为主要文化。它包括魁北克省以及其他讲法语的人集中的地区，如新不伦瑞克省、安大略省和马尼托巴省的部分地区。

** 根据1940年6月6日《加拿大防卫条例》第39条，加拿大共产党被宣布为非法。当有利于共产党的政治条件重新出现时，党决定启用一个新党名，主要是为了避免自由党政府不得已撤销1940年6月6日命令的尴尬。劳工进步党于1943年6月成立。

第四章 加拿大共产党（1921—1957 年）：国家问题

国组织者萨姆·卡尔在 1943 年 10 月 16 日《加拿大论坛》上热情洋溢地评价了这本书：

> 瑞尔森的书第一次从经济和政治层面对加拿大的国家问题进行了全面分析，有力地证明了加拿大马克思主义者对加拿大政治思想的重大贡献，也为加拿大劳工的日益成熟提供了切实可行的帮助措施。

这本书是瑞尔森自 1937 年开始研究法裔加拿大民主传统的延续。这次的研究是通过该传统的五位重要创建者帕皮诺、拉方丹、多里安、里尔和劳里埃来展现的。瑞尔森将这一传统的本质描述为：

> 理解这个事实很重要，即，在此之前的整个时期，法裔加拿大人进行的民主斗争一直是为了获得民族自决权，为了争取他们作为一个民族选择自己的国家形式的权利。

瑞尔森认为，联邦制带有这场斗争的印记，因为它对 A. A. 多里安（A. A. Dorion）领导的法裔加拿大人的民意作出了许多让步。

> 《英属北美法案》接受了法裔加拿大民众要求建立一个自治州的普遍要求，它的建立基于联邦制度而不是立法联盟；并且授予魁北克省政府在直接税收、公共土地管理、地方公共工程、教育、市政机构、婚姻、医院、司法行政和"财产与民事权利"等领域的权力。*

瑞尔森强调了对魁北克人让步的重要性：

---

* 1963 年，仍是共产党员的瑞尔森承认这本书中的这句话和类似说法是"夸大其词"和"有些夸张"。（《马克思主义季刊》，1963 年 8 月，第 130 页）。但它们在当时形成了党的政策，正如瑞尔森在 1963 年更正了反映"平静革命"中的新政策需求一样。

> ……法裔加拿大人的自治问题，即"魁北克省的权利"，必须得到讲英语的加拿大人的承认，因为这是法裔加拿大人有权选择自己国家的民主权利的表现。

但这本书的核心是，它第一次引用了斯大林对民族的定义来界定魁北克：

> 民族是人们在历史上形成的一个有共同语言、共同地域、共同经济生活以及表现于共同文化上的共同心理素质的稳定的共同体。*

然而，尽管斯坦利引用了斯大林的定义并宣称魁北克具备所有这些特征，但他却在这个定义的含义上退缩了，并得出了一个令人震惊（对于马克思主义者而言）的结论：

> 法裔加拿大人的地位是一个已经在加拿大联邦国家内赢得了政治平等基本要素的民族，但由于封建历史残余的严重阻碍，他们在生活中的许多领域仍然承受着严重的不平等因素。

从1938年向罗威尔—西罗瓦委员会提交报告直到瑞尔森这本书的出版，共产党对待法裔加拿大的政策发生了显著变化，尤其是对法裔加拿大社会的历史解释。

法裔加拿大从一个寻求"少数人权利"的少数群体变成了一个始

---

* 斯大林对民族的定义即使在1913年首次提出时也不是原创的。戈德温·史密斯在1890年写的《加拿大与加拿大问题》一书中宣布加拿大法语地区为一个民族，因为"一个社区在种族、语言、宗教、性格、精神、社会结构、抱负等方面与另一个社区存在差异，而且占据一块独立领土时，它就是一个独立的民族，并在道德上肯定追求不同道路，就由它自行决定。"（第168页，多伦多大学版，1970年）。译者注：此句译文采用了1953年人民出版社《斯大林全集》（第2卷）294页的译文。

第四章 加拿大共产党（1921—1957 年）：国家问题

终为"民族权利"而斗争的民族。法裔加拿大是在联邦制建立时被剥夺了"平等政治权利"的少数群体，现在看来，它确实在那个时候曾赢得过"政治平等的基本要素"，目前只需要经济上的平等。在党的报告中，经济平等只能通过废除被视为欺骗性的"省权"来实现，但在瑞尔森的著作中，省级权力的问题"被认为是法裔加拿大人民选择自己国家的民主权利的表达"。

在同一年（1943 年）劳工进步党成立大会上通过的纲领中体现了这些解释的变化：

> 1867 年成立的联邦体现了 1848 年获胜的负责任政府的原则；它表达了工业资产阶级的日益成熟，赢得了商业自治的胜利，建立了加拿大自治领从"海洋到海洋"（Sea to Sea）的国家地位。但是在联邦形式下，这个新建国家同意了加拿大法语地区民众建立自己的自治国家的要求……

这个纲领的其他部分进一步阐明了这些变化的动机。党全力支持金政府的战争努力，坚决反对魁北克的民族主义团体，尤其反对"人民集团"（Bloc Populaire）抵制战争并强烈鼓动抵抗征兵（共产党支持征兵）。在这种情况下提出或支持自决的口号，只会加强魁北克民族主义者的势力，同时会偏离党制定的主要任务：

> 民族的不团结和不信任阻碍了国内为取得胜利而进行的全面动员和制定全国性的社会保障措施。它们既危及为战争做出的努力，也危及我们在战后世界民主进步的前景。

这并不意味着党要放弃自己的需要而为了满足魁北克的要求。党将两种要求放置在不同的背景下。萨姆·卡尔在 1943 年 10 月 16 日《加拿大论坛》上的评论中明确表示，这正是瑞尔森书中呈现的党的设想：

> 当今的严重危险是，除非立即采取行动，否则法裔加拿大人的民族情感可能转向狂热偏执的民族主义——种族主义和法西斯主义的温床。仔细阅读……该著作为我们提供了对法裔加拿大传统的正确理解。瑞尔森的书应当作为受到社团主义者和"人民集团"恶劣影响的那些人的必读书，他们声称自己是法裔加拿大传统的继承者……《法裔加拿大》的作者瑞尔森指出，让崛起的新力量来对抗反动势力……如果要打败带有法西斯主义和社团主义纲领的"人民集团"，则工会、平民合作联盟和劳工进步党就必须……与魁北克自由党中支持战争和反集团的那部分人团结起来……这本书是对我们民主的武器库的新补充，应该被最广泛的加拿大人阅读。

这样，我们又一次让理论服从于战略。该书被看作是应对当前形势的"武器"，因此，它的基本解释是为了支持当前的战术需要而设计的。

在接下来的一段时间内，加拿大共产党对加拿大法语地区的立场没有根本的改变，尽管在重点和术语上存在重要差异。在1952年2月的新纲领中，党的重心是争取加拿大独立，摆脱美国的统治，重点是利用法裔加拿大的民族主义传统为这个新阶段服务：

> 在美帝国主义对魁北克以及加拿大其他地方的统治被打破之前，加拿大法语地区人民无法赢得完全的民族自由。争取加拿大独立的斗争是法裔加拿大迈向实现全面民族自决的道路。在这场与所有其他加拿大人的共同斗争中，法裔加拿大工人绝不能屈服于资产阶级民族主义，应该始终与讲英语的工人团结起来共同奋斗。

在1954年的纲领中，这一点更加突出：

第四章 加拿大共产党（1921—1957年）：国家问题

如果加拿大法语地区人民要保护自己的民族并赢得民族平等，他们就必须战胜他们所面临的最大的威胁——美国的控制。

法裔加拿大人向美国的出卖行为是由加拿大垄断资本家和法裔加拿大的反动势力共同策划的。这种联合煽动性地利用了法裔加拿大人的民族愿望，将魁北克交给了贪婪的美国人，使加拿大法语地区人民的未来处于危险之中。

接下来，关于法裔加拿大的段落详细论述了反美帝国主义的主题。加拿大法语地区的所有问题现在都表明是因美国控制魁北克和加拿大其他地方的结果，魁北克人被号召起来反抗美国，以"拯救法裔加拿大民族"。

在这场斗争中，法裔加拿大人长期以来对全面民族平等的要求，尽管在联邦建国时未得到解决，但将通过唯一的民主方式得到满足——保障法裔加拿大人有权进行民族自决，包括脱离联邦。这个民主原则的胜利将为讲法语的加拿大和讲英语的加拿大之间的自由和自愿结盟开辟道路，从而建立在两个民族的完全民族平等基础上的联邦国家。

党在1938年之前的声明中使用的"民族平等"一词，指的是除了加拿大法语地区人民在联邦制内应有政治平等之外，还包括为他们提供经济和社会平等所需要的措施。上述段落在这一点上似乎存在歧义。在这个联邦制下并没有给予完全的民族平等，但在一个真正的联邦国家中将会给予。这暗示了这里所提到的民族平等主要是一个政治概念。1956年1月，党向加拿大皇家经济前景委员会提交的报告中有一段话似乎增强了对党立场的解释：

a）联邦政府有责任推进加拿大成为一个"双民族"（Two-Nation）民主国家

> 在满足许多全国性财政和管理服务的紧迫需求时，不应侵犯各省政府管理各自省份事务的权利和权威。对法裔加拿大人的完全民族地位应当予以明确承认。

这是党对省级权利的一次不同寻常的让步。这似乎也暗示了魁北克省超越其他省份的某种特殊地位，尽管对此没有明确规定。

随着20世纪六七十年代民族主义和分离主义运动的兴起和发展，党曾多次改变它对魁北克的纲领政策。但是，不应当理解为，党制定关于法裔加拿大问题的解释工作占据了党的魁北克支部的全部注意力。魁北克省讲英语和讲法语的党员都从事党的一般工作，如工会工作、选举活动、和平运动、发行党的报纸和筹集资金以维持组织机构。还必须记住，在那些年的大部分时间里，魁北克的党支部遭受到全国所有支部中最猛烈的攻击：杜普莱西臭名昭著的"挂锁法"，魁北克省警察对共产党集会和示威的野蛮行动，以及神职人员不断进行的意识形态攻击。

同时，必须补充说明的是，魁北克支部中讲法语的成员和讲英语的成员之间存在着持续的紧张关系。魁北克省前共产党领导人皮埃尔·格利纳斯（Pierre Gélinas）写了一部描述这种紧张关系的小说《生者、死者和其他人》（*Les Vivants, Les Morts, et les Autres*）（渥太华，1959年）。这场冲突主要围绕着讲法语的党员的感受，他们觉得自己在党内永远是少数派，因此要求在法语社区的政策和活动中获得一定的自主权。然而，党从未对这个要求作出过丝毫让步，将其定性为"资产阶级民族主义"。1947年，这一要求在党的代表大会上爆发，导致大批法裔加拿大积极分子被开除党籍，其中一些人自阿尔伯特·圣马丁因类似差错被开除以来还继续留在党内。关于这场斗争的一份记录说，因为这些党员被开除出党而引发了300多名法裔加拿大

第四章 加拿大共产党（1921—1957年）：国家问题

党员退出了共产党。①

加拿大共产党在对法裔加拿大的政策上摇摆不定，除了其他因素外，反映出一种普遍存在的恐惧，即担心逾越了可接受的民族主义和"资产阶级民族主义"或沙文主义之间的界限。然而，这种恐惧在党处理法裔加拿大人民族主义时要比对待英裔加拿大人民族主义更加明显，党经常热情地接受英裔加拿大人的民族主义。这也反映在讲法语和讲英语的党员之间的关系上，事实上，党从未（这种情况一直持续至今）将魁北克地区的领导权交给法裔加拿大人。法裔加拿大人有时被提升到魁北克地区的领导职位，甚至有一次晋升为省级领导人，但是，真正的权力仍掌握在党的全国领导层的讲英语的代表手中，在所有情况下，都由他们负责制定党在加拿大法语地区的立场的主要路线。

---

① Marcel Fournier, *Histoire Ideologie du Group Canadien Français du Parti Communiste*, 1925 – 1945, in "Socialisme Québécois 69", No. 16, p. 70.

第五章　共产党、工会、平民合作联盟

加拿大共产党和工会运动

加拿大共产党人在工会运动中取得了最大的成功。他们对工会运动的关注多于其他任何领域。他们建立了工会，领导着工会，在工会的中央联合会中担任要职，投入大量辛勤工作（Trojan work*）把无组织人员都组织起来。根据最近的一项研究，① 他们在20世纪30年代末和40年代席卷加拿大的产业工会主义浪潮中发挥了决定性的作用，并帮助产业工会联合会（CIO）进入加拿大。

从一开始，加拿大共产党的领导层和党员主要是无产阶级。第一届政治局大部分成员由工会积极分子组成，他们带来了工会参政的传统，这是早期加拿大社会主义的一个显著特征。然而，正是列宁在《共产主义运动的"左派"幼稚病》中为工会策略提出的建议，才使他们改变了对待工会工作的态度和方法，并试图立即付诸实践。

在这部著作中，列宁对"左翼宗派主义"进行了严厉的批评，特别是针对共产党人退出"反动工会"并在他们领导下创建新形式劳工组织的现象。

---

* 译者注：Trojan（特洛伊人）指来自"Troy（特洛伊古城）"的人。特洛伊人以他们在抵御希腊人的战争中表现出的坚忍和勤奋的品质而闻名。因此，人们用"Trojan work"来表示投入大量辛勤工作。

① I. M. Abella, *Nationalism, Communism, and Canadian Labour* (Toronto, 1972).

第五章 共产党、工会、平民合作联盟

> 拒绝在反动工会中工作，就意味着把尚不成熟的、落后的工人群众置于反动领袖、资产阶级代理人、劳工活动分子和"资产阶级化了的工人"的影响之下……为了能够帮助"群众"，必须勇敢地克服一切困难，不怕那些领袖对我们的挑剔、阻碍、侮辱和迫害……并哪里有群众，就一定到哪里去工作。

列宁多次强调，工会应当是并且必须保持为"最容易加入的组织形式"。工会是最基本的阶级组织，试图创建"一个全新的、廉洁的小'工人工会'，不带有资产阶级民主偏见，剔除手工业或狭隘手工业工会的罪恶"的想法是"愚蠢的"。即使处于反动工会官员或政府当局最严厉的攻击之下，共产党人也必须准备好竭尽全力地保留在这些工会中：

> 我们必须能够经受住这一切，愿意作出任何牺牲，甚至——如果必要时——采取各种策略和手段，以渗透到工会中，始终留在工会中，并不惜一切代价在工会中开展共产主义工作。

由此，列宁给先进资本主义国家的新建共产党传达的主要信息是，要不惜一切代价留在已经建立起来的工会中。除此以外，列宁并没有具体说明他提到的在工会中进行"共产主义工作"的含义。这是否意味着要向工会的非共产党员宣传共产主义？但是，如果这会招致禁令和迫害，列宁的建议是否意味着共产党人应该放弃这种活动，甚至放弃自己的共产党员身份，以便"不惜一切代价"留在工会中？如果他们不进行共产主义宣传，那他们是否就只是在工会活动中争取更高工资和其它改革要求的激进斗士？这些问题和其他令人困惑的问题，在党后续参与加拿大工会运动的过程中多次出现。但在一开始，共产党领导层就相信列宁的建议是全面的。据1922年3月15日《工人报》的报道，杰克·麦克唐纳在1922年2

月工人党成立大会*上发表了主旨演讲：

> 左翼劳工的激进分子必须做些什么才能赢得支持和领导权？总的来说，他们必须听取革命前辈列宁的建议……来自他所写的《共产主义运动中的"左派"幼稚病》。

但在共产党成立后不久，共产国际（CI）和红色国际工会（RILU）对其中的一些问题给出了更具体的答案。红色国际工会是在1921年由共产国际根据第三次共产国际代表大会通过的一系列议题成立的，其总体方向体现在1922年工人党成立大会上通过的《关于工会政策的决议》（On Policy On The Labor Union）中：

> ……工人党的成员将与工会中的所有武装激进分子合作，以形成和发展其中的左翼力量。

> 在所有旧工会占绝对主导地位的地区和行业中，工人党反对所有双重工会和分裂主义的企图。在独立工会已建立起某种具有建设性组织的地区或行业中，在旧工会势力薄弱的地区或行业中，工人党的成员将在各自的组织内发挥作用，他们的目的是在所有斗争中采取联合行动，同时寻求与总工会运动相统一。

> 工人党的成员将与工会联合起来推动激进路线，将革命精神渗透进这些组织中，揭露工会官僚机构的反动和奸诈计策，激发工人党成员们的基层控制意识，并最大限度地驱逐激进分子，抵制分裂工会的行为。

---

* 加拿大共产党作为一个秘密组织，成立于1921年，加拿大工人党成立于1922年，是加拿大共产主义的公开合法表达。这种二元对立的局面在1924年结束，当时工人党改名为共产党，此前的秘密机构也被取缔。

第五章 共产党、工会、平民合作联盟

这项决议引发了激烈的争论,因为它主要针对的是"大工会"(OBU),该工会的许多领导人也出席了大会。大工会的首席官员拉塞尔(Russell)反对这项决议,但他的许多前同事都表示赞同。在他们看来,根据列宁的著作和共产国际(第三国际)(the Comintern)的工会论纲,"大工会"是一个"双重分离主义工会",应该引导它回到美国劳工联合会(AFL)的行列中。莫里斯·斯佩克特称"大工会"是"加拿大工团主义者的最后挣扎",杰克·麦克唐纳则说:"回到美国劳工联合会可能会有难度,但工人们就在那里,为了巩固工人们的产业力量,我们必须有足够豪迈的气概去做这件事。"拉塞尔在为"大工会"和他自己的立场辩护时表示,工人党的决议未能认识到"工人对部门需求不同"而犯了重大错误。他还感到美国劳工联合会的势力越来越弱,甚至在"衰败"。"大工会"在后来给工人党的书面答复中进一步指出,即使他们想解散组织,大工会领导们也不能把他们带回到美国劳工联合会,"与工人党和反动工会不同,'大工会'不是由高层管理的,其政策不能由一两个大人物来指导"。

虽然"大工会"处于被削弱的状态,但也继续存在着,直到1957年与加拿大劳工大会(the Canadian Labour Congress,CLC)合并。它主要以温尼伯工会的形式,组织了街头铁路工人、服务行业、面包坊工人和塞尔科克的一个钢铁厂的活动。1922年,工人党成立大会之后,"大工会"与共产党人展开了一场持续而激烈的争论。但它的大多数前领导人留在了工人党内,在贯彻1922年工人党成立大会通过的工会决议的政策纲要中表现突出。

这项决议向美国劳工联合会领导人发出了公开通知,即工人党将在美国劳工联合会内部开展工作,挑战"改革派"和"反动派"官僚机构的各项政策,党将为工会制定自己的政策,并寻求赢得各方支持。在代表共产国际和红色国际工会的美国共产党厄尔·布朗德(Earl Browder)的建议下,工人党成立大会决定在美国劳工联合会中发起一个"少数派运动",将由地方工会和中央联合工会内部运作的"小组"或"分队"组成。这一决定的实施促成了蒂姆·巴克领

导的工会教育联盟（the Trade Union Educational League，TUEL）成立，巴克将通过该联盟指导加拿大各地的"少数派运动"的所有小组和分队。实施该决定也产生了另一个影响，虽非有意为之，但是可能会在党内经常发生——工人党的工作和工会的工作之间的混淆。早在1924年4月，党的秘书长就在给工人党的报告中指出，共产国际已经提醒他关注这一趋势了。

> 很明显，在工会教育联盟的支持下所做的工作已经在某些方面造成了这样的印象，即左翼阵营是完全必要的。而这样的一个阵营，打着融合的口号，还有加拿大工党要消除建立政党的必要性的口号……虽然承认在工会里做了有价值的工作，但这项工作表现为左翼的独立运动，而不是工人党做的特殊工作。

这种混淆性是该党立场所固有的，蒂姆·巴克在《迈向权力》（*Steps to Power*）中对此作出了说明，这本书在1925年由工会教育联盟出版。书中阐明了加拿大工会运动的综合方案：产业工会主义、加拿大工会自治、组织无组织者、独立的劳工政治行动，以及工人掌管的工业国有化。尽管其形式在不断变化，但这些仍然是共产党人在工会追求的主要目标。

按照巴克在这本书中提出的形式，共产党和工会运动之间并没有什么区别，也没有像一些批评家提出的试图要掩盖工人党追求这些目标的目的、方法或动机。他们的目的是通过这些手段，使共产党赢得加拿大工人的认可，成为阶级的先锋队，成为革命的政治"总参谋部"。巴克在书中生动地表达了旧社会主义运动与共产主义在观点上的区别，前者在具体的工会问题上不采取党的政策；后者认为，工人党不仅有权利而且有责任干预工会的所有事务。

巴克呼吁采取一种新的方法来赢得产业工会主义的胜利。他说，在过去，"由于激进分子和进步分子的错误策略"，产业工会主义被认为意味着分裂，但这不是正确的道路。产业工会主义将以一个循序

第五章 共产党、工会、平民合作联盟

渐进的过程，出现在已有的手工业工会运营的商铺中，同时也应该鼓励手工艺工会进行"合并"。

> 要向普通工会成员说明，劳工组织的自然发展是由手工艺组织发展到联盟再进行合并的过程；他进一步说明，通过将各种手工业进行合并是防止分裂运动的唯一措施，而他自己也立即成为合并行动的推动者。

从这一点来看，产业工会主义的胜利是相对容易的：

> 因此，在工人运动中，激进分子的首要任务之一就是将现有的团结情绪具体化，将合并者和他们的支持者组织起来，与同一行业的其他手工业合并者相互配合，调集他们的选票，打破各行政部门之间的障碍，选出所有手工业者的行政代表，为产业工会主义的斗争马上就要胜利了。

因为美国劳工联合会的国际官员的抵制，进步派还应该尽可能避免将"脱离"作为实现自治的方法，所以，实现自治将需要更长的时间：

> 加拿大的自治并不意味着加拿大当地人脱离"国际"，也不意味着以任何方式削弱国际联系……

> ……事实上，正在发展中的情绪存在引发分裂运动的危险，其唯一后果是破坏相关的工会内部激进分子的影响力，致使反动官员们掌握大权。

然而，巴克的警告并没有涉及原则问题，因为他表示可以支持"在特定情况和条件下发展非国际组织"。但总的来说，他对这种作

法提出了警告,并建议激进分子把获得自治权的过程看作是一场长期斗争,并敦促他们避免产生"狭隘的民族主义"。

他还坚称,自治权是"政治活动领域"的必需,因为一些国际工会"禁止他们的地方工会加入加拿大工党",而后者应该是工会运动独立政治行动的工具。

尽管加拿大工党(CLP)是由行业和劳工大会(TLC)于1917年建立的,并在1921年恢复,但共产党人认为,加拿大工党在根本上是他们的组织:

> 虽然联盟的组织形式让加拿大工党有了群众基础,但它的能量和推动力来自于隶属于它的政党中的每个成员,其中有被组织起来的有积极政治意识的工人阶级成员。在这些政党内,最重要且最具影响力的无疑是加拿大共产党;虽然加拿大工党不可能成为共产党,但事态的发展必然会促使它越来越靠近共产党的立场。通过这种方式,它就能够避免幻想阶段和解释阶段而必然稳步地迈向劳工大军的革命政治派。

但这一切都要求激进派采取一种策略,巴克对这个问题的态度非常明确:

> 在这样的斗争中,很少有激进分子意识到在地方机构担任公职的价值;如果被组织安排公职,地方官员就拥有极大的权力,通过担任这些职务而获得的教育和培养,就使地方部门的秘书、主席、副主席等职位成为战略上的重要位置,掌握这些职位就可以轻易地决定胜利与失败。

> 对进步行动只做鼓动和宣传而不尽一切可能确保其成功,将是愚蠢的……如果一个城镇或城市的每个地方的武装分子都能够在共同的基础上团结起来,对他们进行宣传,以创造必要的联合

第五章　共产党、工会、平民合作联盟

行动的情绪，并把当地人聚集在一起，那么毫无疑问，当地的普通群众运动产生的力量将是不可抗拒的。在各个行业中集结这些当地武装分子团体，就会有一种力量和威力可以把所有反对派都压倒。除此之外，夺取地方办事处，在全国范围推行明确的主张，组织左翼会议并让左翼代表出席，北美的劳工工会在基层激进分子的领导下，将通过工业国有化朝着工人掌控权迈进，通过自治向争取权力迈进，并通过这样的斗争建立一个工人共和国。

在接下来的几年里，共产党普遍采用了这种方法。然而，巴克在书中所期待的结果并没有出现，因为赢得加拿大工人加入社会主义是一个意识形态问题，而不是一个组织形式问题。但在尝试遵循这条道路的过程中，共产党人确实在工会运动中赢得了重要地位，成为公认的有能力和有战斗力的工会主义者。最重要的是，除了一些例外情况，他们在大多数时候都能"不惜一切代价"留在工会中。

在《迈向权力》出版后的一年里，共产党人开始建立他们领导下的产业工会。在 J. B. 麦克拉克伦（J. B. McLachlan）的领导下，于1926年成立了新斯科舍省的加拿大矿业工人工会（the Mine Workers' Union of Canada）和安大略省北部的伐木工人产业工会（the Lumber Workers Industrial Union）。1926年11月，他们联合共产党人与加拿大铁路员工兄弟协会（the Canadian Brotherhood of Railway Employees, CBRE）、"大工会"（OBU）、加拿大太平洋快递员工协会（the Canadian Pacific Express Employees）、电气通信工人协会（the Electrical Communication workers）和加拿大劳工联合会（the Canadian Federation of Labor）共同成立了全加拿大劳工联合会（ACCL），代表着4万名所属成员（商业与劳工大会在当时代表着13万名成员）。在1926年12月4日《工人报》上，共产党人为这一行动作出了说明：

> 独立派运动的具体化是必然趋势。行业和劳工大会像鸵鸟一样顽固，拒绝采取行动将独立人士团结在自己的羽翼之下，他们

把忠实于管辖权置于推动联合行动的必要性之上。年复一年,该工会变得越来越保守,越来越脱离自治领工人日益增长的自治权需求。其结果是,它就无法遏制分裂分子人数的增长。商业工会坚持只做立法的"喉舌"。也许单凭对该工会政策不断的言辞批评是无法实现目标的,由加拿大各个独立工会组织起来的共同体将会更加成功。也许该工会最终会认识到民族团结和民族自治的必要性。

然而,到了1928年底,共产党表现出对新的加拿大工会组织的失望。《工人报》在报道全加拿大劳工联合会第二届年会时,指责他们的领导层"谋求阶级合作",并把大会描述为包含了"激进的语言,反动的政策"。它特别指责了"加拿大铁路员工兄弟协会的或多或少的保守分子"以及'大工会'中的那些多嘴舌的混乱分子"。

几个月后,在1929年3月,蒂姆·巴克为即将召开的党的第六届大会起草了《工会论点》(A Trade Union Thesis)。它讨论了劳工运动的情况,提出了共产党人应采取的步骤,反映了党在发展过程中的挫折感。党虽然已成功组建并领导了一些"激进的产业工会",如加拿大的矿业工人工会(the Mine Workers' Union)、木材工人产业工会(the Lumber Workers Industrial Union)、针织品工人产业工会(the Needle Trade Workers Industrial Union)和汽车工人产业工会(the Auto Workers Industrial Union),但这些工会"在人数上……普遍较少"。全加拿大劳工联合会中的一些其他工会是"极端保守的沙文主义组织",而且"全加拿大劳工联合会的领导层明确地把阶级合作作为一项基本政策"。在行业和劳工大会以及国际工会中,"对共产主义者的迫害更加严重",而美国劳工联合会的官僚机构是"资本主义……和美帝国主义的机构"。造成这些状况的部分原因是党在工会工作中的十个"失败",如所列举的一样,主要是组织上的弱点,如果对之加以克服,可能就会提高党在工人运动中的有效性。这篇文章提出了党对工会的主要任务:

第五章　共产党、工会、平民合作联盟

通过改变"加拿大"工会和"国际"工会之间的权利关系，将无组织工业中的工人群众组织起来加入"加拿大"工会，能够降低"国际"工会的相对重要性，并能在很大程度上打败"国际"工会由于缺乏反对意见所具有的霸权地位。

但在大会召开前的讨论中，至少有一个声音——很重要的声音，提出了一个新的观点，即建立一个"新的革命工会中心"。萨姆·卡尔刚从莫斯科的列宁学校学习两年回来，他在1929年5月4日《工人报》写了一篇文章，题为"为什么产业工作中有诸多失败？"：

> 我的观点是，虽然我们将在全加拿大劳工联合会中并入新的工会，但目前不会形成一个新的中心，我们必须明白，反动的领导层迟早会对共产党人和左翼分子实施驱逐政策，并在总体上出现美国劳工联合会的状况（除非我们在不久的将来能够彻底改变新议会的领导班子和政策，当然这是不太可能的）。在这种情况下，可能出现在加拿大形成一个新的革命中心的问题……然而，目前，立即组建一个新的中心是不合时宜的，也是不可能的。

在两周后发表的一篇文章中，蒂姆·巴克表示赞同卡尔的观点，但又补充道：

> 现在退出全加拿大劳工联合会，并建立一个革命中心，将违背列宁主义在工会工作中的所有原则。这在客观上会增强"国际"官僚势力，削弱左翼力量。这也将分裂反对美国劳工联合会帝国主义及其支持美国帝国主义目标的阵线，并且如果他们愿意，这将使全加拿大劳工联合会的官僚机构完全自由地制定一种模仿美国劳工联合会的阶级合作政策，而他们肯定会这样做。

但是，萨姆·卡尔所说的却是另一回事。对他来说，何时建立一个新的革命工会中心只是时机问题，而对巴克来说，却是一个有关"列宁主义原则"的问题。

然而，在巴克的文章发表两周后举行的大会上，目标已经变成了"建立一个革命性的加拿大中心"。加拿大共产党中央执行委员会用它回复国际共产主义执行委员会（ECCI）的政治信函向大会宣布了这一目标。

> 我们完全接受共产国际指导我们工会工作的路线。我们在这一领域的目标必须是建立一个以产业工会为基础的加拿大革命中心，并通过加入红色国际工会与世界革命工会运动联系起来。

在年底之前，这个决定在工人团结联盟（the Workers' Unity League，WUL）的成立大会上得到了实施。这个新组织的领导人是汤姆·麦克尤恩（Tom McEwen）（当时叫尤恩），他当选为共产党的产业部门负责人（接替了蒂姆·巴克的职位；巴克成为共产党的总书记）。纵观共产党的历史，工人团结联盟的成立可能是加拿大共产党在工会领域做出的最重大的决定。六年后，当工人团结联盟解散时，它已经为加拿大的产业工会主义奠定了基础，同时为共产党人在加拿大工会运动中拥有了一定份额的领导权。

毫无疑问，启动"革命工会中心"的决定与这一事实有关。虽然共产党人在1926年帮助建立了全加拿大劳工联合会，到1929年又为新大会贡献了一些新组织起来的产业工会，但他们感到自己对这些工会的领导权正受到来自全加拿大劳工联合会的威胁，就像在行业和劳工大会中一样。这个决定也与另一个因素有关。加拿大工党长期以来被共产党人视为阶级政治组织的过渡形式，现在已经变成了一个由共产党工会主义者组成的政党。越来越多的社会民主党人要么背离了这个党派，要么进行抵制。共产国际在其1929年的信函中敦促加拿大共产党人放弃加拿大工党，支持直接宣称共产党的先锋角色：

第五章 共产党、工会、平民合作联盟

共产党仍然非常薄弱，尚未成为一个大众政党。它只有通过更深入地渗透到工人阶级的最广泛部分，更加强调党的独立作用，既不掩藏在工党背后，也不跟随与工人群众孤立隔绝的教条主义路线，才能实现成为大众政党的目标。在当前阶段，党的即时任务不是建立一个工党。共产党面临的主要任务是建设一个强大有力的共产党。如果上述措施得到有力地执行，未来就不会出现建立全国性工党的基础。

在1931年2月召开的共产党中央委员会全体扩大会议上，以及1931年1月3日《工人报》发表的会议筹备"声明草案"中，都用直截了当的语言阐明了党的工会工作的性质。这次会议通过的关于工人团结联盟的决议如下：

全会指出必须彻底消除许多同志的错误认识，即工人团结联盟只是党的各种形式的工会活动中的一种。必须清楚地认识到，工人团结联盟是党和左翼的一切革命工会和经济工作的中心。

显然，党的一切工会工作都要通过工人团结联盟来进行，所以全会决定取缔当前的产业部门，并由工人团结联盟中的从中央到地方的党支部作为党指导工会工作的机构。

加拿大共产党在1931年被宣布为不合法政党，八位最高领导人被监禁，工人团结联盟在工会职能之外，还成为针对大萧条引发的经济问题而开展共产主义运动的主要推动力。工人团结联盟将直属它的产业工会，加之尚在组建中的工会组织，改革派工会内部的"革命性反对派团体"及全国失业工人协会（the National Unemployed Workers' Association）都联合起来。由此出现的一个问题是J. B. 麦克拉克伦的反对，他是新斯科舍省的矿工领袖及工人团结联盟的主席，反对建立

与阿尔伯塔省相同的工会。他认为，应当允许有一定程度的地区主义，因为这反映出国家的特点，也与矿工们的愿望一致。但是，共产党的领导层坚决维护"大工会"已有的立场：在加拿大只有一个工人阶级，不能对任何其他方式作出让步。蒂姆·巴克在全体会议（1931年2月）讲话中表明了立场：

> 我坚持认为，我们不能给加拿大的煤矿工人制定两种政策。我们不能在阿尔伯塔省和新斯科舍省各实行一项独立的政策。如果我们支持阿尔伯塔省的加拿大矿工工会，那我们就应该有一项对两省都支持的政策，或者都不予支持……我的批评并不是反对改变政策，而是反对这种机会主义的做法：分割式地改变政策以适应新斯科舍省的需要，而把原有的政策留在阿尔伯塔省。

由于在省级层面几乎没有或根本没有劳动立法，工人团结联盟组织工会的主要方式是在商店、矿山或工厂建立基地，然后举行罢工以争取工会承认和提高工资。每一次罢工都要在激烈的斗争中遭受警察和政府对罢工者的暴力与镇压。* 这种压制气氛的基调是总理 R. B. 贝内特（R. B. Bennett）在1932年的一次演讲中定下的，他发誓要用"无情的铁蹄"铲除"社会主义、共产主义、独裁统治"。然而，罢工最终还是取得了胜利，尽管在经济萧条的状况下更多的是要求加薪而不是得到工会的承认。几年后，蒂姆·巴克提出了这样的主张：

> 美国劳工联合会长期以来形成的"工人在困难时期无法组织起来"的传统被证明是错误的。罢工次数增加了。1931年加拿大全国共发生86次罢工，到1934年时罢工次数逐渐增加到189次。在1934年的189次罢工中，有不少于109次的罢工是在工

---

* 参见斯图尔特·贾米森《纷争时代：加拿大的劳工动乱和产业冲突，1900—1966年》（渥太华，1968年）

第五章　共产党、工会、平民合作联盟

人团结联盟的领导下进行的,其中有 84 次取得了胜利。工人在经济危机时期赢得的唯一一次罢工也是由工人团结联盟领导的。①

一位知名的加拿大工会历史学家评价了工人团结联盟的成就,其中,这一论断似乎也得到了证实:

> 工人团结联盟最重要的成就是进一步扩大了组织范围,吸纳了安大略省阿瑟港和科克伦地区的伐木工人以及不列颠哥伦比亚省的西部煤矿工人,基奇纳、斯特拉福德和魁北克的家具工人,多伦多、基奇纳和伦敦的制鞋工人,安大略省西部的包装厂工人,多伦多、基奇纳和伦敦的建筑行业以及运输煤炭和面包的司机,但到最后,还没接触到汽车、钢铁和橡胶行业的工人。对于最后一个群体,是共产党的领导作用给他们中间注入了产业工会主义的第一针强心剂。②

工人团结联盟超出普通工会行动的范围,成为一系列其他经济斗争的保护伞,例如在加拿大主要城市建立的失业工人委员会、单身失业者长途跋涉到渥太华的行动,以及为《全国非缴费失业保险法案》(*National Non-Contributory Unemployment Insurance Bill*) 征集到 30 万个签名的请愿活动。

但是,为什么共产党人坚持将工人团结联盟称为"革命工会中心?"其活动的"革命性"是什么?毕竟,列宁曾把资本主义社会中的工会称为"最基础的阶级组织",并指明任何试图创造"崭新的、廉洁的小型工人工会……又没有资产阶级民主偏见的企图"都是"愚蠢的"。事实上,在 1935 年 11 月,就在共产党中央委员会作出决定要解散工人团结联盟之后,联盟主席汤姆·尤恩(Tom Ewen)就

---

① Tim Buck, *Thirty Years*, 1922 – 1952, p. 96.
② H. A. Logan, *Trade Unions In Canada* (Toronto, 1948), p. 341.

把该工会中心置于一个改良主义的而非革命性的参照框架中。

> ……为了实现促使我们在六年前成立工人团结联盟的目标和宗旨,天空从未像现在这样明亮。当我们在魁北克省蒙特利尔市举行工人团结联盟的第一次大会时,我们考虑的目标是更好的环境、维持生活的工资和工会的统一。如果我们实现了工会统一,我们工人就能够得到我们有权获得的最低生活工资和工会条件!

换言之,工人团结联盟的目标和宗旨与其他工会中心的目标和宗旨是一样的,并且能够在现实社会中得以实现。而且,工人团结联盟在成立之初被共产党赋予了"党的一切革命工会事务和经济工作的中心"的特征,但是尤恩现在否认工人团结联盟是"加拿大共产党的一部分"的说法,称之为"无稽之谈"。

工人团结联盟是根据党在1929年6月召开的第六次大会上宣布决定而成立的,六年后,又根据1935年11月在多伦多举行的加拿大共产党第九次全体会议上宣布决定而解散的。这样做是响应当年早些时候召开的共产国际第七次代表大会上的决议,该决议要求党的政策要做出从单打独斗到"反法西斯统一战线"的重大转变。斯图尔特·史密斯率领加拿大代表团参加了此次共产国际大会,他在给大会做的报告中说:

> 成立革命工会只是因为它们在特定条件下是加强工人阶级的必要条件,如果现在可以实现团结,那么这就符合革命工会和共产党的整个宗旨和目标。

在这次党的全会上,工人团结联盟的积极分子得到指示,要求他们立即把自己的工会合并到美国劳工联合会中:

> 很明显,鉴于这些行业(铁路、钢铁、金属、纺织、采矿和

第五章　共产党、工会、平民合作联盟

海洋运输）的整个情况，以及在全国各地的形势，就要求我们做好准备，将现有的工人团结联盟和独立工会与美国劳工联合会合并，作为加拿大工会团结斗争的下一步。这是为什么呢？因为我们所说的那些变化目前在美国劳工联合会内部比在全加拿大劳工联合会和天主教工会中更为深刻；主要因为加拿大的美国劳工联合会在有组织的工会运动中是最庞大的部分，在加入工会的30万工人中它的成员就占到大约10.5万……我们全心全意地支持建立美国劳工联合会。并且只有当共产党人和进步人士证明他们懂得如何建立和改进工会时，工人们才会投票淘汰掉官僚，并选举共产党人和进步人士上台。

因此，共产党的政策绕了一圈回到了原点，从为了支持党在美国劳工联合会内部工作而结束了"大工会"的分离，到帮助创建全加拿大劳工联合会作为一个对抗美国劳工联合会的加拿大中心，再到建立工人团结联盟用于反对全加拿大劳工联合会和美国劳工联合会的"革命工会中心"，又解散了工人团结联盟，让其加入美国劳工联合会，同时还要反对全加拿大劳工联合会和天主教工会，由此而形成了一个循环。在接下来的三年里，支持美国劳工联合会及行业和劳工大会这类国际工会的政策受到高度重视。在1937年10月举行的加拿大共产党第八届联盟大会上，工会工作的决议明确支持了这一政策：

> 如果处于分裂状态中的所有各种工会都能在行业和劳工大会的旗帜下联合起来，如果每个城市和城镇的现有工会全部联合起来，组成一个行业和劳工委员会，那么，加拿大劳工的利益和民主的事业就能得到推进……

> ……我们呼吁全加拿大劳工联合会的领导人和成员们终止他们孤立民族工会主义的无效和狭隘的政策，并与国际工会运动的兄弟姐妹们联合起来行动。

值得注意的是，平民合作联盟的某些领导人，特别是在安大略省和不列颠哥伦比亚省的领导人，开始担忧共产党人在工会中取得的进展与平民合作联盟的相对弱势地位。1938年1月31日，平民合作联盟安大略省书记赫伯特·奥利夫（Herbert Orliffe）在给J. S. 伍德沃斯的信中非常明确地讨论了这个问题。根据奥利夫的说法，安大略省的平民合作联盟处于"静态"已有一段时间了，它需要"一针强心剂"，而这只能通过试图让工会运动加入平民合作联盟来实现。但是，这也涉及一些问题，首要问题就是"国家的"和"国际的"工会运动之间的分界：

> 不幸的是，国际工会代表与国家工会地方分会及国际工会地方分会将不会再有任何关系。这是令人遗憾的情况，但事实就是如此。如果我们要修改我们的章程以适应工会的隶属关系（我认为在安大略省平民合作联盟当下的发展阶段，采取何种形式对平民合作联盟的存在都是至关重要的），那么我们必须做好准备在两个工会运动中作出选择，因为就目前的情况看，我们不能两者兼得。如果必须作出选择，我觉得答案是毫无质疑的。国际工会运动占据了上风（包括美国劳工联合会和产业工会联合会在内）：(1) 因为它在数量上比全国工会运动有很大的优势，对我们国家的产业工人有着更大的影响力，(2) 因为它的国际主义——其立场比国家主义更符合平民合作联盟的原则。

然而，在奥利夫看来，还存在另一个问题：如何把共产党人正在发挥着积极作用的那些工会也纳入其中。公开身份的共产党人不会出任何问题，因为他们已经属于了一个政党，就不能再加入平民合作联盟。但是，如果那些不公开的共产党人因为已加入当地工会组织而又成为平民合作联盟成员，那将会发生什么情况？他把此问题留待讨论。

显然，奥利夫虽然表述了平民合作联盟的"原则"，但是，平民

第五章 共产党、工会、平民合作联盟

合作联盟和共产党都没有真正关心在工会运动中的民族主义与国际主义之间竞争所涉及的原则问题，他们更关心的是数字问题。

共产党在工会工作中没有拓展出任何新的方法，除了在1943—1945年期间，它以劳工进步党*（the Labor Progressive Party，LPP）的名义呼吁为工人运动的全面斗争。在1943年通过的第一个纲领中，劳工进步党表达了明确的立场：

> 为了让工人们尽最大努力赢得这场斗争，劳工进步党敦促工会继续信守他们自愿做出的战时不罢工承诺，并积极参与争取制定《自治领政府劳工法》（Dominion Government labor code）的斗争，以协助工会履行这一承诺，从而使战时生产不受干扰，避免罢工、闭厂和停工。

这一立场的逻辑推理引起了支持麦肯齐·金政府中"进步"成分的主张，并鼓励在工会运动中与自由党（Liberal Party）支持者结盟——特别是在行业和劳工大会中担任要职的那些支持者。后来，党内一位领导人认为

> 劳工进步党的国家领导层完全背叛了马克思主义，……宣扬劳资双方利益的一致性，（并）倡导自由党和工党的联合，还要……实践阶级合作。①

蒂姆·巴克在劳工进步党第二次大会（1946年6月）上发表了他在战后的第一次重要讲话，承认加拿大共产党受到了美国共产党领导人厄尔·布朗德（Earl Browder）的影响；布朗德在1945年因"修正主义"被美国共产党开除。

---

* 译者注：1943年8月加拿大共产党称为"劳工进步党"。
① Fergus McKean. *Communism Versus Opportunism* (Vancouver, 1946), p. 237.

◈ 加拿大左翼：批评性分析

必须强调的是，我们党的工作受到了厄尔·布朗德修正主义的危害性影响。我们广泛传播了他的著作，他在这些著作中提出了战后经济和社会发展的乌托邦式的观点，否认了帝国主义的基本特征。而我们自己对战后问题的陈述，给加拿大人民留下了一种完全错误的印象，即在资本主义制度下可以避免周期性危机。

最近的一项研究显示，① "布朗德主义"是让每个政党的政策都服从于战争努力，并确保苏联和美国之间最紧密的协约政策。蒂姆·巴克和自由党政治局确实把它应用到了加拿大的情境中，获得了一些既得利益，突出之处就是自由党的劳工领袖与共产主义的工会成员在行业和劳工大会中的合作。而就在同一篇讲话中，蒂姆·巴克也指出，在间谍被捕事件发生后，苏联和加拿大的关系已经开始恶化了。从那时起，党在工会领域里关注的是，要"不惜一切代价"坚守其在劳工运动中争取到的来之不易的地位。这场斗争在其他地方也有描述。② 面对最猛烈的攻击，党在许多工会中都能够成功地坚持下来，这就证明了党的工会工作的成效。

从一开始，共产党人对工会活动采取的方法就与旧的社会主义运动的方法截然不同，旧社会主义运动认为，社会主义政党和工会之间有分歧。社会主义政党认为，自己是马克思主义的捍卫者，具有"真正的"工人阶级意识形态，而工会是直接经济利益的捍卫者，社会主义者作为个体参与工会并发挥作用。共产党认为，自己既是工人阶级思想的先锋，也是工人阶级直接经济利益的先锋。因此，考虑到共产党是马克思—列宁主义政党，掌握着一切对工人阶级最有利的宝库，无论从当前还是长远目标来看，它都可以不受限制地介入一切工会事务。党因此成为工会中有组织的"少数派运动"，在这个过程中发生了两件事。

---

① Joseph R. Starobin, *American Communism In Crisis* (Cambridge, 1972).
② See I. M. Abella, *Nationalism, Communism, and Canadian Labour* (Toronto 1973), and Gad Horowitz, *Canadian Labour in Politics* (Toronto. 1968).

其一是共产党的工会活动倾向集中在能执行党的政策的工会中，从而在实践中背离了列宁的建议，即共产党人必须"在有群众的地方工作"。

其二是缺乏对工会成员思想工作的重视，这可能是最重要的缺陷。赢得选举并能够担任工会领导职务的共产党人，不是因为他们是革命者就能获得这些职务，而是因为他们在工会职能方面的卓越表现，毕竟在资本主义社会中，这些职能在本质上是改良主义的。当这些职能官员作为共产党候选人参加联邦、省或市级的选举时，他们通常得到很少的选票*。在共产党的各种大会和会议上，经常会听到对工会积极分子的批评，说他们没能招收工会成员入党，也没有向他们推销党的文献。这些积极分子总是在接受批评，却又一如既往地继续忽视党在意识形态方面的工作，包括他们作为马克思列宁主义者的自身发展。

但是，共产党长期坚持的"工业集中"政策可能是它最成功的活动。虽然这项政策取得的效果小于党的预期，但它开创了加拿大工会历史上最重要的两个主题：产业工会主义和组织无组织者。这项工作的成果在于，共产党人在工会运动中保留了阵地，即使在冷战最激烈的时候，也决无可能把他们从工会运动中驱逐出去。

共产主义、社会民主主义和劳工政治行动

第三国际的成立是基于列宁坚决要划出界限区分国际社会主义中的两种思潮：革命共产主义和社会改良主义。尽管这两种思潮在第二国际内部已经开始分化，但列宁认为，战争的经验，尤其是俄国的布

---

* 有个例外是开普布里顿矿工领袖 J. B. 麦克拉克兰。他在1935年的联邦选举中作为共产党候选人竞选该席位，获得了超过6000票的支持。然而，次年，他因为该党决定解散矿工工会并重返由约翰 L. 路易斯领导的美国矿工联合会，对格莱斯贝矿工和麦克拉克兰个人造成了很大的伤害而退出了该党。另一个例外是 J. B. 萨尔斯伯格，他曾是针织品行业工会的领袖，后来成为该党的一名职务官员，并从多伦多针织品区被选为多伦多市议会和安大略省议会议员。

尔什维克革命,使之成为当务之急,以"瓦解"跟随这些路线的社会主义运动,也让共产党人不断地与社会改良主义进行意识形态上的斗争。这一点在"加入共产国际的条件"中有明确规定。

> 希望加入共产国际的党派必须认识到与改良主义和"中心"政策彻底决裂的必要性,他们必须在最广泛的党员圈子中宣传对这个决裂的支持。

这场斗争不仅具有意识形态性质,还应包括基本的组织措施:

> 每一个希望加入共产国际的组织都必须有计划、有步骤地把工人阶级运动中所有担负职责(在党组织、编辑部、工会、议会支部、合作社、市政当局等)的改良主义者和"中心"的拥护者清除出去,要在这些职位上安排可靠的共产党员——他们绝不能受到干扰,即便在某些情况下可能首先需要用普通工人代替"有经验的"领导。

列宁在1920年共产国际大会上关于"条件"的演讲中,认为改良主义者是"资产阶级的主要社会堡垒",其基础是工人阶级中的特权阶层,他称之为"工人贵族":

> 如果不与这个阶层进行立即的、系统的、广泛的、公开的斗争,无产阶级就不可能针对资产阶级做任何准备,哪怕是初步的准备……机会主义(OPPORTUNISM)是我们的主要敌人……机会主义在工人阶级运动中的上层,它不是无产阶级的社会主义,而是资产阶级的社会主义。这就是我们的主要敌人之所在;我们必须打败这个敌人。在这次大会结束后,我们必须下定决心在所有政党中把这场斗争进行到底。这就是我们的主要任务。

第五章 共产党、工会、平民合作联盟

列宁的这次讲话成为加拿大共产党人攻击"社会改良主义"或"社会民主主义"的参照框架。但在加拿大并没有立即将此视为"主要任务"。这主要是因为，与欧洲国家不同，加拿大至今尚未建立有组织的社会民主党。在加拿大有一些省级工党，其中一些属于共产党所隶属的加拿大工党。加拿大共产党人寄希望于通过加拿大工党和共产党的独立工作，他们或许就能绕开加拿大劳工运动的社会民主道路。他们的攻击一开始不是针对社会民主主义者，而是针对拒绝加入第三国际的旧社会主义党和共产党领导的"大工会"，后者拒绝解散其组织重返美国劳工联合会。因此，在1921年加拿大共产党成立之后的第一次联邦选举中，他们在北温尼伯派出的一位候选人反对并击败了社会主义党和大工会的领导人R. B.拉塞尔，反而支持了温尼伯中心的J. S.伍德沃斯*。伍德沃斯对当时情况的评论颇有意味：

> 在北温尼伯，"鲍勃"·拉塞尔（"Bob" Russell）被加拿大社会主义党（the Socialist Party of Canada）提名。虽然他所在的政党处于弱势，但如果不是因为有一个坚决加入第三国际的共产主义小团体的反对，以他的个人声望足以使他取得压倒性的胜利。极具讽刺的是，拉塞尔因被指控企图建立苏维埃政权式加拿大（Soviet Government Canada）而被送进监狱，他竟然败在一个共产主义团体之手。①

在1923年的第二次大会上，工人党（the Workers' Party）（后为共产党）通过了一项关于"统一战线与加拿大工党"的政策决议，宣布其意图是"在有加拿大工党部门的地方，加入之并加强之；在没有

---

* 1921年北温尼伯的联邦选举结果是：麦克默里（自由党）获得3743票；拉塞尔（社会主义党）获得3190票；布莱克（联盟政府）获得3042票；彭纳（共产党）获得596票。

① J. S. Woodsworth, "The Labour Movement in The West" in *The Canadian Forum*, April 1922.

这些部门的地方，要采取主动去创建之，并在全国范围内促成它们之间更大的协调配合……"这也并没有把加拿大工党设想为只是一个议会机构，而是

> ……一个真正行动的机构，能够反映出如温尼伯罢工或新斯科舍省和阿尔伯塔省矿工的斗争精神，无论是在议员席位上还是在街头都是如此。为建立一个能够揭露资本主义彻头彻尾的欺诈、所谓的"民主"、工资奴役的现实的工党！为建立一个能够组织起来实施无产阶级的社会重建计划的工党！

但是，共产国际对于加拿大共产党之于加拿大工党的路线存在一些疑虑。1925年，在加拿大共产党中央执行委员会为筹备党的第四次大会而发表的《声明草案》(*the Draft Statement*)中，公开地阐述和讨论了这些疑虑：

> 我们在工党工作的逻辑顺序，我们对改良主义领导层的批评，我们对斗争政策的要求，以及我们对所有阶级合作计划的抨击，加上我们党内工人日益增强的信心，我们手中已经掌握了加拿大工党一些部门的领导权。我们还有一名共产党员被选为工党自治行政执行主席。

> 这可能在共产国际内部引起了一种疑虑，即我们的领导地位是否以牺牲共产主义原则为代价而获得的。有人还提出了一个合理的问题："如果加拿大工人接受共产党的领导，为什么要接受工党？为什么不是独一的共产党呢？"

加拿大共产党中央执行委员会反驳了这些疑虑，为自己作出了辩护，申明它没有为了赢得那些领导职位而向改良派妥协。但是，眼下正在发生的情况（党的中央执委会的声明掩饰了这一点）是许多工会

和团体已经退出了加拿大工党,这可能是受到了"社会民主党"的影响。这让共产党人占据了人数上的优势,对赢得加拿大工党的一些关键职位起了决定性作用,但对衡量共产主义的影响力具有误导性。

1926年1月,斯佩克特带来了关于加拿大工党衰落的坏消息。他在《工人报》上刊登的一篇文章中,报道了加拿大工党魁北克分部开除共产党员的情况,以及在几个月前举行的联邦大选中温尼伯独立工党(the Winnipeg Independent Labor Party)拒绝与加拿大工党结成统一战线。1925年11月14日,共产党在《工人报》发表的一封致温尼伯独立工党的公开信中,因"加拿大工党在温尼伯发展缓慢"而指责了独立工党(Independent Labor Party, ILP)。但是,在抱怨了独立工党不与共产党或加拿大工党合作之后,共产党在这封信中承认是他们在管控工党,并继续声明道:

> 加拿大共产党是共产国际的加拿大分部。共产党为了工人的利益,将继续揭露由进化论信徒们正在培育和滋长的一切民主幻想,温尼伯的独立工党也不例外……我们也不赞成在斗争中主动把领导权交给议会改良主义者……工人斗争的历史充满了血腥和奸诈的背叛,更不用说为更多的背叛所做的明确准备,不能因为仅仅是感情用事或是害怕被真诚的工人们误解而阻碍温尼伯或加拿大的共产党人的发展。

所以,显而易见,温尼伯独立工党(由伍德沃斯和希普斯领导)的统一战线必须符合共产党的条例和领导。

值得回顾的是,早在1925年,共产党就对与以麦肯齐·金为首建立的"进步资产阶级"统一战线采取了一种迥然不同的方法。只要他们的斗争是为了从英国独立出来,"加拿大的共产党人将竭尽全力帮助他们"。在随后的历史中,共产党人多次表现出要与麦肯齐·金和"进步资产阶级"结成统一战线的更大意愿,而不是与那些时常以"主要敌人"出现的社会民主党人。

◇◇ 加拿大左翼：批评性分析

莫里斯·斯佩克特在1926年7月17日的一篇文章中给J. S. 伍德沃斯发出一个隐射警告，如果伍德沃斯不采用更加马克思主义的措辞，他将从下议院停止伍德沃斯在共产主义报纸上刊登每周专栏文章。在列举了一些"醒目"的"中产阶级用语"的例子如"人们"代替"工人"之后，斯佩克特说：

> 我们可以不断地引用类似的段落。伍德沃斯先生在参加劳工运动时已经成熟，而且是在社会服务学校和教会里。但那时他还是有时间看书的。我们建议他应该开始了解马克思主义的基本原理，了解阶级斗争的语言和实践。

1928年共产国际第六次代表大会的决议，迫使共产党加强对社会民主党的抨击。在本次决议中，优先讨论的是社会民主主义在各地扮演的"危险角色"，宣布社会民主主义的意识形态"与法西斯主义的意识形态有诸多的接触点"。杰克·麦克唐纳（Jack MacDonald）参会之后，在一次行政扩大会议上作报告说：

> 共产国际第六次代表大会的政治方向是加紧反对社会民主主义的斗争。但是正如布哈林*所强调的那样，反对社会民主主义的更加尖锐的斗争方法与一些加拿大人倾向于认为的放弃任何统一战线的策略是完全不同的。

> 我们越是强烈地反对社会民主主义，我们就必须更加坚决地把那些跟随社会民主主义领导的群众争取过来。但是在大多数情况下，我们的统一阵线战术必须从下层群众中实施。

在1929年6月党的第六次大会举行之前，国际共产主义执行委

---

* N. 布哈林取代季诺维也夫成为共产国际主席。

第五章　共产党、工会、平民合作联盟

员会提出了一种全新的战术方针,并在大会上得到了中央执行委员会的赞同:

> 我们接受并支持共产国际信函中关于加拿大工党的路线,同意在当前阶段共产党的任务不是建立一个工党,相反,我们要努力使那些仍从属于加拿大工党的工人阶级组织在具体问题上听从地方统一阵线的直接和公开的领导,这也是与联邦工党的整体思想作斗争的一部分。这意味着与加拿大工党的最终清算,也意味着与各种形式的改良主义进行尖锐的斗争……

大会报告发出了警示,"改良主义者"正在大力推动建立一个联邦工党的意图,把共产党人排除在外,并呼吁共产党应加紧努力,通过在劳工运动中建立共产党和抨击全国所有主要的改良主义者来阻止这一行动。麦克唐纳在给大会上的报告中确立了共产党人从未反思过的主题:

> 伍德沃斯是工人阶级中最危险的分子之一。事实上,他是资产阶级在工人阶级队伍中的主要代表,然而大量的工人却把他看成是工人阶级的真正捍卫者。

对伍德沃斯的指控不是针对他反工人阶级的具体行为,主要是在意识形态上——针对他对革命社会主义的拒绝。他还因为排斥加入加拿大工党或拒绝以任何方式支持工党而受到抨击。对他的批评也是在国际范围内进行的,在这样的情境中,他就与世界各地的社会民主者的活动和言论关联在一起了。但是,这种攻击不断升级,背后的主要动机是党内的担忧,因为加拿大工党的策略已经崩溃,一个全国性的社会民主党将会出现并获得工人们的支持。

1933年7月,当平民合作联盟成立大会召开时,共产党的反应是迅速并具预见性的。这表现在斯图尔特·史密斯用笔名G.皮尔斯(G. Pierce)发表在1933年7月29日《工人报》的两页檄文中,并

作为再版发行。随后在1934年2月，皮尔斯出版了一部218页的全面分析著作《社会主义与平民合作联盟》*（Socialism and the CCF）。这可能是共产党对社会改良主义进行的最集中的批判之一，尽管在后来需要采取更加统一的战线策略时给党造成了一些困扰，但这次批判却从未被否定过。事实上，在1952年，蒂姆·巴克特别赞同了这本书，从而结束了人们对他的猜测，因为该书在写作和出版时，他已经入狱，所以这本书并不代表他的观点。①

《社会主义与平民合作联盟》的第一部分对改良主义和革命之间的区别作出了标准阐述。皮尔斯一开始就说，平民合作联盟不是马克思主义的，既然没有涉及其他社会主义，平民合作联盟使用"社会主义"一词就是"欺骗"。皮尔斯对伍德沃斯关于平民合作联盟代表了"一种加拿大的……社会主义类型"的说法尤为不满。但根据皮尔斯的观点，这是不可能的，因为阶级斗争是国际性的，所以不存在有特色的加拿大社会主义。这只能证明"社会改良主义在范围和性质上是民族主义的"。接着，皮尔斯抨击了伍德沃斯所说的"加拿大社会主义"的三大根源："美国的个人主义、英国的传统，还有基督教的理想主义"。皮尔斯认为，"美国的个人主义"意味着"私有财产"；"英国传统就是英帝国主义"；而基督教理想主义则意味着"宗教"。鉴于这些内容，"平民合作联盟的计划只不过是试图使加拿大工人阶级运动适应加拿大资本主义的利益和制度"。他认为用"合作联邦"给党命名是荒谬的。他说，"合作联邦"这个词是"毫无意义"的，除了英帝国主义使用"英联邦"这个词来描述其进行帝国主义剥削的殖民帝国。他显然忘记或忽略了一个事实："平民合作"一词在加拿大早期的两个社会主义政党中都很流行，加拿大社会民主党（一个马克思主义组织）也在其纲领中使用这个词来描述工人阶

---

* 在1973年的一次采访中，斯尔瓦特·史密斯表示，他用笔名书写这些批判话语，是因为他并不同意这些批判观点，而是按照党的决定被迫写的。他还声明，自己和伍德沃斯是私交朋友，这些批判可能会导致他们关系的破裂！（采访录音存于约克大学档案馆，编辑是我和阿贝拉）。

① Tim Buck, *Thirty Years*, p. 11.

第五章 共产党、工会、平民合作联盟

级有朝一日将要在加拿大建立的社会。这个词也是劳伦斯·格隆伦德（Lawrence Gronlund）1884年在美国出版的颇受欢迎的一本社会主义著作的书名，在加拿大也广泛销售过。

在讨论平民合作联盟纲领中的具体提案时，皮尔斯在他的书中将该纲领描述为"两个主要潮流"的"融合"，即"自由劳工主义和资产阶级对马克思主义的修正"。他给自由劳工主义定义为：

> 平民合作联盟的主要领导人伍德沃斯、麦克菲尔等人代表了自由劳工主义和农场改良主义两种思潮。改良主义农民组织（阿尔伯塔农民联合会、加拿大农民联合会、安大略农民联合会）代表了富有的资本主义农民的阶级利益，这些组织是迄今为止平民合作联盟中的最大部分，它们属于自由劳工主义。除此以外，主要的"劳工"政党，如温尼伯的独立工党、阿尔伯塔和魁北克的加拿大工党等，以及其他工党主要也受到自由劳工主义的深刻影响。最后，主要由小资产阶级职业人员和"知识分子"组成的社会重建联盟，连同平民合作联盟的所有小资产阶级领导人如菲尔波特和布兰德教士等，都被列入这一思潮中。

通过这种方法确定了"自由劳动主义"是平民合作联盟的主要内容，皮尔斯在书中的其它部分继续批判这股思潮。但是，在1936—1938年和1943—1945年期间，共产党自己却变成了"自由劳动主义"的倡导者：它就是用这个词描述在这两个时间段的战术方针！皮尔斯进一步指责平民合作联盟为奉迎社会信贷（Social Credit）就把它纳入"金融社会化"（socialization of finance）项目。他接着挑剔马霍尔·道格拉斯（Major Douglas）的"A＋B定理"（A plus B theorem），好像这个定理确实已被纳入平民合作联盟的规划中。他批判平民合作联盟试图制造一种错觉，更高的工资会带来生活水平的提高，"说'生活水平持续提高'是卑劣而纯粹的欺骗和蛊惑。工人们如今要阻止工资持续减少的唯一办法就是进行最坚决的斗争和阶级组织"。

皮尔斯找不到积极内容来评价平民合作联盟。该书甚至要求废除《刑法》第98条（Section 98 of the Criminal Code）这个他发现是"虚伪的"刑规。在审视加拿大社会主义运动史时，皮尔斯蔑视改良派的作用，尤其是伍德沃斯：

> 在加拿大，社会改良派在战后领导了罢工斗争的浪潮，目的是通过引领罢工来压倒和平息他们在群众中宣传的阶级和平。在温尼伯大罢工中，广大工人表现出最伟大的英雄主义，却成为一批资本家领导人进入工人阶级运动一个契机，社会改良主义开始协调一致地在工人中间传播失败主义，鼓吹阶级和平，进行反对罢工的宣传，系统地开展社会改良主义的宣传，即"以和平的、议会的方式将资本主义转变为社会主义"。

如此这般地批判平民合作联盟的纲领和根源，无论多么全面而有威力，都不是这本书的主要特点。它的突出之处是断言了改良主义与法西斯主义之间存在亲缘关系，事实上，一般的社会改良主义，尤其是加拿大社会民主党人，都是"社会法西斯主义者"，助力了加拿大国家的"法西斯化"。皮尔斯以第五章标题"社会改良主义作为法西斯主义孪生物的作用"作为该书后半部分的主题。

为了建立起改良主义与法西斯主义之间的"关联"，皮尔斯首先给加拿大国家的根本特性和德国的"法西斯独裁政权"作出断言：

> 事实上，加拿大的资本主义民主和德国的法西斯独裁之间并无根本区别。

> 它们二者都是同一个统治阶级的独裁者，即资本主义阶级的独裁者。统治阶级根据它们自身的要求改变国家形式，努力维持他们的统治权，并粉碎工人阶级和劳苦农民的革命力量。

第五章 共产党、工会、平民合作联盟

接着,他的观点力图要表明,资本家为巩固其统治而把社会改良主义和法西斯主义定为备选的两种方法:

> 了解了这些事实,平民合作联盟的社会法西斯主义与法西斯主义之间的思想共同体就变得显而易见了。法西斯主义和社会法西斯主义都代表着腐朽的垄断资本主义的上层意识形态。由此,它们在所有基本的方面都是相互交织和一致的。垄断的、腐朽的资本主义无法产生新的持久的思想;它所产生的是一种倒退的意识形态,掩盖着一层欺骗性的蛊惑。法西斯主义和社会法西斯主义作为腐朽资本主义的现代掩蔽体发展起来,采用共同的思想来欺骗大众,这些思想源于宗教、唯心主义哲学、对阶级斗争的否定、"无阶级社会",以及不废除资本就能治愈资本主义的理论。

然而,据皮尔斯所说的"从这些事实推断出法西斯主义和社会法西斯主义是相同的",这是不正确的。二者"扮演着不同的战略角色,彼此进行相互补充和相互促进"。成立平民合作联盟是"借助议会的承诺使之充当迷惑、分裂和瓦解工人队伍的角色"。但是,这个角色必须由共产党人予以猛烈的揭露:

> 我们已经看到了平民合作联盟承诺的社会主义的真正含义。平民合作联盟的"社会主义"承诺是一场骗局,是一个谬论,一个谎言。它是用欺骗性语言遮掩的垄断资本主义。它是一个骗子,是腐朽堕落的资本主义的产物。

翻开一页又一页充满漫骂、诽谤和夸张的争论,书中对这个新党派有怎样恶劣言辞的都不为过(这个党派在本书出版前六个月刚刚成立,大概就在皮尔斯写这本书的前几个月),作者得出了唯一可能合理的结论:平民合作联盟必须被摧毁。

◈ 加拿大左翼：批评性分析

　　资本主义能否成功地建立法西斯独裁政权，能否成功地将大众推向战争，这个问题是社会改良派领导人能否脱离大众的问题，以及资本主义统治的这一主要社会支柱能否被摧毁的问题，即，共产主义是否赢得大多数的工人阶级，使其能够以革命的方式摆脱危机。

　　要么是群众抛弃平民合作联盟而进行革命斗争，要么是平民合作联盟的影响还能强大到让群众被动消极，那么群众将会被法西斯的铁蹄压得粉碎，直到共产党人成功地重新组织无产阶级的力量，为无产阶级革命准备。

甚至在宣布了这个世界末日般的评判之后，皮尔斯还提供了进一步的结论或改进建议。他引用斯大林的话，指出在摧毁平民合作联盟的总体斗争中，"必须集中力量与社会民主党中所谓的'左'翼进行斗争"。皮尔斯列出平民合作联盟内部"左"派分子的名字，应该集中地对他们进行特别抨击，主要是那些把自己视为马克思主义者的人："欧文，麦克林尼斯，普里查德"。*

当然，"社会法西斯主义"的概念并不是皮尔斯首创的。它源自共产国际，更多的是来自斯大林。在所谓的"第三时期"期间，也就是标志着部分资本主义稳定期的结束和资本主义世界经济危机的来临的时期，根据斯大林的判断，革命的机会将会重新出现，特别将会在德国，因此，主要的"战略和战术"路线必须是对社会民主主义的全面攻击，以便让共产党人赢得对无产阶级运动的霸权。到1932

---

　　* 威廉·欧文议员从不认为自己是马克思主义者。他是社会福音牧师，和伍德沃斯一起倡导基督教社会主义，安格斯·麦克林尼斯和威廉·普里查德是加拿大社会主义党的长期成员，这是马克思主义的党派。1933年，麦克林尼斯、普里查德和W. W. 勒弗把加拿大社会主义党的不列颠哥伦比亚省支部纳入平民合作联盟，使坚定的马克思主义元素在其中保持了一段时间。

第五章 共产党、工会、平民合作联盟

年，共产主义运动之外的许多人已经清楚地看到，这条路线有可能使德国法西斯主义取得新进展，而共产党人和社会主义者却在进行着激烈的相互斗争。就在希特勒赢得德国大选的三个月前，托洛茨基对"社会法西斯"这个词做出这样的评论：

> ……乍一看，这可能是一种自命不凡、虚张声势但无大害的愚蠢行为。后来发生的事件表明，斯大林主义的理论实际上对共产国际的整个发展产生了如此恶劣的影响。

皮尔斯把"社会法西斯主义"的理论应用于平民合作联盟纲领和活动的各个方面。最后，他还有效地摧毁了双方或其成员之间可能进行某些合作活动的所有联络点。该书把社会主义民主的根源和意识形态的理论分析，与抨击社会民主党人的正直和真诚结合起来。书中没有区分近期目标和长期目标。

共产党通过这项工作向平民合作联盟宣战。它从未放弃摧毁平民合作联盟的既定目标，特别是其左翼，也从未否认它对伍德沃斯和平民合作联盟主要领导层提出的严重指控。然而它确实需要不时地调整战略方针。

第一次修定方针是在1935年举行的第七次共产主义国际代表大会之后不到两年的时间，据加拿大代表斯图尔特·史密斯的说法，这次大会"重新规划了共产党的战术路线"，并提出了"反法西斯统一战线"的想法。1935年11月，斯图尔特·史密斯向加拿大中央委员会提交了关于此次大会成果的报告，其中关于重新制定加拿大共产党"战术路线"的建议是有一些试探性，但确实提出了一个关于平民合作联盟的新目标：

> 我们的党、工人阶级和所有进步人士所面临的统一战线的中心目标是：如何将平民合作联盟、工会、农民组织和共产主义运动联合起来，使之成为一个广泛的统一战线政党。

这种政党可以是一个联邦式的工农党,共产党也将加入其中,同时"保留我们独立行动的自由"。

史密斯列举了一系列"平民合作联盟与共产党有共同之处"的"紧迫问题",以证明把各方力量正式联合起来是多么容易。他在这一类别中列出的所有问题,在他两年前的书中都明确否认过。实际上他在报告中并没有提及这本书。这可能是史密斯经常提到的这种变化只是"战术性"的,因此不涉及战略或理论性质的根本变化。

第七次代表大会之后,党第一次明确提到皮尔斯(史密斯)的书曾出现在莱斯利·莫里斯1939年写的一本小册里,名为《蒂姆·巴克政党的故事,1922—1939》(*The Story of Tim Buck's Party* 1922—1939)。莫里斯直接引用了皮尔斯书里的内容:

> 这本书特别谴责了伍德沃斯先生的说法,即"加拿大"式的"社会主义"是可能的,我们可以逃避资本主义的后果。从那时起,很欣然地,伍德沃斯先生似乎已经放弃了任何这样的理论。*
>
> 针对平民合作联盟将其纲领自封为"社会主义"纲要的基本批判还在持续"。共产党在1932年没有充分认识到,当时和现在一样,都有必要把伍德沃斯先生与一群对跌宕起伏的劳工运动缺乏经验和常识的知识分子截然区分开来,平民合作联盟的重大意义是在于,它作为一种群众运动,拥有成千上万的支持者,他们的基本愿望是民主和社会主义——这些愿望与激励共产党员的愿望是一样的。对于今天的情况,平民合作联盟的这一基本特征是极其重要的。

然而,虽然未能纠正或否定社会法西斯主义理论,但共产党人确

---

* 尚不清楚伍德沃斯应该放弃哪个理论——是加拿大社会主义还是逃避资本主义后果的可能性;也可能是莫里斯认为他对伍德沃斯作出的两个论断构成了一个理论。

第五章　共产党、工会、平民合作联盟

实发起并参加了许多"统一战线"活动，著名的平民合作联盟成员包括 T. C. 道格拉斯（T. C. Douglas）都参加了这些活动。① 虽然伍德斯沃斯本人一直坚决反对与共产党建立任何正式关系，但事实上在1932—1939年期间，他们的活动确实互补的。共产党人发起或进行了所谓的"议会外活动"，如为"失业保险"进行全国范围的请愿，要求废除"第98条"（Section 98），徒步到渥太华静坐，争取救济物资等活动。平民合作联盟的议会发言人在立法机构中极力解决这些问题。这些问题和解决方法上的相似之处，至少引起了共产党在平民合作联盟内部的一个长期敌人——安格斯·麦克林尼斯（Angus MacInnis）议员的注意。1935年，麦克林尼斯结束滨海诸省的巡回演讲回到渥太华后，给温哥华的一位朋友写信说：

> 蒂姆·巴克跟随着我们在东部滨海各省巡讲。我并不是说他故意跟着我们，但事情就是这样的。从媒体与他会谈的报道中，我看不出他所说的与我们所说的有什么不同。

这种相似性更为明显地体现在共产党员当选的温尼伯和多伦多市政机构，以及1936年共产党员被选举为省级领导人的曼尼托巴省议会中。斯坦利·诺尔斯（Stanley Knowles）在温尼伯市议会上见证了这次合作，在提到当选的共产党议员雅各布·彭纳（Jacob Penner）时说道：

> 他是一位非常好的议员。他全程参加了会议——所有问题都必须在第三选区解决……你不可能不赞成他在议会中所反对和争取的事情，我们发现自己大部分时间都在投票支持他。他要么跟我们一起投票，要么我们跟他一起投票。②

---

① Walter Young, *The Anatomy of A Party* (Toronto), p. 262.
② Quoted in A. B. McKillop, *Citizen and Socialist: The Ethos of Political Winnipeg* (1919–1935), unpublished M. A. Thesis, University of Manitoba, 1970, p. 167.

但是，平民合作联盟成员和共产党员之间的主要接触领域是工会运动，这也成为两党之间进行艰苦而持久斗争的舞台。这种情况尤其体现在产业工会联合会在加拿大正在新建的工会中，其间，平民合作联盟的工会和共产党的工会为赢得领导权展开了激烈的斗争。虽然二者之间有许多问题存在争议，但是主要的冲突越来越围绕着独立的政治行动问题，这意味着工会的政治立场脱离了两个老党派。这是加拿大战前社会主义运动中的争论在新条件下的延续，并由此导致了加拿大工党的成立。

现在，随着实现了劳工的主要目标之一——建立产业工会主义，并由此而组织起来数十万之前无组织的工人—劳工与资本主义政党在政治上决裂的问题再次成为一个重要且实际的目标。这一点尤其明显，因为1934年以亲劳工纲领当选的安大略赫本政府动用了省政府的全部力量来反对产业工会联合会。

对平民合作联盟而言，解决方案很明确：它的领导人坚持认为平民合作联盟应该成为劳工的政治武器。他们说，平民合作联盟的纲领迎合了工人的迫切需要，它的社会主义目标足够温和，能够吸引最广泛的有政治意识的工人群体。安大略省分会和全国总秘书大卫·刘易斯（David Lewis）也开始从另一个角度强调：平民合作联盟要想取得成功，就必须与劳工运动联姻。

对共产党人而言，这个问题要复杂得多。至少在可预见的未来，他们的政党绝不可能希望成为劳工的政治武器。但是，他们都希望看到劳工运动独立于两个资本主义政党之外。他们寻求一种能包括他们在内的劳工政治行动形式。因此，他们反对工会支持平民合作联盟，转而提出共产党—平民合作联盟（Communist-CCF）联合起来的筹划，借此，共产党候选人就可以在特定选区得到支持，而且无论怎样，共产党人都能够在决定劳工的竞选纲领方面有发言权。蒂姆·巴克在1937年共产党第八届自治领代表大会上非常明确地阐述了这一点：

> 通过共产党和平民合作联盟的统一战线和共同的工会运动而

第五章 共产党、工会、平民合作联盟

实现的劳工团结,将为人民的团结奠定工人阶级基础,成为人民战线的激进先锋,这将粉碎反动势力,使我们的加拿大成为民主人民的进步之地。

但是,这个提议遭到了平民合作联盟的拒绝,随后在工会和中央劳工机构内部发生了内讧。当然,这与其他工会问题参杂在一起,却成为整个斗争的核心问题。两种僵化的战略以工会为战场发生了对抗。

1943年,平民合作联盟赢得了一场重要的胜利,加拿大劳工大会的年度会议认同平民合作联盟是"劳工的政治部门",并建议所有工会"加入平民合作联盟"。这是平民合作联盟努力实现与劳工结盟的一个基本转折点,尽管因为共产党被标为"太过党派化"的做派使他们之间仍有多年的激烈冲突。1943年10月16日的《加拿大论坛》明确指出,如果共产党所领导的工会加入平民合作联盟,共产党人将坚持他们作为工会代表入选平民合作联盟理事会和大会的权利。

然而,共产党人在行业和劳工大会中取得了更大的成功。在自由党支持者和共产党人之间开始发展起来一个新的联盟,通过行业和劳工大会取得了最初的成果之一,在1943年设立了政治行动委员会,其具体的政治行动将留给当地来决定。这种自由党—共产党的联盟在行业和劳工大会中,一定程度上,也在加拿大劳工联合会的特定工会组织中,正好符合共产党人对麦麦肯齐·金从事的战争努力给予的新的大力支持。1944年5月29日,加拿大新闻社的一份通讯中表明了党对此事的正式立场:

> 劳工—进步党(the Labor-Progressive Party)将努力在下次选举中选出一个自由—劳工联合政府,这是在工党全国执行委员会(the National Executive of the Party)在此与各省领导人举行了为期三天的会议之后发表的一份政策方针中透露的。该声明称:"劳工—进步党经过深思熟虑的意见是,只有自由党、工党和农

民力量的联盟才能带领加拿大走向在联合国的全面合作——沿着丘吉尔、罗斯福和斯大林于去年12月在德黑兰发表的历史性联合声明中所描绘的路线。自由党人一直致力于维护加拿大的统一。他们代表的那些资本家明白,他们能够而且必须与劳工和农民合作,以取得胜利和战后的伟大进步"。

声明中对平民合作联盟进行了批评:"平民合作联盟领导嘲讽地蔑视和拒绝全国的团结政策。他们对立即实现社会进步的切实可行的政策不予支持,而是在激进的社会主义论调中寻求庇护。"

而在皮尔斯1934年的书中,平民合作联盟被指责是在支持"自由劳动主义",贬低社会主义,共产党人在1944年采纳了自由劳动主义,并且批判平民合作联盟没有降低社会主义的地位。这完全可以用"时间、地点、环境"的历史辩证考虑来解释,这也正是共产党做出的解释。但是,在其他人包括一些党员看来,这似乎是党的实用主义的又一个例子,或者用一个党的术语来说,就是"机会主义"。但党在战后几乎立刻又改变了立场,在1946年6月召开的第一次战后大会上,批判了麦肯齐·金背弃战时的承诺,批评平民合作联盟"没有站出来坚持不懈地努力号召人民反对麦肯齐·金的政策反转"。

在行业和劳工大会中,共产党人和自由党人的结盟在冷战中的第一股寒流中消失殆尽。把共产党人赶下领导岗位的运动就呈现出十字军东征的性质,在这个过程中,行业和劳工大会中的自由党、加拿大劳工联合会中的平民合作联盟,以及美国劳工联合会和产业工会联合会的国际官员,都在团结协作。

最终,工会运动的主体在1956年合并后,与平民合作联盟联合起来,为两个老政党之外的劳工运动创造了一个新的政治工具。

工会运动中的这场激烈斗争的高潮,与因苏联共产党(CPSU)第二十次代表大会而导致劳工—进步党内部爆发出的激烈辩论同时发生。

共产党领导层的少数人攻击党在过去政策中的重要方面,包括对

第五章 共产党、工会、平民合作联盟

平民合作联盟的态度。1957年4月，在劳工—进步党第六次大会上，对主要政策决议作出的一项修正，表明了少数人对平民合作联盟的立场：

> 从一开始，我们就在与平民合作联盟的关系中犯了严重的错误。借用斯大林的错误说法，我们把平民合作联盟领导人称为"社会法西斯分子"。我们没有把平民合作联盟看作是加拿大生活中的另一个社会主义思潮，也没有把平民合作联盟的支持者看作是与我们有最密切关系的有社会主义思想的工人，相反，我们与平民合作联盟一直处于一种持续斗争的状态，这只会对其右翼领导人有利，他们企图把我们从他们的追随者中孤立出来。①

这一立场在大会上被冠以"修正主义"的名义，遭到了压倒性的反对。然而，党在评估自身与社会民主主义的关系方面的问题仍然存在。把列宁对社会民主主义的理论批判作为一种意识形态来吸收，这是相对容易的，但要把这种意识形态批判与社会民主党建立可行的实际关系联系起来，就困难得多了，因为社会民主党得到了绝大多数具有阶级意识的工人的支持（阶级意识在最普遍的形式中被定义为：那些不再支持旧资本主义政党的工人）。共产党如此迅速地拒绝了伍德沃斯提出的"加拿大社会主义"（Canadian Socialism）的概念，就犯了一个严重的错误。当然，作为马克思列宁主义者，共产党人从根本上否定了他的社会主义概念。但是，在谴责中有必要包括"加拿大的"概念吗？人们将会想起，在1929年提出有关加拿大地位的问题时，巴克曾反对共产国际，坚持认为有必要研究加拿大的特殊性。确实，他本来能够对平民合作联盟作出相关研究，因为事实上，在平民合作联盟的纲领和组织结构中存在着一些重要的加拿大的独特性。首

---

① For a comprehensive description of this inner Party debate see Douglas Rowland. *The Communist Party In the Post Stalin Era*, unpublished M. A. Thesis (1968). University of Manitoba.

先，它在成立之初的队伍中就有很大的农业成分，由于它植根于西部的农业激进主义，以及大萧条对西方经济的严重影响，这是平民合作联盟中激进主义的主要来源之一。因此，共产党人所犯的错误之一，就是接受了马克思主义关于小资产阶级保守主义的一般观念，而没有认识到他们有直接产生激进主义的能力。具体来说，这表现在对西部农民的错误分析中（见下文）。但是，加拿大共产党对平民合作联盟的持续不断的敌意，主要是基于共产国际和斯大林对国际社会民主主义的看法，加拿大共产党完全接受了这种看法，并且自动地应用于平民合作联盟。

其他意识形态和政治主题

前面已经提到加拿大政治经济学缺乏详细的马克思主义研究，以阐明加拿大共产党必须努力解决的政治问题。但在 1923 年，《工人报》刊登了 H. M. 巴塞洛缪（H. M. Bartholomew）的五篇系列文章，详细研究了加拿大的企业结构。该系列文章的题目是"加拿大的资本主义专政"，其主题在第一篇文章中有所概述：

> 伴随加拿大资本主义的惊人崛起，出现了土地掠夺、大规模征用以及立法机构的腐败，其规模之大令人难以形容。这是一个暴君脚蹬"七里靴"*（seven league boots）快步疾驰的传说。
>
> 其结果是财富和权力的集中，达到了犹太国家可以与之匹敌的程度。根据资本主义生产本身的内在规律，"一个资本家总是杀死许多资本家"（马克思语），最终的结果是财富和权力聚集在一小群金融家手中。因此，我们发现有 15 个人控制着超过

---

* 译者注：在童话故事中有一种能让人一步跨越很长距离的靴子，名为"七里靴"（seven-league boots）。

第五章 共产党、工会、平民合作联盟

42.95 亿美元的资产，或大大超过加拿大整个国家的债务。

这是古斯塔夫斯·迈尔斯（Gustavus Myers）的《加拿大财富史》（*History of Canadian Wealth*，1914）的更新版，书中列举了大量的事实、名字和数据，证实了迈尔斯指出的垄断进程已经取得了进一步的发展。直到1935年瓦特·休·麦科勒姆（Watt Hugh McCollum）的《加拿大属于谁？》（*Who Owns Canada?*）作为平民合作联盟的出版物发行之后，社会主义运动才有了此类研究。巴塞洛缪的研究是在阅读了列宁的《帝国主义论》之前还是之后这一点尚不明确，因为该书的英译本才刚刚问世。但无论如何，他形象地展示了加拿大的资本主义通过兼并和联合已经达到了列宁所界定的垄断资本主义的状态。这个系列在蒂姆·巴克的任何有关加拿大共产党史中都没有提及，也没有出现在党校的马克思—列宁主义课程中。

共产党在其称为"土地问题"的立场，最初是试图区分它认为存在于西部农民中的各个阶层。1922年，在关于"工人党和农民问题"的第一次决议中，中央执行委员会作出了如下分析：

> 因为工人党明白，农民和产业工人的共同敌人是资本主义（CAPITALISM），所以工人党将努力促进和配合农民运动，使其明确认识到产业工人和农民在反对资本主义方面有着共同的利益。
>
> 但是，我们承认，作为工人，我们的共同利益主要与中下层农民、贫困农民和农业工人所共有，而富农阶层具有资本主义思想和野心，这使他们成为了我们的敌人。

由此得出的结论是，进步党主要是由富裕的农民领导的，但"西部的中小农民和中产阶级对他们现在的领导越来越反感"，"那些已经想回到自由党的人和那些不想回到自由党的人"之间将出现严重的分歧。"迟早会出现一个有组织的左翼组织，这将在运动中使小农场

主和联合粮农有限公司（the United Grain Growers Limited）式的农场主之间出现分裂"。

但是，当预料中的分裂真的发生时，左翼联合伍德沃斯、希普斯和欧文组成了"姜派集团"*（Ginger Group），但是，共产党却不太高兴。它经常抨击这个联盟。

共产国际在1929年给加拿大共产党的信中，坚持用更多的马克思主义方法来处理农场问题，"把贫农团结起来，与富农进行斗争"。由此产生了西部省级政府属于"富农"的新提法。加拿大共产党中央执行委员会进一步回应了共产国际的批评：

> 加拿大共产党中央执行委员会和加拿大共产党接受共产国际信函中关于土地问题的路线。迄今为止，我们在农业领域的政策是基于农业资本、工业资本和金融资本之间的冲突，而不是基于农场上的阶级斗争来加强机械化和合理化基础上的阶级关系。这已经导致我们低估了组织农业工人和贫农共同反对富农并反对垄断资本的重要性。

根据这样的分析，共产党的农民被指导着离开"农场改良主义组织"，建立农民团结联盟（the Farmers Unity League, FUL），其主要目的是试图"解散这些组织"。这种情况在共产国际第七次大会之后有所改变，但即使那样，正如党的农业负责人强调的，"这并不要求我们对适用于农民的基本经济计划进行任何根本性的改变"。长期以来，独立的商品生产者一直是西方政治的主要因素，党却没有能力分析出他们的性质和意识形态。这反映在党对农民运动的影响上，这种影响可能比在其他任何领域都要小。

加拿大共产党从一开始就主张废除《英属北美法案》。该党认为，

---

* 译者注：在加拿大，"姜派集团"并不是一个正式的政党，而是议会中主张社会主义的激进进步党和工党成员的一个派系。

第五章 共产党、工会、平民合作联盟

这是英国强加给加拿大的殖民地位的象征和工具，根本没有任何可取之处。该党特别希望废除参议院和总督职位，并明确无误地将处理劳工、医疗、福利和失业保险的权力分配给联邦政府。它认为，联邦的权力划分是一种故意逃避，以阻碍社会立法。它认为，各省政府通常掌握在反对中央政府的反动利益集团手中。这些观点在加拿大共产党的文献中曾有过间歇性的讨论，但在1938年提交给自治领—省关系皇家委员会*的报告中引起了关注。报告说，内部自由贸易对外贸易的中央控制是联邦的主要成就，但反映在权力划分中的经济不统一仍然存在。"国家统一是不完整的。"

> 联邦留下的分支机构已成为反动派的金融堡垒，用来反对加拿大人民要求的改革和民主方案。设立"省对抗国家，局部对抗整体"的主要目的是，让实现社会立法和税收重组的努力付之东流，迫使富人来分担他们的份额以应对这次危机的成本……

> 掌控安大略省和魁北克省这些发展的势力形成了中心，围绕这个中心，一个新的反动政治力量的集合正在加拿大自治领聚集。它是所有反对加拿大完成国家统一的中心，正在助长分裂主义运动和宣传，最终构成从省级分裂国家的危险。

党对西部各省采取了新的方针。西部省份现在不再被认为是受制于作为金融寡头代理人的富有农民。相反，它们被视为寡头政治的受害者：

> 受东部地区的长期剥削，没有给西部留下储备额来应对自己的问题。由此导致各省政府的职责远远超出了他们的税收范

---

* 译者注：时任总理麦肯齐·金，组织了自治领—省关系皇家委员会（the Royal Commission on Dominion-Provincial Relations，1937-1940）调研自治领和各省的关系，以期缓解省和联邦的紧张关系。

围……西部各省的提议实际上是与地方部门对立的。但在大体上和总的形式上，它们符合国家人民的利益。

共产党简报提出，"所有社会立法都应由自治领政府承担"，包括失业保险和救济、医疗保险、农作物保险、最低国家教育标准补助、住房补贴、母亲津贴、养老金、青年资助金、最高劳动时间、最低工资、工作条件、劳工权利实施、自治领对公司的控制、农产品价格。魁北克人民会支持这种中央集权，因为他们会看到，这是建立经济和社会平等的手段，同时本省对文化事务仍有控制权。这应当得到《自治领权利法案》（Dominion Bill of Rights）的保障。

这份提案的理由既有政治因素也有经济因素，尽管政治的隐性多于显性。这份简报没有回答一个显而易见的问题，即这样一个权力极大地增加的中央政府与"反动"的省份相比，它有哪些保证会服务于人民的利益。对此的回答是由蒂姆·巴克在1937年10月党的第八次全国代表大会上发表的演讲中给出的，几乎是在提交这份简报的一年前。

根据巴克的观点，"在贝内特（Bennett）、比蒂（Beatty）、米恩（Meighen）、杜普雷西（Duplessis）、德鲁（Drew）和其他极端反动金融资本代表的周围，正在形成一个以捍卫垄断资本利益为基础的联盟"。另外，麦肯齐·金犹豫不决，却又承受着改良自由党人越来越大的施压，他们"正开始迈出第一步，要把自由党人团结在真正的自由主义原则周围"。

> 保守党的真实纲领——与他们的煽动行为截然不同，明确基于垄断资本的利益。改革自由派的政治立场使得他们与进步农民和劳工运动的合作成为一个合乎逻辑的发展方向。改革自由派能否获得自由派主流的支持并将极端反动派孤立起来，很大程度上取决于工会运动和农民组织发展起来的政治力量。

因此，我们看到保守党人利用他们在中部省份的根据地来捍卫垄

第五章　共产党、工会、平民合作联盟

断资本的利益，而自由主义力量则集中在以麦肯齐·金为首的自治领政府中，他们为了改革的利益和"人民的权利"抵抗垄断者的抨击。巴克认为这个问题在于，要与"改良自由党"合作，以支持犹豫不定的麦肯齐·金，从而击败垄断资本。从这个角度看，该党向罗威尔·西罗瓦斯委员会（Rowell-Sirois Commission）提交的报告以改良自由主义为基础，也支持金内阁（the King Cabinet）中的改良自由党人。在同一次演讲中，巴克强调"甚至在保守派中也有一种强烈的要求民主进步的舆论潮流"。这一点可以从班尼特的内弟 W. D. 赫里奇（W. D. Herridge）发起的"新民主主义"运动中找到证据，他曾在班尼特手下担任加拿大驻华盛顿大使。

从党的第八次代表大会到第二次世界大战爆发，共产党都在积极推动与保守党和自由党中的"进步人士"建立统一战线的构想。在 1938 年出版的小册子《马与骑师》（The Horse and The Jockey）中，给皇家委员会编辑过"党的简报"的斯图尔特·史密斯写道：

> 让踌躇不前的麦肯齐·金政府和旧路线政党（the Old Line Parties）的进步分子勇敢地站出来，让工会成员和农民组织站在最前沿。那么，毫无疑问，在下一次联邦选举中就将取得势不可挡的胜利——这个胜利将开启加拿大走上民主复兴和真正的国家统一之路。

1938 年 3 月 1 日，《温哥华新闻先驱报》（Vancouver News-Herald）刊登了英国联合通讯社的一篇快讯，报道了一位加拿大共产党领导人的演说：

共产主义者呼吁，给自由党投票。

> 加拿大共产党执行秘书诺曼·弗里德（Norman Freed）在星期二晚上的一次公开讲话中说："共产党人应该在即将举行的自治领选举中支持麦肯齐·金自由党政府，并抵御因保守党掌权而导致的法西斯主义。

因为麦肯齐·金领导的政府支持进步政策，因为它容易受到群众施压的影响，所以它比马尼恩·德鲁集团（Manion-Drew group）更有优势"……

……虽然他希望看到 J. S. 伍德沃斯或蒂姆·巴克担任加拿大总理，但是这条路线现在是不可能的，发言人弗里德说："明智的选择是重新选举麦肯齐·金政府以阻止加拿大的法西斯主义"。*

遵循统一战线的概念，加拿大共产党向 W. D. 赫里奇（W. D. Herridge）提供了支持，他与阿尔伯塔社会信用社已经建立了联系，在全国范围内代表共产党。与此同时，加拿大共产党批评平民合作联盟对赫里奇持否定态度。几个月后，随着战争的爆发以及党因为反对自由主义而被取缔，这种将自由主义作为加拿大共产党的盟友的做法就被淹没了。当加拿大共产党在1943年以支持战争的劳工进步党的身份重新出现时，它比以往任何时候都更加确信与自由主义形成联系的必要性。即使在战后，当党认为麦肯齐·金已经脱离了自由主义时，巴克仍呼吁所有"真正渴望自由主义政策的加拿大人"支持劳工进步党在战后的提案，这些提案实际上是劳工进步党在1938年提交给皇家委员会提案的延续。

在党的整个历史中，一以贯之的活动就是对党员进行马克思主义理论教育。凡是入党的人，都必须在一定程度上接触到相关课程、讲座和文献。有分校或团体班，有市校或区校，有国家级学校，还有专门为杰出领导人开设的两年制莫斯科列宁学校。** 除了顶尖的学校，

---

* 沃尔特·扬在《政党剖析》中提到了这一点，但他错把时间写成1939年。他报告说，有一位平民合作联盟议员致信巴克要求作出解释。巴克回复道："弗利德的话被错误引用了，但无论如何，麦肯齐·金总比马尼恩要好……"（W. 扬，第268页）。

** 这种情形被战争打断，直到60年代才恢复。代替列宁学校的是一所为期三个月的国立学校，主要招收全职党员。

第五章 共产党、工会、平民合作联盟

大多数班级把阅读马克思和恩格斯文献限定在《工资—工人与资本》（Wage-Labor and Capital）、《价值价格与利润》（Value Price and Profit）、《共产党宣言》（The Communist Manifesto）、《社会主义：乌托邦与科学》（Socialism：Utopian and Scientific）。学习列宁著作通常是《帝国主义论》（Imperialism）和《国家与革命》（The State and Revolution）。但是，越来越多的班级专注于斯大林的《列宁主义的基础》（The Foundations of Leninism）、《辩证唯物主义和历史唯物主义》（Dialectical and Historical Materialism）及《中央政治局的历史（B）》（the History of the CPSU（B））。早在1935年，为了在党的各单位开展冬季学习，就推出了59页油印的"教育课程"，并规定：

> ……本课程将以一本小册子为基础：J.斯大林的《列宁主义的基础》。每个党员必须买一本这个小册子，必须自己阅读和研究，课程期间将进行集体学习和讨论。*

从瑞尔森的《1837年：加拿大民主的诞生》（1837，The Birth of Canadian Democracy，1937）和《法裔加拿大》（French Canada，1943）开始，共产党把注意力转向了加拿大历史的马克思主义研究。1946年成立了一个委员会，专门研究一个全面的"加拿大人民历史"。瑞尔森主持这个委员会的工作，并在这项研究中完成了他的两部书《加拿大的奠基》（The Founding of Canada，1960）和《不平等的联盟》（Unequal Union，1968）。在1956—1957年的党内辩论中，瑞尔森在回应"修正主义者"的一篇文章中，批评自己"对资产阶级民主党人拉方丹（Lafontaine）和鲍德温（Baldwin）的处理过于理想化"。他将此归咎于"自由主义"，并表示，他能够更好地看待这一问题，是因为"右翼修正主义"高涨的结果，他看到了后斯大林

---

* 同期，温哥华平民合作联盟在加拿大的马克思主义先锋W. W. 勒弗指导下在埃尔克斯大厅开设课程。他的课程基于对卡尔·马克思《资本论》（第I卷）系统性的逐章学习（勒弗夫人1974年7月在温哥华提供了大纲）。

辩论中的表现。他提及的是他的《法裔加拿大》，人们由此推断这种"自由主义"将不会出现在他未来的作品中。在讨论期间，党没能提出加拿大的政治经济学，但它后来在1962年提出了关于加拿大资本主义性质的一个最新分析：利比（Libbie）和弗兰克·帕克（Frank Park）合写的《大企业的剖析》（Anatomy of Big Business）。*

20世纪30年代的统一战线活动的主要基础是，加拿大共产党认识到法西斯主义在世界范围内的崛起，认为在国际上和加拿大本国，必须让一切都服从于应对和打败这个威胁。这成为了党的所有活动的普遍主题，在1935年共产国际第七次大会之后尤为突出。然而，在这次大会召开的前一年，加拿大共产党已经成立了反战争和反法西斯主义联盟（the League Against War and Fascism），这个机构成为共产党开展支持集体安全和国际联盟（the League of Nations）以及援助西班牙共和国的主要工具。正是共产党人的努力，促成了1937年加拿大青年代表大会（the Canadian Youth Congress）的成立，汇集了加拿大英语地区内的众多青年组织，包括保守党、自由党、平民合作联盟和共产党的青年团体。加拿大共产党通过新闻和出版物揭露了加拿大法西斯团体的存在，在个别情况下甚至与这些集团进行了肢体搏斗。这些活动为加拿大共产党坚定的反法西斯立场赢得了良好的声誉。但是，对于1939年突然宣布的《苏德互不侵犯条约》（Soviet-German Non-Aggression Pact），加拿大共产党和它的支持者都没有做好准备，从而结束了党在这一阶段的活动。

小结与结论

加拿大共产党是在社会主义运动中建立的，而社会主义运动自

---

* 20世纪30年代出版的两本小著作明显受到马克思主义历史学和政治经济学的影响。它们是F. H. 昂德希尔的《国家利益的概念》（1935）和里奥·沃肖的《导致中央集权联盟的力量》（1938）。遗憾的是，这两本书和其他加拿大学者的马克思主义著作不能在本卷中讨论，但据我所知，这些著作标志着非共产党人首次尝试将马克思主义作为加拿大历史研究的分析工具。

第五章 共产党、工会、平民合作联盟

1890年以来一直在加拿大存在和发展。它与列宁主义结盟，与列宁创立的共产国际结盟，与苏联这个被它视为马克思主义无产阶级革命战略和战术的普遍模式进行结盟。它的创始人认为，他们在列宁的著作和俄国革命中看到了困扰加拿大社会主义运动的许多问题的答案，他们在共产国际的领导和指引下，寻求将这些答案应用到加拿大的社会环境中。

他们付出了很大努力使马克思主义与加拿大的问题相关联，他们当然也克服了旧社会主义运动宣传和鼓动的抽象性和普遍性。但是，尽管他们力图用理论性的论文和分析来解决每一个重大问题，但其中有多少是马克思主义，又有多少仅是单纯的实用主义，仍有待商讨。当然，理论和策略经常被混淆，他们的许多"党派路线"的短暂性，以及它们的频繁摇摆不定甚至是自我逆转，表明理论在许多情况下都服从于当时的需要。

加拿大共产党成立之时，正是共产国际认为资本主义国家的革命即将爆发的时候，因此，党的活动重点必须是言行一致的革命。但随着革命前景的消退，共产党开始着手解决当前的问题，这些问题是改良性的而不是革命性的，在这个过程中，它无法摆脱革命目标和当前目标之间的矛盾和紧张关系。它通常处在平民合作联盟的偏右方向。当然，如果抛开革命的浮夸说辞，它对即时问题的解决方法与平民合作联盟的解决方案非常相似，甚至在许多情况下与自由党的解决方案也很相似。

加拿大共产党深受加拿大政治思想的主要思潮的影响。当然，加拿大所谓的"殖民地位"的立场不可否认地受到了加拿大"资产阶级的"民族主义者的影响。加拿大共产党经常受到麦肯齐·金的影响，认为他们是"进步资产阶级"的代表。共产党曾三次呼吁团结起来支持麦肯齐·金，包括1925—1926年在加拿大独立的问题上、1937—1939年在宪法和社会改革的问题上，以及1943—1945年在支持全面战争方面。没有证据表明麦肯齐·金曾有过回应，尽管他并非完全无视这些呼吁。

共产党人发现，主张与自由党的团结比与平民合作联盟的团结更为容易。他们把平民合作联盟视为他们争夺工人阶级领导权的宿敌和对手。他们没有把社会民主看作是在工人群体中不可避免的历史趋势，而是把社会民主党人看作是"误导者"和"叛徒"。他们因此无法提出与平民合作联盟建立一种易于团结又持续稳固的关系的方法。

许多社会主义者对共产国际在加拿大共产党内部事务中所起的作用表示出担忧，这在许多方面是有道理的。共产国际在非常具体的问题上给加拿大共产党的指示往往是错误的。只有唯一的例子记录了党的领导人拒绝了共产国际的建议，那就是蒂姆·巴克早期对于美国控制加拿大的立场。在这个问题上，巴克可能是更为正确的，但在共产国际的压力下，他和他的同事斯图尔特·史密斯一样都是被迫让步。加拿大共产党对共产国际的依赖已经成为斯大林个人政治的工具，这就给非共产主义的社会主义者摆出一个严重问题，即共产党人要求加拿大独立和工会独立的可信度问题。

然而，加拿大共产党在任何时候都应当被认真对待，即使它在人数和影响力上都很弱小的时候。在1921—1957年期间，它在加拿大代表着马克思主义。在那些年里，它主导了加拿大的马克思主义思想。随着斯大林事件被曝光，从那时起，马克思主义思想的新趋势在加拿大出现了，超出了加拿大共产党的范围或影响，但是共产党仍然是马克思主义运动的一个重要派系。

加拿大共产党对加拿大社会的最大影响是在20世纪30年代，当时没有其他有组织的力量准备表达对大萧条的不满，并针对一系列国内外政策问题发起富有想象力的、激进的和有效的超出议会的活动。共产党的活动帮助了平民合作联盟在议会中的地位，因为党的议会团体在全国各地的立法机构中讨论这些问题并为之奋斗。它的工作在削弱贝内特的政治支持方面发挥了重要作用。它对文化活动的参与无疑影响了一些左翼作家和艺术家。它第一次在加拿大学术界赢得了追随者或"同情者"。它的成员们在建立工会运动中发挥了积极的领导作用，他们在一定程度上是使这一时期成为加拿大劳工史上最重要时期的动因。它在在组织反法西斯活动和宣传方面采取了主动。

然而，这场运动面临的问题从未得到解决。因为许多问题都具有客观性。虽然自由派和激进派的加拿大人准备接受加拿大共产党的典型化的激进活动，尤其是在大萧条时期，但他们并不准备接受革命的解决方案。

主观上的困难各有不同，无论怎样，其主要根源就在于加拿大共产党依赖来自共产国际和苏联共产党的领导。随着加拿大对苏联看法的波动，党的命运确实就像晴雨表一样起伏不定。但是，党在理论上的动摇，在这种导向上的策略的摇摆，总体上不但危害了党，也损害了党在非共产主义的社会主义者中的形象，否则这些人可能就是加拿大共产党最亲密的盟友了。

第六章　加拿大社会民主的根基和来源

农业激进主义

联邦成立后，加拿大社会发展出现了裂痕和冲突，到第一次世界大战结束时，这些问题似乎挑战了其社会根基。权威主义托利主义*（Authoritarian Toryism）是统治精英的主导意识形态，通过疏离加拿大人民中的重要部分——劳工、农民和法裔加拿大人，破坏了社会秩序的意识形态基础，为激进主义的迅速崛起打开了闸门。

这在某种程度上是一种国际现象。这场战争在历史上最为血腥，它的影响动摇了欧洲资本主义的根基，并引发了一场革命浪潮，由于工人阶级在大多数欧洲国家具有重要地位，并在前一百年中经历了意识形态和政治发展，因此在这场革命中发挥了主导作用。社会主义似乎比以往任何时候都有更强大的力量，共产主义作为马克思主义社会主义的新变体，成为20世纪的主要革命意识形态。

尽管劳工是加拿大在战后动荡的重要因素，但并非主要原因。在新斯科舍省、新不伦瑞克省、安大略省、曼尼托巴省、萨斯喀彻温省和阿尔伯塔省的农民起义对当时加拿大政治造成了最大影响。从统计

---

* 译者注：Authoritarian Toryism 指一种权威主义的托利主义。这个词在政治上通常用来描述强调国家权力和控制的保守派政治理念，被视为一种强调权威性和集中式管理方式的保守主义思想体系。

第六章 加拿大社会民主的根基和来源

上看,在1919—1922年的省级选举*中,农民激进分子当选的人数超过了劳工代表,尤其是在1921年的联邦选举中,农民党获得了64个席位,而劳工获得了2个席位。虽然在农民中间和工人中间掀起这股热潮的原因不同,但是他们的激进主义相互作用,他们的目标相同,都以独立团体的身份大规模进入议会政治,长久地破坏了两党制。正是这种相互作用最终决定了加拿大社会民主主义的性质和意识形态前景。

虽然农民起义影响了九个省中的六个省(不包括魁北克省、不列颠哥伦比亚省和爱德华王子岛),但它在草原省份的震撼是最强烈、最激进、持续时间最长的,其原因在其他地方已经得到充分证明。①

保罗·夏普(Paul Sharp)对这场运动的起源与发端进行了如下描述:

> 在1914年之前的十年间,加拿大大草原地区广泛的民主浪潮加剧了农民的不满情绪。在这些年里,加拿大西部的农民加入了席卷北美的争取更大民主的运动。反对财富和政治权力集中于资本主义财阀统治的抗议,由此蔓延到这块大陆最新开发的边疆地区。②

根据夏普的描述,农民运动是"一场反对垄断的斗争",或者像一本畅销书称之为"在加拿大反抗新封建主义的叛乱"。1913年6月,《粮农指南》(*The Grain Growers' Guide*, 1913)上的一篇文章提出了这样的问题:"加拿大属于谁?"得出的答案是"42个人控制着

---

* 安大略省1919年:农民43人,劳工11人(成立了农民—劳工政府);新斯科舍省1920年:农民7人,劳工5人;新不伦瑞克省1920年:农民10人,劳工0人;马尼托巴省1920年:农民12人,劳工11人;萨斯喀彻温省1921年:农民12人,劳工0人;阿尔伯塔省1921年:农民38人,劳工2人。

① In C. B. Macpherson, *Democracy in Alberta* (Toronto, 1962), and in W. L. Morton, *The Progressive Party In Canada* (Toronto, 1950).

② Paul F. Sharp, *Agrarian Revolt in Western Canada* (New York, 1971), p.54.

◈ 加拿大左翼：批评性分析

加拿大三分之一的财富……"第二年出版的古斯塔夫斯·迈尔斯的《加拿大财富史》证实了这一分析。这本书在农民报刊上引起了广泛的重视，在农场组织中也得到了研究：

> 财富在加拿大的迅速集中绝不仅仅是幻想。据估计，不到50个人已经控制着40亿美元，占加拿大物质财富的三分之一以上，体现在铁路、银行、工厂、矿山、土地及其他财产和资源上。①

激进的农民运动的目标已经很明确：铁路、银行、加拿大制造商协会，以及他们在政府中的朋友和支持者。这些金融巨头牢牢控制的国家的手段也同样被识别：高额关税、赏金、政府对企业的各种补贴、银行的金融和信贷操纵、政党的贪污和腐败，以及不受控制的土地投机。根据这些恶行而提出的解决方案是切中要害的。正如1916年《农民纲领》（the Farmers' Platform）所宣布的那样，在各省农民组织的会议中，在公认的农业领袖的演讲和著作中，最受欢迎的建议是自由贸易和取消大部分关税；等级分明的所得税、遗产税和利润税；土地单一税；铁路、电报和快递公司的国有化；政府控制信贷和货币，反合并立法。在农民报刊上最常被引用的思想家有亨利·乔治（Henry George）、爱德华·波里特（Edward Porritt）、索尔斯坦·维布伦（Thorstein Veblen）、古斯塔夫斯·迈尔斯（Gustavus Myers）；在20世纪20年代，马霍尔·道格拉斯（Major C. H. Douglas）也被纳入其中。加拿大农民运动中有着强烈的道德色彩，许多农业领导人在禁酒事业、道德和社会改革委员会（the Moral and Social Reform Council）（大约1907年）和教会组织中表现突出。当然，其中还有强烈的农村民主因素，包括选举改革、比例代表制、废除参议院、取消所有投票限制、妇女完全平等*的要求，废除政党制度，通过直接立法、公民

---

① Gustavus Myers, *History of Canadian Wealth* (Toronto, 1973), p. i.

* 农民运动可能是加拿大第一个能够选举妇女进入立法机构的运动：1917年路易斯·C. 麦金尼进入阿尔伯塔省立法机关，1921年艾格尼丝·麦克菲尔进入下议院。

第六章 加拿大社会民主的根基和来源

投票和罢免来改变责任政府的规则。

农业激进主义主要是民粹主义。它反对的是资本主义的恶行，而不是资本主义本身。它的主要敌人是资本主义的垄断形式，它认为这是对竞争和自由资本主义原则的偏离。正如麦克弗森所表明的那样，作为土地所有者、自己生产资料的所有者和小生产者，他们有一种小资产阶级的观念。需要进一步阐述的是，这种观点如何影响了加拿大社会民主主义的特征，加拿大社会民主主义始于工人阶级运动，主要以马克思主义为导向，但在一些重要的细节上发生了改变。

有关加拿大农业激进主义的一些主要研究是由美国人完成的，因而就重点强调美国模式的民粹主义及其对加拿大的影响。毋庸置疑，美国的影响一直存在，但其影响范围被夸大了。虽与美国有相似之处，加拿大的农业激进主义所应对的条件是本土的。在被独特的加拿大运动取代之前，建立以美国为基础的农场组织，如农牧业保护者协会（the Patrons of Husbandry）、工业保护者协会（the Patrons of Industry）和无党派联盟（the Non-Partisan League）的尝试曾经兴盛了一段时期。在美国，民粹主义和劳工为基础的社会主义运动未能合并或结成联盟，与在加拿大的发展形成鲜明对比，这被视为解释美国社会民主主义的失败，而加拿大社会民主主义形式相对成功的原因之一。

平民合作联盟的许多创始人都曾是社会主义党或工党的成员，他们一直认为英国模式是适合加拿大社会的。由行业和劳工大会于1917年建立的加拿大工党以及各省的独立工党组织也都这样认为。但1933年建立的模式并不是英国模式。根据 J. S. 伍德沃斯的总统演说，它是"一种加拿大的……独特的社会主义"。

伍德沃斯认为，解释这种变化的一个因素是，人们认识到加拿大与英国不同，加拿大"不是以工业为主导的"国家，因此"一个工党不可能在无外援的情况下希望获得权力"。

但是，可能同样重要的因素是20年代加拿大有组织的劳工运动的实际状况。这个运动的规模很小，也很分裂，有三个主要的中心——行业和劳工大会、全加拿大劳工联合会和加拿大天主教劳工联盟——

◈◈ 加拿大左翼：批评性分析

在20世纪30年代初期，有了第四个中心：工人团结联盟。大多数工会成员属于美国劳工联合会—行业和劳工大会的手工业工会，这些工会相对保守，而且越来越多地受到塞缪尔·冈珀斯的反政治立场和遗留问题的影响。产业工会主义的目的是把更具战斗性和政治性的工人阶级纳入有组织的劳工行列（正如19世纪下半叶在英国所发生的实例），但它还没站稳脚跟。也许，如果"大工会"在1919年登场时，它成功地建立了真正的群众工会，那么，局势就会更有利于英国式的工党。

导致这个政党前景复杂化的另一个因素是，伍德沃斯和他的许多同事拒绝加入加拿大工党，因为共产党人已经在其中占据了重要的行政职位。反而，他们让曼尼托巴省的独立工党保持不隶属于加拿大工党。

与劳工的政治弱势形成鲜明对比的是，农民已经迅速崛起，成为加拿大政治尤其是激进主义的重要因素。伍德沃斯和威廉·欧文都曾与"无党派联盟"*的农民合作。1920年，欧文出版了他著名的《政治中的农民》（*The Farmers in Politics*）一书，他在书中完全与阿尔伯塔农民联合会及其主席亨利·怀斯·伍德（Henry Wise Wood）的官方政治立场联系在一起，用"团体治理"的概念代替了阶级冲突的概念。当伍德沃斯和欧文在1922年组建新的"劳工团体"进入下议院时，他们开始与更激进的农民代表建立密切关系，并通过他们与农民组织进行联系。

夏普描述了"在西部不断增长的城市中崛起的劳工运动"与特别在战争年代"支持直接立法、单一税、渐进式所得税和其他改革方面"的合作。但是，他声称，由于许多农民反对"1919年著名的温尼伯大罢工的极端激进主义和暴力"，这种合作受到了打击。当然，一些农场代言人像《粮农指南》的编辑一样严厉指责了这场罢工，

---

* 威廉·欧文在1917年成为无党派联盟的第一任书记，J. S. 伍德沃斯曾短期担任过阿尔伯塔联盟的书记。伍德沃斯在1915年和1916年为《粮农指南》写过几篇文章。

其他一些农场组织尤其是曼尼托巴省的农场组织也进行了谴责。这其中的部分原因无疑是由于皇家西北骑警（RNWMP）和温尼伯市民委员会发起了声势浩大的宣传运动，反对罢工的矛头指向农场运动，而罢工委员会实际上完全忽略了这个领域。

然而，农民对罢工的敌意程度被夸大了。在1919年10月举行的安大略省选举中，安大略农民联合会和明确支持温尼伯大罢工的安大略省独立工党之间有密切的合作。更令人震惊的是，1920年在曼尼托巴省的选举中，农村地区竞选的7名劳工候选人全部当选，同时还有4名罢工领导人在温尼伯选区当选。J. S. 伍德沃斯在下议院不停地赞扬罢工，并对自己在罢工中的作用感到自豪。这似乎并没有削弱他与激进农场领导人的关系，特别是后来在他的领导下组成"姜派集团"。

伍德沃斯对农民运动的态度与许多社会主义和劳工团体，特别是马克思主义团体的截然不同。对1904—1921年的社会主义出版物的调研表明，加拿大社会主义党（the Socialist Party of Canada）、社会民主党（the Social-Democratic Party）和北美社会主义党（the Socialist Party of North America）很少关注农业问题。加拿大社会主义党1914年的一本小册子努力"用马克思的价值理论来解决农民面临的一些棘手问题"。作者的主题是说服农民，他实际就是一个"工资劳工"，每天都在消耗被资产阶级无偿占有的劳动力，几乎就像一个没有财产的无产阶级者把自己的劳动力卖给工厂主一样。加拿大社会主义党的报刊《西方号角》评论了欧文的《政治中的农民》一书，但评论方式是尖刻且有些凶狠的。如本书前一章所述，工人党和后来的共产党制定了一项农业政策，提出了在工人党领导下的农村阶级斗争的概念，让贫困的农民和农场工人与"中富"农民进行斗争。

当时社会主义者在政治道路上产生的分歧在一定程度上表现为，一些人认为社会主义政党必须在意识形态和组成上严格地实行无产阶级制，而另一些人则更倾向于一个工人和农民政党的概念，其意识形态必须为双方所接受。这种分歧不仅仅包括共产主义和非共产主义的分裂。提倡无产阶级政党的人包括许多曾经拒绝共产党和共产国际的马克思主义者和劳动主义者，最终加入了平民合作联盟，但对它应该是什么样的政党，他们坚持着自己的看法。*

从战争时期开始几乎一直到平民合作联盟成立，知识分子在激进运动中仍然非常不显眼，也很少表达对激进思想的支持。多伦多大学教授 R. M. 麦基弗（R. M. MacIver）在 1917 年试图发起一场社会重建运动，但未能成功。他向加拿大各组织发出呼吁，建立一个"国家问题社团"（the National Problems Club），将在中央委员会的领导下团结起来，其公开宣布的目的是

> 让东部和西部、讲法语和讲英语的加拿大人、加拿大农业地区和工业地区在凝聚一个国家的伟大工作中，了解彼此的问题……这是所有真正的国民生活的基础。

这封信和他的后续报道都没有得到什么回应。两年后，麦基弗在名为《变化世界中的劳工》（*Labour in the Changing World*）的书中提出了截然不同的观点：

> 任何人在当下谈及资本和劳工之间的利益本质统一性，都因此而被认为要么简单，要么虚伪……

> 因为在两方之间怎么可能存在利益的一致性，一方想要减少的东西正是另一方想要增加的，而另一方想要积累的东西则是所有能从对方那里克扣的共同产物。

---

* 1925 年，A. A. 希普斯作为温尼伯独立工党议员加入伍德沃斯。利奥·希普斯在 A. A. 希普斯的传记中写道："希普斯主张建立一个代表劳工合法愿望的加拿大工党。但平民合作联盟不听希普斯的建议，使它在 30 年代拐错了方向……" L. Heaps: *The Rebel in the House*, p. 117.

然而，没有任何记录表明麦基弗有任何类似的进一步活动。

在此期间，至少有两名学者因其激进的观点而被大学开除。这两个人都与农民运动密切相关，分别是卫斯理学院的牧师塞伦·布兰德（Salem Bland，1917年被免职）和西安大略大学的教授L. A. 伍德*（L. A. Wood，1923年被免职）。

不能肯定地说，镇压或对镇压的恐惧是知识界成员不参与激进活动的原因。但这肯定是一个抑制因素。当时确实有很多针对激进分子的宣传，尤其针对伍德沃斯的宣传。1920年，劳工部的一个广为传播的官方出版物，把伍德沃斯描绘成"俄苏在北美的宣传系统"的成员之一，不论有意与否，与拉塞尔、伊文思和A. E. 史密斯是一样的。1925年，多伦多大学名誉教授詹姆斯·梅弗（James Mavor）发表了一篇抨击安大略水电公司（Ontario Hydro）公有化的文章，他把这篇文章比作列宁的学说，并在文中把卫理公会教会（the Methodist Church）、整个工会运动和共产党（按此顺序）称为加拿大最阴险的三股势力。①

社会福音运动

但是无论什么原因，直到这一时期，加拿大激进运动中缺失知识分子的参与，这种情况在其他国家是不存在的。相比之下，加拿大的激进主义吸引了一批突出的前新教牧师，并受到了他们极大的影响，尤其是在加拿大西部的塞勒姆·布兰德（Salem Bland）、伍德沃斯、威廉·伊文思、威廉·欧文、A. E. 史密斯和亨利·怀斯·伍德（Henry Wise Wood）。所有这些神职人员都以这样或那样的形式被官方教会疏离。1917年，布兰德被操控卫斯理学院的卫理公会开除。伍德沃斯从一开始就对自己的牧师角色感到不安，最终在1918年退

---

* 当时他正在完成他的创新性著作《加拿大农民运动史》，他曾被提名为联邦选举的"劳工进步"候选人。

① James Mavor, *Niagara in Politics* (New York, 1925).

出了牧师行列。威廉·伊文思被从温尼伯教堂的牧师职位上调离,并迅速成立了劳工教会。威廉·欧文被迫离开他的长老会,随后成为一名神教的牧师,但也只是很短的一段时间。史密斯因教会内部反对他在大罢工中的角色而辞职。伍德虽然在神学院接受过培训,但从未从事过布道工作。

这些人都以这样或那样的形式参与了社会福音运动,该运动在其他地方有详细描述。① 他们对激进和改革运动的参与在他们离开教会之后产生了主要影响,暗示社会福音运动与宗教的联系只是非常微弱和怀旧的,这可能是一种夸张。他们的演讲和著作中很少涉及宗教,除了布兰德的《新基督教》(*The New Christianity*),但实际上它更倾向于社会性而非福音。以伊文思为首的劳工教会在其会员卡中称自己是"独立和无信仰的"。伍德沃斯自己对宗教的态度可以从他在1925年为《多伦多之星周刊》(*Toronto Star Weekly*)写的一篇文章中总结出来,这篇文章又被他转载在小册子《追寻光辉》(*Following the Gleam*)(渥太华,1926年)中:

> 宗教对我而言是友善而明晰的。比起分析一句话,我能更清楚地勾勒出救赎的方案。现在我的宗教不仅不那么教条,而且也不那么清晰和确定了。许多人可能会说,这根本不是宗教。对我来说,这种改变意味着从闷热的房间里走出来,走进上帝赐予的甜美纯净的户外空气中。

以理查德·艾伦《社会激情》(*The Social Passion*)中引用的一个案例作为宗教表达的证据,是非常不可信的:

> 在同一年里,温尼伯社会民主党人表现出渴望以宗教形式表达的迹象。1916年12月,一所社会主义主日学校成立,"来传

---

① Richard Allen, *The Social Passion* (Toronto, 1971).

授我们崇高事业的理想主义和宗教概念……基于公正的社会和经济条件基础，必须在这片土地上建立爱和幸福的王国"。①

社会主义周日学校（the Socialist Sunday School）的负责人雅各布·彭纳（Jacob Penner）、约翰·奎恩（John Queen）和查尔斯·C.曼宁（Charles C. Manning）都不信仰宗教。主日学校的意图是为了给温尼伯社会主义者的孩子们提供一种替代活动，以使他们远离宗教性的主日学校。

西部地区高涨的激进主义主要涉及新兴城市的工人阶级和草原上的农民。它对西部社会的主要影响是在这些团体之外的具有改革思想的神职人员，他们由于认同西部激进主义而与教会决裂。这些前牧师发挥的主要作用之一就是在激进的劳工和农民之间提供意识形态和组织上的联系。

伍德沃斯从神职部门辞职之前就已经建立了这些联系。布兰德和欧文也是如此。在1918年辞职以来，伍德沃斯比以往任何时候都更加完全地认同劳工运动。他加入了温哥华的国际码头工人协会（the International Longshoremen's Association），帮助成立了不列颠哥伦比亚省联邦工党（the Federated Labor Party of British Columbia），在联邦工党的旗帜下参加省选举，也是周日晚间论坛的主要发言人之一，在1921年回到温尼伯后就加入了曼尼托巴省独立工党。这成为他的政治权力基础，并一直保持到1933年平民合作联盟的成立。

伍德沃斯在这一时期开始以加拿大社会民主思想家的身份出现。他对加拿大阶级结构的观点与这种分析的政治含义，包含在他从1918年到1920年所写的一系列文章中，并发表在《西部劳工新闻》上。

虽然他尝试性地提出了一些结论，但他写这些文章的目的是肯定而明确的：

---

① R. Allen, *The Social Passion*, p. 83.

◈ 加拿大左翼：批评性分析

> 作者最近一直住在不列颠哥伦比亚省和阿尔伯塔省。他想通过《西部劳工新闻》向温尼伯的朋友和以前的同事们致以问候。在沿海地区分散的伐木工人和定居者中，在阿尔伯塔省的农民中，一场新的运动正在兴起。它体现在不同的组织中，却比任何组织都更广泛、更深入。它是新时代的精神——对正义的激情，对兄弟情谊的新理想的追求。

他相信，建立一个新政党的时机已经到来，但是认为它将会是一个工党，那就"期望过高"了：

> 既然老党派已经在联盟政府下联合起来了，看来民主党人有一个很好的机会来发展一个真正的人民政党，让农民、产业工人、退伍军人和进步人士都可以在其中找到一席之地。

但要建立这样一个政党并执掌政权，将是一场"漫长而严峻"的斗争。

> 我们不是反对抽象的"资本主义"，而是反对与军国主义、帝国主义、保护主义、宗教和教育中的权威主义相勾结的资本主义，反对与娱乐和"福利"补贴形式的资助新闻、催眠药和缓和剂相勾通的资本主义。

他说，由于加拿大社会的地域主义，这将是很困难的。"新斯科舍省与安大略省或大草原省与不列颠哥伦比亚省几乎没有共同之处"……"此外，我们没有共同的语言"……"……蒙特利尔劳工委员会（the Montreal Labor Council）同时用英语和法语开展工作"。"……在整个加拿大西部，我们大多数的非英语移民实际上掌握着权力的平衡，但他们却无法阅读英语报纸。"

第六章 加拿大社会民主的根基和来源

  每个群体都保持着自己的身份、语言、宗教，民族的纽带比阶级利益的关系更强大。

  尽管这篇文章带有悲观语气，但它的精神是充满信心的。"人们在思考——以一种前所未有的方式思考着……从这一切中，一种新的文明正在诞生——一种新的宗教正在兴起"，伍德沃斯详细描述了一个新政党将要面对的更多困难。"在国家层面上"加拿大"尚未获得独立……还是……处于大不列颠的阴影之下……""另一方面，加拿大在商业和工业上与它南方的强大邻国紧密相连"。劳工是在国际工会中组织起来的，"在冈珀斯先生担任美国劳工联合会领袖的情况下，要就征兵等问题发动一场总罢工是很困难的"。

  当他回到人口的异质性问题上，这似乎让他颇感困扰：

  法裔加拿大居民对多伦多的工会成员，悉尼的矿工对不列颠哥伦比亚省的渔民，甚至大草原的农民对奥肯纳根的水果种植者能有何共鸣？一个行业刚组织起来，欧洲的外国人或东方人就加入进来，组建速度就慢下来了……

  但是，如果工党要取得胜利，或者说要在不久的将来取得胜利，各种各样的工人团体就必须以某种方式团结起来……

  他说，如果我们"反思这个领域中的各种力量"，不从欧洲的模式出发，而是从加拿大社会的具体情况来考察加拿大的阶级结构，这就变得容易多了：

  事实上，我们没有贵族阶层，因此也没有真正的资产阶级。我们的农场主虽然不是农民，但也不是地主。直到最近，一直有从一个阶级到另一个阶级的过渡……

这场新运动最重要的堡垒将是"产业工人——这是资本主义的独特产物，也是最直接体会到资本主义制度邪恶的阶级……但是至少是在加拿大，如果工党孤军奋斗，迅速获胜的几率就很渺茫。幸运的是，盟友们正在伸出援手。"归来的老兵"大部分来自劳动阶层，在前线的经历破灭了他们的理想，也拓宽了他们的眼界……"他们将成为工人阶级的一个重要"盟友"。伍德沃斯认为"农民构成了第三个群体"。在概述这一群体在任何新的激进党派中的重要性时，他觉得有必要回答"我们的科学严谨的朋友"即马克思主义者提出的论点，他们声称农民没有阶级意识，实际上应该被视为资产阶级的一部分：

> 其弊端在于，城市工人不理解农民的立场，就像农民不理解城市工人的立场一样。他们说着不同的语言。他们有不同的心态。他们从不同的角度来对抗资本主义制度。但在根本上，农民和产业工人的利益是一致的。当他们发现彼此在与一个共同的敌人作战时，他们将最清楚地认识到这一点。农民和矿工、工厂工人或伐木工人一样，都是生产者。

> 诚然，他（指农民*）不是一个靠工资挣钱的，但是，正如从乡村到城市的长途跋涉所展示的那样，他在经济上并不像工薪阶层那样富裕。名义上，他拥有生产工具，实际上他并不独立。抵押贷款公司通常拥有土地，而银行、制造商和铁路公司对农民颐指气使。他的产品的生产成本和产品价格是由他无法控制的力量决定的。在这种情况下，旧的个人主义正在瓦解，农民在工业上和政治上就要组织起来了。

最后，他把"小商业集团"列为潜在的盟友，因为他们"几乎和产业工人一样都是资本主义制度的受害者"。他说，所有这些都与

---

* 译者注：原文此处为引文，根据上文，原文"He"指的是农民。

第六章 加拿大社会民主的根基和来源

英国工党的做法相似，甚至与布尔什维克的做法相似，因为"在苏联，政府是工人、农民和士兵的联盟"。但与此同时，他拒绝马克思主义学说，虽然不是完全的拒绝：

> 联邦工党*（the Federated Labor Party）的信条之所以值得关注，不仅是因为它表明的准则，还因为它没有表达出来的内容。它没有提到"剩余价值""唯物史观""有阶级意识的工薪族"以及其他我们大家都熟悉的乏陈旧调。工党留下"科学正统"派和修正主义派去争论他们的理论，而采用了马克思所强调的伟大的基本原则，即财富生产资料的集体所有制和民主控制。人们可能在理论上有很大的分歧，却团结起来对抗共同的敌人。

伍德沃斯在温尼伯大罢工刚结束即写的两篇文章中（发表于《西部劳工新闻》），列举了他认为"新社会秩序"必须具有的显著特征。第一组特征包括加拿大经济转型的十个要点：铁路、电报、快递公司、电梯和"其他交通与通信的公共服务"的"社会化"；矿山、木材、渔业、水力、电力和"其他社会运营的国家资源"的"社会化"，银行和保险公司，食品和原材料分配的国家组织的"社会化"；接管现有的兵工厂，并在其中生产公共工程所需的物资；"制造机构和商业机构"的"逐步社会化"；"征用"荒置土地；补偿当前被社会化或被征用财产的人；通过征收土地税、急剧累进所得税、在所有者去世时没收大型私人地产等方式增加公共收入；以及社会化产业的行政—工人的联合管理。

这两篇文章是伍德沃斯为支持纯粹的社会主义纲领所做的最直截了当的声明。文章中包含了无党派联盟1917年纲领中的一些要点，伍德沃斯在1918年与该联盟联系紧密。文章更进一步，显著地把无

---

* 伍德沃斯写这篇文章时还住在不列颠哥伦比亚省，在那里他是该省联邦工党领导人之一，该党在那一年早些时候由不列颠哥伦比亚省劳工联合会组织成立。

党派联盟使用的术语"国有化"改为了"社会化"。它们似乎代表了伍德沃斯对1918年文章的立场的转变,在那篇文章中,他主张缓和工人阶级的需求,以吸引工人阶级的天然盟友。这些文章在大罢工之后立刻出现,这可能与激进主义和热情宣传的高涨有关。从伍德沃斯后来写成的温尼伯大罢工文献中,我们知道他因大罢工而受到了极大的鼓舞和振奋,这种情感持续了他的一生。

伍德沃斯在这些文章中没有讨论通向权力的道路或实施这一纲领的手段。但是,从他此前的论述中可以清楚地看出,他理所当然地认为能够通过议会手段实施这个纲领。然而,从其他几个参考资料来看,伍德沃斯对这个问题所具有的视野,比一些历史学家对他的评价还要宽泛得多。

伍德沃斯明白,为工人阶级的诉求而进行的斗争既不能局限于选举竞争,也不能局限于工会。在我们已经谈到的1918年的一篇文章中,他简要地提及了这个问题:

> 而且,一些之前的争论正在逐渐消失。"我们应当使用工业武器还是政治武器?"我们发现答案充分利用着两者的优势。从两面进攻敌人是很好的方式,有时侧翼攻击比任何正面攻击更有效。另一方面,有组织的工人们主张建立一个大工会。现在,尽可能地用最自然的方式,把各个有组织的工人单位联合起来举行大罢工。

罢工期间,伍德沃斯在《西部劳工新闻》上发表了一篇文章,被皇家法院引证为起诉他"煽动性诽谤"的罪名,伍德沃斯在文中指出,他所支持的社会的"和平"转型并不依赖于资本主义的敌人:

> 不可避免的激进变革能否以和平的方式实现,在很大程度上取决于加拿大商人们的良好判断力,他们目前在很大程度上控制了国家的工业和政府。我们承认,前景并不十分光明。

第六章 加拿大社会民主的根基和来源

1927年，一个保守党议员在下议院抨击伍德沃斯发表的这一言论，伍德沃斯对此进行了回应，重申了自己的立场，并将上面的引文写入了官方记录。

1919年7月12日，《莱斯布里奇先驱报》(Lethbridge Herald)报道了伍德沃斯就温尼伯大罢工向莱斯布里奇贸易和劳工委员会(the Lethbridge Trades and Labor Council)发表的讲话，据报道，他"宣称工党能得到它想要的东西的唯一途径是'以某种方式控制加拿大的军事和法院'"。

然而，无可争辩的是，在苏联的道路和英国的道路之间，伍德沃斯倾向于后者。但是，出于其他原因，他也没有坚定地相信英国的道路。他最终认为，加拿大进步力量的阶级构成是不同的，工党不适合加拿大的政治。进步党在1921年联邦选举中的异军突起，以及农业党派在安大略省和阿尔伯塔省的胜利，都证实了这一观点。虽然联邦进步党不是他在1918年的文章中所倡导的新运动，因为它不包括工党，但他继续坚持广泛的"人民"的观点，而不是一个工党的观点。他利用当选为下议院议员的机会，继续为实现这一目标而努力工作，特别是在农民议员中做出的努力。

1920年8月14日的《多伦多之星》描述了米恩（Meighen）接替波登（Borden）就任总理职位时的情况，社论如下：

> 新总理是一个地地道道的保守党人，他已经向所有与他志同道合的人发出了呼吁。他们会响应的。在他的政党的领导下，我们现在将在国内的保守主义和自由主义之间划清界限。
>
> 保守主义的动力是深入推进，坚固守势，抵制变革和改革。真正的自由主义的主导动力是寻求运动中的斗争，奋勇向前，不畏变革，坚定改革。
>
> ……国内出现了新团体。由于国家的政治领导层过于热衷保

守主义，这些新团体被抛弃了，脱离了政治。自由主义的目标应该是吸引这些群体，并组织一场广泛的进步运动，以改善国家和生活在其中的人民的生活。

而在1922年新议会召开时，人们很快就清楚了，自由党对"新团体"的呼吁并不是农民议员们在该届会议及之后会议上听到的唯一呼吁。

若不是因为新"劳工团体"的出现，麦肯齐·金在讨好进步党人方面可能就会更加成功，在这个团体只有两名成员时，就开始向农民发出带有社会主义和激进主义烙印的强烈呼吁，吸引了许多农民。因此，在接下来的三届议会中，不仅在保守党和自由党之间存在斗争，也在自由党和工党之间为争取农民支持而进行斗争。在此过程中，伍德沃斯的社会主义在农业团体的影响下有所缓和，一定程度上也受到了他的同事威廉·欧文的劳动—农业激进主义的影响。

伍德沃斯身为国会议员的职责促使他去做加拿大社会主义运动在以前从未做过的事情：研究加拿大政治环境的特殊性；将社会主义思想具体化，使之与加拿大政治思想的基本问题相联系：民族主义、独立自主、宪法问题、加拿大法语区的问题。如前几章所述，加拿大社会主义运动的另一个主体——共产党人，在这个时候开始做同样的事情，虽然他们是在一种马克思主义分析的框架内研究加拿大的问题，但值得注意的是，他们得出的结论与伍德沃斯的结论有相似之处。

激进的政治经济学

起初，伍德沃斯面对的是政治经济学的问题：加拿大资本主义的性质及其与政府、资本投资（国外和国内）和加拿大社会阶级结构的关系。事实上，他秉承了起源于农民运动的激进社会分析的传统。

农业激进主义者在加拿大广泛传播了诸如亨利·乔治（Henry

George）的《进步与贫穷》（*Progress and Poverty*）等一般性的社会批评著作，除此之外，他们还创作或推广了专门研究加拿大的四本主要著作：爱德华·波里特（Edward Porritt）的《加拿大六十年的保护》（*Sixty Years of Protection in Canada*，1907）、《在加拿大反抗新封建主义的叛乱》（*The Revolt in Canada against the New Feudalism*，1911）、《加拿大属于谁？》（1913年版《粮农指南》），以及古斯塔夫斯·迈尔斯的《加拿大财富史》（1914）。

前三本书集中抨击了被农民称为由"铁路、银行和制造业利益集团"组成的"三大联盟"，这个"联盟"*的"财富和权力在很大程度上归功于议会和立法机关所授予的优惠"。此外，迈尔斯的书历史性地讨论加拿大从法国统治时期开始的资本积累，在许多阐释中都带有马克思主义的印记。

虽然这些书都具有争议性，却包含着对加拿大经济的认真分析；它们的结论均表明，由于加拿大政府和商业利益之间的特殊关系，加拿大已经成为一个高度垄断的社会。《粮农指南》在1913年6月25日公开了它的研究结果，宣布如下：

> 那些相信加拿大是一个真正民主的国家，而她的人民是自由独立的人们，将在阅读本期刊发表的"加拿大属于谁？"一文后有理由重新考虑他们的态度。这篇文章揭示了一个惊人的事实，42人通过他们在这个国家担任主要公司和商业机构的高管和董事职位，控制了这个国家超过三分之一的财富。

文章列出了这些人的名字，详细说明了他们对价值40亿美元的主要金融和工业企业的控制，然后宣布：

> 值得质疑的是，在世界历史上是否曾有过像今天的加拿大这

---

* 在《粮农指南》中经常使用这个术语来描述农民的敌人。

样把财富控制权集中在少数人手中的情况。

这些著作对加拿大资本主义社会的批判是强有力的,但相比之下,提出的建议却似乎是软弱温和的。波里特在第二本书中建议"修订关税",取消"新封建主义"对"渥太华政府"的"控制",从而建立"有效的民主"。

《粮农指南》提出自由贸易、对未改良土地征税、降低运费和利率,以及"直接立法、公民创制权、公民投票权和罢免权",并将这些描述为"可以放在人民手中纠正他们错误的最有力武器……"

马克思主义社会主义者忽视了要针对农民关注的问题进行社会分析,这确实很奇怪;除了对迈尔斯的书有几处参考之外,他们从未运用马克思主义研究过加拿大社会,即便有现成资料提供给他们时,他们也不使用。

但是伍德沃斯做到了这一点。他在1922年5月29日的第一次预算演说中选用了迈尔斯的书,还引用了书中的一整段话(尽管他没有提到这段话的出处)。他以这本书为基础,概述了加拿大资本的历史,这也使他开始抨击政府对铁路建设者、制造商和银行,即旧的"三大联盟"的持续让步。他注意到增加进来的两个新因素。一个是加拿大资本家在战争期间通过暴利而获得的巨大财富,另一个是美国资本加强了对加拿大经济重要部门的渗透和控制。

伍德沃斯在他任议员的首次演说中谈及了美国资本的作用,他是最早指出它的主要特征的人之一,这些特征在今天仍然如此引人关注,但他当时似乎并没有对这个发展或对它预示的趋势感到特别担忧:

> 我认为,我们国家的经济前景与美国的经济前景密不可分。我们可以保持我们自己的政治身份,但在经济上我们必须与我们南面的强大邻国保持最密切的关系。多年前,戈德温·史密斯就指出了这块大陆上的天然分界线是南北走向的。人工分界线则横

贯东西，沿着这些人工分界线，我们建立了我们的贸易边界。这使得自由跨越这些边界变得非常困难。我们必须认识到，尽管我们在经济上与美国有很大的不同——我们是债务国，而他们是债权国，但我们之间的联系是如此密切，除非他们也繁荣起来，否则我们就不能指望繁荣起来。

他认为美国的投资并没有改变加拿大的阶级结构和政治斗争的性质：

> 从我的立场来看——我认为我可以代表这个国家的绝大多数普通民众发声，无论这些财富是由本国的还是由外国的一些大公司持有，并没有太大差别……

他认为，为争取加拿大自治的运动必须反对英国的控制，而不是反对美国的控制。

在伍德沃斯的社会批判中，一个关键因素是他不断强调贫困、失业和剥削劳动力。虽然他认为所有这些都是资本主义制度所特有的，但他也认为议会能够并且应当采取措施来缓解这些状况。

这一时期，他成为下议院公认的劳工组织的发言人。在1922—1925年布雷顿角矿工和悉尼钢铁工人持续斗争期间，他在议会中发挥的作用尤为引人注目和卓有成效，这场斗争的突出之处是调动了联邦军队，逮捕和定罪了大众工会领袖 J. B. 麦克拉克伦。在议会的议事录中，有许多页的文字记录着伍德沃斯关于工人困境的演讲，谴责涉事的贝斯科公司，为争取释放麦克拉克伦进行的斗争。麦克拉克伦是共产党员，获释后，给"伍德沃斯同志"写信感谢他的作用：

> 我给您写信的主要目的是感谢您在我入狱期间为我所做的一切，感谢您在所有会议上的讲话，感谢您让全国各地的工人代表我向劳工部递交请愿书和决议。

伍德沃斯支持农民修订关税的要求，主张修改《银行法》（*the Bank Act*）以限制信贷和取消特许银行的货币职能。他支持西部各省对未使用土地征税权利的要求，以收回它们自然资源的所有权，并对加拿大太平洋铁路公司（CPR）和哈德逊湾公司在这些省份持有的矿产租赁施行征税。

这些问题对伍德沃斯来说都是新问题，由于他在议会中与农民运动有联系，这些问题就强加在他面前，因为对农民而言，这些问题才是主要问题。在1923年关于修改《银行法》的辩论中，伍德沃斯向工人们解释了为什么这些问题也应该是他们关心的：

> 劳工们对这个问题没有自觉和明确的兴趣，他们通常采取的态度是，将所有这些问题都归于资本家，所有这些问题都是他们渴望看到的在现行制度中被取代的部分。然而，我强烈要求大家，当我们触及金融系统时，我们就触及了我们现行制度的每一个神经中枢。我们更加了解它的运行方式……显然，我们不能指望通过众议院获得多少支持。我们最多能做到的就是抗议。我要说的是，如我在其他地方说过的那样，要么我们作为一个民族必须拥有并以民主方式控制这些大型金融机构，要么它们将完全占有并控制我们。

通过讨论农民关心的问题并对其有了充分见解，伍德沃斯逐渐成为议会进步党中更激进一派的发言人，这为最终的分裂埋下了隐患，当时大多数进步党人回到了自由党的阵营，其余的人则与劳工代表一起组成了"姜派集团"。彼时，伍德沃斯明确地被视为下议院所有激进派的领袖，而不仅仅是劳工的领袖。

伍德沃斯确实与最初的二人劳工组织的另一位成员威廉·欧文有分歧，欧文成为马霍尔·道格拉斯的社会信用理论在加拿大的主要倡导者，并在他作为议员的首个任期内将这些理论作为核心主题。但在这些理论上，伍德沃斯从未公开与欧文划清关系，除了可能在自己的演讲和著作中不涉及这些理论。

欧文是那个时期左翼阵营中具有重要意义的人物。他在思想上和组织上把农民运动和工人之间的联系具体化了。他在1920年出版的书《政治中的农民》是对加拿大激进社会批评文献的重要补充。该书延续了上文提到的先前出版物的主要议题，又增加了战争中的政治和经济发展情况：

> 联盟政府（the Union Government）上台后，议会实际上被废除了，取而代之的是枢密令。这是有史以来最恶名昭著、最龌龊无耻的阶级立法。独裁专制统治在渥太华扎根——现在仍在那里大行其道。审查制度的铁蹄踩在每个抗议者的脖子上。反对富豪阶级统治的印刷品被禁止，宗教法庭最恶劣的特征被复活并带到了加拿大，为最可耻的阶级暴政服务。

欧文讨论了战争暴利和由此引发的国家债务，这是20年代持续出现的问题：

> 工人阶级包括农民的当前生活远远低于1914年的水平；国家不得不承担以战争为借口而恣意欠下的巨额债务；奸商们牟取的暴利金额近似于膨胀起来的国家债务总额……

他再次指责说，是一小撮人控制着加拿大的经济和政治生活：

> ……大致地说，加拿大约有百分之五的人口通过机构制定了其他百分之九十五的人口必须遵守的法律。对自然资源的开发和对劳动力的剥削，造就了二十三位金钱大亨，他们控制着加拿大商业生活的整个动脉系统。这些商业大亨和工业巨头是各政党的指挥官。他们决定政策，制定法律，两种行为完全是为了产权和商业的利益。

但他这本书的主要目的是声援"团体政府",他指的是废除政党制度,创建一种由经济团体为代表的制度:"农民、工人、制造商和所有其它团体",将被强制"合作建立一个幸福的联邦"。他批评了"工联主义、布尔什维克主义、马克思主义",但称赞了"基尔特社会主义"*,称之为"团体制度"。他不接受马克思的"社会两个阶级理论",他说这一理论没有涵盖社会中所有不同的分类,例如"有病的人和健康的人、聪明的人和愚蠢的人以及其他人"之间的划分。

欧文在第一个任期内以自诩为劳工团体的身份参与下议院的工作("我想说明,温尼伯中心区令人尊敬的议员[伍德沃斯先生]是劳工团体的领袖——我就属于这个团体"),这与他的"领导"身份不太吻合。他的一贯主题是"团体政府"和"社会信用",但这些术语很明显并没有出现在伍德沃斯的发言中。一位对欧文进行研究的观察者提出以下建议:

> 欧文是否在这一时期完全丧失了社会主义信仰不得而知,但他在这一时期的演讲和著作中没有提及社会主义,表明他在这几年时间里对社会主义并不感兴趣。①

这个建议是错误的。欧文在1921年进入议会时还没有接受社会主义。正是由于他与伍德沃斯在议会中的密切联系,尤其是在他1926年**开始的第二个任期内,特别是在大萧条冲击下,他才采用了社会主义。但到那时,对欧文影响很大的阿尔伯塔省农民们重新激起了一些"对资本的怨恨情绪",这是他在《政治中的农民》中认为已经消失的情绪。欧文还在坚持他的社会信用的思想,这大概是受到了

---

* 译者注:基尔特社会主义,也称为行业社会主义。

① J. E. Hart, *William Irvine and Radical Politics In Canada*, unpublished Ph. D. Thesis, University of Guelph, 1972, p. 96.

** 他在1925年落选,1926年再次当选。

阿尔伯塔省农民的影响,并成功地把该思想的描述嵌入《里贾纳宣言》(Regina Manifesto)中。

如上所述,伍德沃斯是1921年成立的曼尼托巴省独立工党众议院的代表。他还与不列颠哥伦比亚省联邦工党有联系,并在1918年帮助成立了该党。1926年1月,他出席了不列颠哥伦比亚省独立工党(the British Columbia Independent Labor Party)的成立仪式。不列颠哥伦比亚省独立工党的"纲领和宣言"与联邦工党的相同。这是一份以马克思主义为导向的文件,与加拿大社会主义党和社会民主党的纲领极为相似。它反映了不列颠哥伦比亚省社会主义的激进传统,与《曼尼托巴独立工党宣言》(the Manifesto of the Independent Labor Party of Manitoba)有很大不同。这份文件主要对基本目标进行纲领性和理论性陈述,探讨了资本主义社会固有的弊病,"只有通过改变我们的经济制度才能消除这些弊病。出于这个原因,我们没有列出任何冗长的近期目标清单"。此外,《曼尼托巴宣言》以两个简短的段落开头,非常笼统地指出,它"着眼于彻底改变我们目前的经济和社会制度",随后提出14个详细的近期目标。这里没有提到社会主义,而是用"合作联盟"一词代替。与两年前伍德沃斯在《西部劳工新闻》上发表的文章相比,一系列近期目标的措辞要温和得多。"公共事业的公有制和民主化运作;尽快实现必要的大规模产业",以及"银行系统的国有化"取代了伍德沃斯提出将其"社会化"的一长串经济部门。伍德沃斯当时提出的"银行和保险机构的社会化"的要求现在被改为"*银行系统的国有化*"。在这里,该纲领再次体现出了组成曼尼托巴独立工党各部门的人员和团体。弗雷德·迪克逊(Fred Dixon)是"单一税支持者",而不是社会主义者,他是独立工党的主要创始人之一,将他自己的自治领工党(the Dominion Labor Party)并入了这个新组织,毫无疑问,他的观点在制定该党的纲领方面发挥了重要作用。

必须指出的是,尽管伍德沃斯越来越成为所有这些不同趋势的思想家,但他无法实现思想的统一,更不用说策略的统一,他也没有尝试过。1918年10月11日，在《西部劳工新闻》的一篇文章中，他明确表示了自己的立场，宣称"人们在理论上可能存在很大差异，但可以团结起来对抗共同的敌人"。

然而，对于什么是或谁是"共同的敌人"的看法在很大程度上是由"理论"决定的，这反映在组成平民合作联盟的群体中。有些人认为敌人是资本主义制度，有些人认为敌人是金融制度和土地制度，还有一些人认为敌人是垄断部门的罪恶，但不是资本主义本身。在1933年2月1日和2日*的下议院发言中，这些不同观点在自建的平民合作联盟小组已经很明显了，当时众议院对伍德沃斯的决议进行讨论，呼吁立即"建立一个合作联盟"，以解决"当前的经济萧条"。

两位农业代表艾格尼丝·麦克菲尔（Agnes Macphail）和G. G. 库特（G. G. Coote）集中抨击了银行和金融系统。他们都提出，缓解大萧条所需的主要措施是政府从私人银行手中接管信贷和货币发行的控制权，并注入"新资金为新财富融资"。安格斯·麦克林尼斯（Angus MacInnis）做了一场关于马克思主义经济学的讲座，批评他的农业同事把整个资本主义体系的失败归咎到银行身上。威廉·欧文强调"加拿大的信贷系统占全国可分配资金的96%，有必要将加拿大的信贷系统社会化"，同时，他宣布加拿大的下一场斗争将在"资本主义和社会主义"之间展开。

但这一差异在当时大萧条最为严重的时期就处于次要地位了。大萧条实际上成为了"共同的敌人"，使得"理论上分歧很大"的团体可以在同一旗帜下"团结作战"。这反映在《里贾纳宣言》中，该宣言结合了一项折衷的长期纲领性宣言和一项"紧急计划"，以应对"失业及其造成的普遍痛苦"。

---

* 这段时间介于1932年8月在卡尔加里正式成立CCF和1933年7月在里贾纳召开首届大会（通过了宪法和纲领）之间。8名众议院议员（4名来自独立工党，4名来自农业团体）在下议院组成了CCF核心小组。

第六章　加拿大社会民主的根基和来源

《里贾纳宣言》

将《里贾纳宣言》(the Regina Manifesto) 与它之前的各种社会主义纲领相比较，可以看出在概念、术语和阶级取向方面发生了相当大的变化。《宣言》在处理加拿大问题的方式上也表现出更为具体的一面，这无疑是新运动在建立之初就继承了十年议会经验的遗产，对社会改革也更为重视的体现。

《里贾纳宣言》是"农民、劳工和社会主义组织的联盟"的纲领，而之前所有的社会主义政党都宣称自己是工人阶级。

《里贾纳宣言》反映了农业和劳工团体之间的联盟，对农业需求给予了大量关注，并承认了农业在加拿大社会中的地位。此前没有任何一个社会主义政党的纲领对农业需求或农业作用给予过关注。除了1902年安大略省社会主义联盟（OSL）在纲领中呼吁建立"国家货币和政府银行系统"（两年后 OSL 与加拿大社会主义党合并时被撤销）外，直到《里贾纳宣言》才进一步提及金融社会化。《宣言》特别强调这一点，因为这在当时已经成为加拿大农民的主要需求。

《里贾纳宣言》不仅拒绝将暴力作为社会变革的手段，还表示平民合作联盟寻求"用宪法方式实现其目的"。除了工人党明确选择"［通过］建立工人阶级专政……获得政治权力"之外，社会主义政党和工党在如何实现"新的社会秩序"的问题上含混不清。平民合作联盟是第一个明确指出这条道路必须"完全……符合宪法"的组织。声明要坚持用宪法手段来实现社会主义目的，就明确定义了一个社会民主运动和纲领，而且手段比目的更重要。

社会主义政党，甚至一些独立工党的纲领都把眼前的要求作为次要问题来处理。社会民主党"将支持任何有助于改善资本主义条件的措施"，但只是"作为一种手段，使工人阶级为合作联盟的成立做好思想准备"。"作为一个社会主义政党，联邦工党认为工人阶级所面临的困难只有通过改变我们的经济制度才能消除。由于这个原因，我们不列出任何冗长的近期目标清单。"工人党看到了"为工人的迫切需要而进行的斗争"……"废除资本主义的一股力量",因此支持为此目的提出的迫切要求,但却并没有将其列出。

然而,在《里贾纳宣言》中,平民合作联盟较为详细地列出了十四项亟待进行的改革,将其描述为"对我们的经济和政治机构进行了意义深远的重建"。的确,最后一段提到"消灭资本主义",意味着这十四项纲领并不等于消灭资本主义。但它将争取迫切要求的斗争置于首要地位而不是次要地位,并倾向于以这种方式解决社会主义团体对迫切需求地位的矛盾心理。因此,大约二十年后,这个结论性段落本身就可以被"根除",而不会对平民合作联盟的主要特征和它在那些年的实践造成伤害。

在成立大会上,许多社会主义者努力使平民合作联盟的纲领形式和基调与他们认为的马克思主义原则保持一致。最终,尽管做出一些让步,《里贾纳宣言》还是被采纳了。几年内,即便有些人仍有保留意见,大多数非共产主义的社会主义团体和个人都在《里贾纳宣言》的基础上被纳入了平民合作联盟。* 这一过程的高潮结束了加拿大社会主义运动中自俄国革命以来不断发展的分裂情况。平民合作联盟中的所有社会主义者,无论他们是否同意《里贾纳宣言》,或是否有保留意见,都致力于一个在当时已明确确立了改革主义性质的组织。

但这并不意味着马克思主义在平民合作联盟中不再发挥作用。这一点在1934年萨斯喀彻温省平民合作联盟研究局(the Saskatchewan CCF Research Bureau)的一项研究中有着重论述,该研究的题目与农民们在其1913年的研究中使用的题目"加拿大属于谁?"相同。序言承认其马克思主义性质,但却含糊其辞:

> 尽管有人费尽周折地写了论文试图证明六十八年前伦敦所写

---

* 有一个典型例子,1933年5月11日,安格斯·麦克林尼斯议员给罗伯特·斯金纳写了一封信:"现在,关于平民合作联盟插手社会主义党的事,我并不是特别担心。我们需要的是一个革命的政党。名字并不重要。如你所说,我们必须控制平民合作联盟。"

第六章 加拿大社会民主的根基和来源

的有关资本主义经济体系及其趋势的经典解释已经过时且全部错误,但是20世纪的前34年的发展仅仅积累了大量的事实,验证了该解释并点明了其中所述陈述的细节。*

这本著作的第一页就说明了中心主题:

> 100家大公司主宰着加拿大工业！50位加拿大"大人物"掌握着这些大公司以及更多大公司的命运,通过这些公司,他们不仅控制着1000万加拿大人的生活和命运,还控制着数百万加拿大巴西裔人、墨西哥裔人、西班牙裔人和法裔人的生活和命运。

在最初的1913年的农民名单上,列着其中一些人或是他们的后代。这些人掌控的公司大体上没有发生变化,只是他们的资产大幅增加了。《加拿大属于谁?》就比它之前的论述更详细,更具分析性。(没有提到原书!)在评论加拿大公司结构的集中化程度时,有一个核心结论证实了原书的观点:

> 美国的公司可能比加拿大的公司数量更多、规模更大,但在控制权集中方面,加拿大远远领先于这个强大的邻国。

该书在结尾时对那些认为可以通过"计划经济",通过回归"纯粹"资本主义,或者通过社会信贷,来"调节和缓和资本主义"的人进行了有力的反驳:

> 只要生产、分配和交换资料的私人垄断所有权存在,任何政

---

* 这段引文令人想起1880年代出版的亨利·迈尔斯·海恩德曼的《英国是全体英国人民的英国》,书中使用了马克思的许多思想,作者在序言中"承认"自己"借鉴了一位伟大作家和原创思想家的作品"。这激怒了马克思,使他与海恩德曼的关系恶化。(Marx-Engels Correspondence, p.397)

◈ 加拿大左翼：批评性分析

府，无论是自由党、保守党还是工党，都无法控制它，但是目前无论"五十个大人物"是谁，他们都将控制政府。

这本小册子出版后不久，社会重建联盟研究委员会出版了一个更为详尽细致的加拿大社会研究报告：《加拿大的社会规划》（*Social Planning for Canada*, 1935），该报告是七位学者经过三年研究和讨论而作出的结果，他们是 30 年代第一批公开参与平民合作联盟的著名学者。根据当时对社会重建联盟的评论，这项工作

> 是对加拿大社会主义作出的最系统、最重要的论述；现在可能也同样如此。①

伍德沃斯在前言中解释了该书的重要意义。这是对此前加拿大社会主义文献的一种突破，以前的社会主义文献"一直很稀缺"，"太抽象"，或过多地涉及苏联、英国、维也纳、斯堪的纳维亚，而"这些国家的情况与加拿大现有的情况大不相同"。

这本书的作者借鉴了许多理论依据来支撑他们对加拿大经济的分析。在有关马克思主义左派的论述方面，他们承认对列宁、恩格斯、斯特拉奇和帕尔梅·杜特是有亏欠的，但奇怪的是，他们并没有提到马克思。很明显，书中的大部分内容基于马克思主义经济学，甚至按照霍恩的说法，"马克思主义进入了社会重建联盟对社会的分析……通过不同程度上受到马克思主义影响的英国或美国作者们撰写的书籍，间接地或以被稀释的形式参与其中"。②

在此之前，这本书的许多加拿大材料都强调了激进社会批评的一个持续主题："在资本主义国家中，很少有国家政府在经济运行中发挥更大作用。"

---

① M. S. D. Horn, *The League for Social Reconstruction: Socialism and Nationalism in Canada*, 1931 – 1945, unpublished Ph. D. Thesis, University of Toronto, 1969, p. 72.
② Horn, *The League for Social Reconstruction*, p. 267.

第六章 加拿大社会民主的根基和来源

加拿大历届联邦政府和省级政府给予工业和金融业的"援助与服务",产生了由"大企业"的"掠夺性活动"建立起来的以垄断控制为主导的经济。大企业能够通过巧妙利用"省权原则"来规避社会福利措施,以省对抗联邦当局,反之亦然。为了改造社会,平民合作联盟必须修改宪法,以确保中央政府拥有更大的权力,同时保留"少数民族的文化和种族权利"。

根据此书的内容,政府和企业之间的密切关系,反映在加拿大的国家性质以及体现这种关系的宪法和司法特征上:

> 国家站在既得利益阶级的一边,坚持认为秩序比正义具有更高的社会价值。

该书以一定的篇幅讨论了激进文献中一个相对较新的主题,即外国(主要是美国)投资的大规模增长,及其在加拿大经济某些关键部门的主导地位:

> 外国人控制这个或那个特定行业不会给任何人带来麻烦,只会让那些热诚的爱国者感到烦恼,他们不顾所有证据,坚持认为加拿大资本家不同于外国人,一个是慈善家,另一个是强盗和骗子……

> ……然而,从社会主义的观点来看,加拿大的大量外国投资最严重的缺点是,即使我们将工业社会主义化了,也很难摆脱每年向外国投资者纳税。

> ……即使是社会主义的加拿大也可能不得不给外国投资者以优惠待遇。

虽然书中对资本主义制度及其特有矛盾作出很多尖锐的批评,但是对于是要"根除"整个资本主义制度,或是只去除它的一些特征,

也是颇为矛盾。例如,作者在其中一处写道:

> 正如我们所看到的,其中一些问题是自然产生的。但大多数都是私营企业未经计划、随意扩张的后遗症:繁荣时期的浪费和剥削,萧条时期的债务和混乱。

> 如果资本主义是在无计划的情况下将我们带到了这个地步,那么明智的做法就是制定一个计划。

但是,这部书的重要性并不在于它预测了通往社会主义加拿大的道路(在《里贾纳宣言》中有详细阐述),而在于它对加拿大政治经济的详细分析:涉及了阶级结构、历史发展和加拿大国家的性质。它和宣传册《加拿大属于谁?》为加拿大左翼提供了具体的、最新的政治经济学内容。共产党仍然沉浸在抽象的马克思主义中,没有自己的政治经济学。当共产党在向罗韦尔—西罗伊斯委员会提交的简报(1938年)中开始在这方面做出改变时,它并没有在加拿大共产党所做的事情上进行改进。事实上,在共产党的简报中,有很多内容显然是来自于平民合作联盟和社会重建联盟的政治经济学。

《加拿大的社会规划》的出版引起对加拿大历史进行更为详尽的马克思主义解读,F. H. 安德希尔 1935 年向加拿大政治科学协会(the Canadian Political Science Association)提交的一篇论文中确定了此书的基调。安德希尔在书中抨击了"现代资产阶级自由主义思想的倾向……把注意力集中在社会组织的政治形式上,而不是其背后的经济力量上……"[①] 这使得加拿大自由主义思想家将目前的危机视为"联邦主义的危机",而不是"资本主义的危机"。安德希尔论文阐述的核心内容如下:

---

① Frank H. Underhill, "The Conception of A National Interest", *In Search of Canadian Liberalism* (Toronto, 1975).

第六章　加拿大社会民主的根基和来源

"联邦之父"们的主要工作是把分散在北美的英国领地统一起来，使加拿大的资本主义能够在这些地方得以扩张，力量得以巩固，为蒙特利尔和多伦多的资本家提供一个可以实现他们的梦想和野心的半个大陆。蒙特利尔的铁路和银行巨头们是促使联邦形成的动力，他们梦想着征服新的领域。

……难以避免的是，在这一时期，应该以工业—金融团体的利益来解读国家利益，而这个团体正在稳步地占据经济主导地位……利益的冲突伴随着思想的冲突；自联邦成立以来的两代人不仅在工业和金融资本主义上取得了胜利，而且将其意识形态强加于我们整个社会……

几年后，一位历史学家援引安德希尔的话说，"他从未读过马克思"，[1] 而另一位历史学家则说，"除了《共产党宣言》，他从来没有读过任何马克思的著作"。[2] 霍恩声称，安德希尔对经济的解释主要来自查尔斯·A. 比尔德（Charles A. Beard），比尔德确实使用了马克思主义对历史的解释，并且在安德希尔的论文"国家利益的概念"中也提到了比尔德。

然而，无论是直接地还是间接地，安德希尔和他在社会重建联盟的同事们确实把马克思主义的解释运用到了加拿大的历史和经济问题上。后来，其他人的马克思主义著作对这些主题进行了阐述，但在基本的解释框架上并无不同。

克莱顿写过关于这一时期的文章，承认马克思主义对加拿大历史学的影响，但言辞犀利讥讽：

---

[1] Walter Young, *The Anatomy of A Party*, p. 54.
[2] Horn, *The League for Social Reconstruction*, p. 267.

◈ 加拿大左翼：批评性分析

流行用马克思主义经济学来解释历史是20世纪30年代和40年代早期最受关注的特征之一。[这是由于……]……大萧条和它造成的经济和社会困境，以及由此引发的政治抗议运动。当然，大多数专业经济学家——尤其是英尼斯，拒绝接受简化版的马克思主义历史决定论，这种观点在那场运动的环境中如此普遍，但这些胆怯的学术顾虑并没有阻止那些党派历史学家、党派经济学家和党派科学家，他们组成了一个极其自信的团体，即社会重建联盟，他们在当时被尊称为平民合作联盟的"智囊团"。①

因此，虽然《里贾纳宣言》实际上拒绝将马克思主义作为政治行动的指南，但它并没有拒绝将其作为对资本主义社会的批判。事实上，参与运动并帮助撰写《宣言》的学者们，把马克思主义视为分析加拿大国情的工具之一，从而提高了马克思主义的地位。正如克莱顿所指出的，由于经济危机的严重程度，马克思主义在那个时期变得更加流行，社会重建联盟的出现在一定程度上也是因为受到这种情况的影响。

马克思主义从未被立法而排除在平民合作联盟之外，它只是被吸收了。在不列颠哥伦比亚省尤其如此，那里的加拿大社会主义党和独立工党都是马克思主义的，他们是组成平民合作联盟不列颠哥伦比亚省分部的最初团体。瓦利斯·W. 勒弗（Wallis W. Lefeaux）成为不列颠哥伦比亚省平民合作联盟的首任主席，也是一位出色的马克思主义者，多年来一直在平民合作联盟的支持下举办关于马克思主义政治经济学的普及讲座。1941年，他当选为不列颠哥伦比亚省立法机构委员，成为平民合作联盟立法小组的财政评论员。他的许多关于预算的演讲就像是关于马克思主义经济学的论述。安格斯·麦克林尼斯从不列颠哥伦比亚省的社会主义运动中脱颖而出，在平民合作联盟成立后

---

① Donald Creighton, *Towards the Discovery of Canada*, pp. 36-37.

的多年里，自认为是"真正的马克思主义社会主义者"。

《里贾纳宣言》的折中性反映出不同团体的观点和联合在它周围的趋势。在平民合作联盟成立大会上出现的分歧再次浮出水面，也不足为奇，事实上，在随后的许多场合中，这些分歧确实出现在党的生活中。具有讽刺意味的是，大多数分歧是由左派挑起的，尽管左派一开始对《里贾纳宣言》持有较多保留意见，但他们发现自己在捍卫这个宣言，抵制来自右翼的攻击。温和派对《宣言》的第一段和最后一段从未满意，认为这是对"教条主义者"、社会主义者，尤其是对不列颠哥伦比亚省的社会主义者的让步。1956年，当《温尼伯宣言》取代了《里贾纳宣言》，删除了冒犯性的段落时，对"宣言"的攻击达到了顶峰。

伍德沃斯倾向站在中间位置，经常受到来自两个极端的批评。例如，1934年，为了与共产党人合作，他下令暂停平民合作联盟的安大略省委员会的工作，而受到谴责。在其他一些人眼里，他是受质疑的，尤其是那些希望与工会运动建立更密切关系的人，他们觉得伍德沃斯本人太教条，甚至太激进，无法让工会领导人满意。

根据伍德沃斯儿子为他写的传记，议员 A. A. 希普斯显然就是质疑伍德沃斯的人之一：

> 两人之间的主要政治分歧是，在伍德沃斯看来，每个资本家都被怀疑是邪恶的劳工剥削者。他似乎没有意识到，一个人虽出身富裕，但仍然拥有对人类弊病的敏感性和问题意识。希普斯则能够真诚地与贝内特交朋友并尊重他，而伍德沃斯无法理智地做到这一点。①

但是平民合作联盟内部的许多辩论是小范围的。由于《里贾纳宣言》的发表、其议会代表的工作、领导人的公开声明、发布的文献及

---

① Leo Heaps, *The Rebel in the House* (London, 1970), p. 118.

其在大萧条期间的活动,平民合作联盟创立了一个持久的公众形象。它进入并占据了加拿大意识形态光谱的左翼阵营,被视为加拿大社会主义思想的典型体现,从那时起,加拿大社会主义就与公有制和大范围的国有化联系起来。平民合作联盟积极分子之间经常就共产党应该走多远、走多快进行深入细致的交流,但其形象从未受到实质性的影响。

平民合作联盟建立在激进的社会批判基础上,得益于两个主要政党的行动和意识形态表现。贝内特和他的"无情的铁蹄"恢复了在20世纪20年代似乎已经衰落的托利主义。当他试图从保守主义转向自由主义,甚至是激进的改良主义时,他竟然缺乏公信力。就连他自己的政党也是既不相信又不支持这种转变。然而,麦肯齐·金在1919年拥护自由改良主义,但由于各种原因未能采取行动对抗大萧条的影响和状况。其结果是,平民合作联盟在加拿大被认为是在立法机构中反对大萧条和反对体制本身的主要斗士,这不同于美国的社会主义政党,罗斯福新政成为激进主义的体现,进而削弱了美国社会主义者已经获得或可能获得的支持。

加拿大自治和《英属北美法案》

伍德沃斯是加拿大的民族主义者,尽管直到他当选为下议院议员之后,他的政治思想才得到强烈的体现。正是这一时期,随着战争的结束,加拿大与英国的关系问题以一种新的方式凸显出来。曾经在加拿大法语地区是主流的东西,现在在加拿大英语地区也变得重要起来。麦肯齐·金带头提出了加拿大与英国关系的新定义,使加拿大在主要方面实现了自治。伍德沃斯支持这一提议,并提出了修订《英属北美法案》的建议。最初只是要把修改法案的权力从英国政府手中移交给加拿大联邦政府,后来又赋予联邦政府在劳工和社会事务方面的立法权力。他还经常推动废除参议院的要求。

伍德沃斯年复一年地扩充和发展自己的观点,他在陈述这些论点时引用了J. S. 尤尔特、J. W. 达福和克利福德·西夫顿的著作，其中J. S. 尤尔特长期倡导加拿大独立，J. W. 达福则主张在英联邦内自治，尽管伍德沃斯说他对西夫顿其他的一些政策"不太欣赏"。

伍德沃斯的民族主义与立宪主义者的民族主义并不一致。他的民族主义首先源于他的社会主义信念，即反帝国主义和反资本主义。他的反帝国主义的主要理论来源是英国经济学家J. A. 霍布森，霍布森1902年出版的著作《帝国主义论》（*Imperialism*）影响了包括列宁在内的整整一代经济学家和政治理论家。1923年2月2日，伍德沃斯在下议院的一次演讲中引用了霍布森对帝国主义的定义：

> 帝国主义是工业控制者竭力拓宽剩余财富流动渠道，通过寻求国外市场和外国投资，以带走他们在国内无法出售的商品和资本……毫不夸张地说，英国的现代外交政策主要是每年在更大程度上争夺有利可图的投资市场。英国正在成为一个依靠海外贡品生活的国家，享受进贡的阶级越来越受到激励，利用公共政策、公共财政和公共力量来扩大他们私人投资的领域。

伍德沃斯向霍布森了解到，帝国主义不可避免地会导致战争。由于英国是主要的帝国主义大国，所以涉及英国的战争同样不可避免。因此，加拿大必须宣布脱离英国的外交政策和未来的军事纠葛。如果没有这种自由，加拿大要么会自动卷入战争，要么会被"欺骗"着加入战争。

> 我坦率地说，关于上次战争的真正起因，这个国家和其他国家一样都被"欺骗"了，……我们在战争的原因上被欺骗了，……战争期间，我们在盟国的真正目标上也被欺骗了……

在1925年的一场关于加拿大军事训练投票供应的辩论中，他再次抨击了英帝国主义：

◈ 加拿大左翼：批评性分析

> 我们除了做好军事准备，还有我所称的心理准备。我们保持提升自我的态度。我们有自己的歌曲《不列颠统治海洋》(Britannia Rules the Waves)——我完全不确定这首歌是否比《德意志至高无上》(Germany Over All) 更受欢迎——它们都展示了同样的精神，同样的统治欲望，当然，作为一个英国人，我想我自然愿意认为英国是主宰。脱胎换骨很难。但同时，我要对他们双方说：这是一种永远不会见证和平的意志……

他将帝国主义与种族主义联系起来，并拒绝了国防部长的插话，国防部长指责伍德沃斯"将英国国歌与德国国歌相比较，几乎是在表达不忠诚的言论……"伍德沃斯重申了他的立场，并挑衅地让部长采取任何想采取的措施对付他。

1926年4月《加拿大论坛》有一篇文章发表了令人深省的见解，展现伍德沃斯对这些问题的思考。他为该杂志发起的一系列寻求新政治运动广泛共识的文章做出了贡献。伍德沃斯在回复中说，他无法"找到比附上《独立工党宣言》更好的方法"。但是，伍德沃斯附上的版本包含十五个要点，而1921年和1925年的版本只有十四个要点。在伍德沃斯文章中以第十四点出现的额外一点是"反对资本主义帝国主义的一切侵犯"。[①]

这篇文章发表几个月后，伍德沃斯出版了名为《追随光辉》(Following the Gleam) 的小册子，其中附上了《独立工党宣言》，但也只有原先的十四个要点。对于这个差异，我还没找到任何解释，但这一附加观点很可能是伍德沃斯自己提出的，而不是他当时在议会中所代表的政党的观点。

1927年，他再次引用被他称为"公认权威"的霍布森的话来支

---

① J. S. Woodsworth. M. P., "Grandsons of Confederation", *The Canadian Forum*, April 1926, p. 207.

持他关于加拿大自治的论点。他引用霍布森的话说:"帝国主义对国民生活来说是一种腐化的选择,受到寻求自我利益的激发,要求数量上的占有欲和强有力的统治。"他指出,居住在国外的加拿大人被视为英国势力范围内的英国臣民,并卷入英国在那里的冲突,这是很危险的,"那样的话,全国各地都会发出强烈的抗议,要求我们必须拯救加拿大人的生命"。

伍德沃斯实际上是在继续他的立场,这种立场在战争爆发前就得到了农业运动的大力支持,而且以另一种形式在社会主义运动和劳工运动中也得到了表达。

安大略省的农民杂志《太阳周刊》(Weekly Sun)和第一次世界大战前的《粮农指南》刊登了许多反对帝国主义本质的强有力文章。《太阳报》《太阳周刊》的编辑 W. L. 史密斯(W. L. Smith)是热衷的反帝国主义者,他在1909年说:"在备战时表现出来的侵略精神在英国和德国一样强烈……"他预见到,"加拿大必定会因为帝国主义战争、自治权的丧失、我们各种因素产生的分歧,以及军事开支所造成的沉重负担而蒙受损失……"

同年,安大略省农民联合会后来的主席 W. C. 古德(W. C. Good)在给劳里埃的一封信中表达了他所认为的前辈们的观点:

> 我只希望尽可能强烈地向您表示,鉴于农民对海军计划有强烈的反对情绪,而且这个问题从来没有在选民面前提出过,因此应该推迟采取明确的行动,直到人民对此事发表意见……

1913年2月19日,时任加拿大农业委员会(the Canadian Council of Agriculture)副主席的 E. C. 德鲁里(E. C. Drury)为《农民杂志》(Farmers' Magazine)撰写了一篇题为"加拿大与帝国"的有力文章,后在《粮农指南》上转载,他就海军计划写道:

> 对加拿大而言,这是一个新事物。在加拿大历史上,从未有

暗示过她有任何义务，不管是在道义上的还是在其他方面，以任何方式协助维持帝国的武装力量，或者更确切地说是大英帝国的武装力量，因为根本就不存在这样的帝国军队……

一旦我们参与了帝国的海上防御，我们似乎就承诺了支持英国的所有战争——这是一种虚拟，因为我们可能在维护和平与发起战争中没有真正的发言权——或者冒着切断我们之间联系的风险而收回我们的支持。

在《粮农指南》1914 年 2 月 3 日的那一期，公布了它进行的一项公民投票的正式结果，其中的第 11 个问题如下：

您是否认为，加拿大应该将精力和数百万资金（如有必要）投向建立全球和平、裁军以及通过仲裁解决国际争端，而不是在海军武器装备（无论是英国的还是加拿大的）上投入数百万？

投票结果是 6055 人赞成，493 人反对，255 人弃权。一个月后，《粮农指南》连续三期以《加拿大王国》（The Kingdom of Canada）为题刊登了 J. S. 尤尔特的文章概要。

《粮农指南》在 1914 年 8 月 5 日这一期的封面上刊登了一则消息，显然是在加拿大卷入战争之前就印刷出来的：

战争的恶魔

战争恶魔在欧洲横行，成千上万的人在屠杀他们的同胞。那些下令发动战争的人将舒适地居住在远离危险区的地方，但他们的家园将变成废墟，庄稼将被摧毁，儿童将成为孤儿，父亲和儿子将被杀害和致残，留下妻子和母亲将独自哀悼死者和抚养他们的家庭。难道加拿大要盲目地、毫无必要地被迫卷入这场可怕的斗争吗？

第六章 加拿大社会民主的根基和来源

显然，这个问题的答案在下一期之前就已经得出了，因为在那一期的封面上印着完全相反的信息。现在已变成"英国的理想必胜……英国的文明和英国的男子气概正在接受审判……为了自卫，我们必须在英国人到处参加的斗争中尽最大努力"。人们很难解释如此急剧而突然的转变，但也有几种有争议的解释：对英国的感伤之情，以及笼罩全国的第一波爱国主义热情。后来，农民出于其它考虑而支持战争，根据 W. L. 莫尔顿（W. L. Morton）的说法，最主要的原因是战争给农民带来的繁荣（至少在第一阶段是这样的）：

> 这场战争也使加拿大经济走出了始于 1913 年并在 1914 年变得更加严重的衰退。到 1915 年，一场战争热潮正在进行，这也是一场小麦热潮和一场与 1896—1911 年相同的土地热潮。①

但是，激进农业运动对与英国的联系和加拿大自治的态度只是暂时搁置。由于战争暴利和贪污（农民报刊经常报道）、通货膨胀和征兵农民子弟的原因，反战政策又开始抬头。早期的反帝国主义和反军国主义主题在战后重新出现，并成为伍德沃斯在下议院辩论加拿大自治的争辩武器。

加拿大社会主义者毫不犹豫地反对战争，态度坚定、反应迅速。他们认为战争是帝国主义的产物，是对工人阶级的威胁。他们越来越成为行业和劳工大会以及地方工会强烈反对战时政府和"大企业"政策的主要来源。特别是社会主义者领导了加拿大行业和劳工大会以及加拿大英语区的反征兵运动。② 这场战争及其在加拿大造成的所有政治和社会后果，对劳工运动激进化以及加深人们对帝国主义是资本主义强加给工人阶级的一系列特殊的不公正的认知方面，发挥了决定性作用。

---

① W. L. Morton, *The Progressive Party In Canada*, p. 40.
② See Martin Robin, *Radical Politics and Canadian Labour*, pp. 119 – 177.

伍德沃斯曾与劳工和农业团体的反战情绪联系在一起。他最初以和平主义者的身份去践行。1916年，他因反对信息登记而被撤销了社会研究局（the Bureau of Social Research）局长的职务，在给"自由出版社"的一封信中，他概述了反对的原因：

> 这次信息登记不仅仅是人口普查。它似乎是朝着一种征兵措施的方向发展。由于我们中的一些人不会自觉地服兵役，我们必然会抵制那些——如果战争继续下去，将不可避免地导致强迫服兵役的措施。

1918年，在他辞去国防部的职务时，他提出了反对战争的新理由：

> 战争已经持续了四年的时间。早在1906年，我就开始意识到战争的恐怖、无益和邪恶。当有人提议让加拿大协助大英帝国的海军防御时，我曾发言和撰文反对这种政策。自从战争突然爆发以来，我们几乎没有机会抗议在军事需要和战争激情的压力下对我们自由的削减。
>
> 根据我对经济学和社会学的理解，战争是现有社会组织及其不民主政府形式和竞争性工业体系的必然结果。郑重地断言战争的起因是塞尔维亚的一起谋杀案或入侵比利时，或明显的不公正和可怕的暴行，对我来说，这是愚昧，或思想封闭，或伪装，或虚伪的行径。

因此，对伍德沃斯来说，战争已经成为资本主义制度的一部分，要以这些理由以及和平主义的理由为依据对资本主义制度进行抵制和斗争。然而，直到1921年发布了"曼尼托巴独立工党宣言"，具体的纲领性要求才得以表达出来，其中一个条款宣称"反对一切形式的军国主义，废除保密承诺，发展人民民主联盟（Democratic League of Peoples）"。

正是在伍德沃斯当选国会议员后，所有这些思潮汇集成他对于加拿大自治的长期一贯的主张。在这方面，他得到了欧文和许多农业团体成员如艾格尼丝·麦克菲尔（Agnes MacPhail）、W. C. 古德（W. C. Good）、E. J. 加兰德（E. J. Garland）、亨利·斯宾塞（Henry Spencer）等人的支持。但也正是伍德斯沃斯在这个问题上引领了激进的进步派。

伍德沃斯支持麦肯齐·金在外交政策承诺方面主张加拿大自治的举措，同时，他进一步将加拿大自治问题与修订《英属北美法案》的必要性联系起来。1924年，他提出一系列动议中的第一项，需要通过各种形式使《宪法》成为一项加拿大法案，并能够由"加拿大的执政力量"进行修改。他说，通过这样一项宣言：

> ……这就简明地意味着加拿大认为自己已经长大了，处于这种情况下，加拿大认为自己有充分的自决权和最充分的地方自治权。

虽然伍德沃斯按照这些原则提出的第一个动议只是一份正式的意向声明，但他明确表示，有了这些权利，加拿大应该修改宪法以赋予联邦政府在劳工问题、工作时间和失业等问题上的立法权，并改革或废除参议院的权利。伍德斯沃斯以这种方式提出他的主张时，遭到了法裔加拿大议员的反对，他们明确表示，他们不支持任何向联邦政府移交额外权力的行动，也不支持在没有征得各省同意的情况下给予联邦政府任何修改宪法的权利的行动。在这场辩论中，麦肯齐·金与伍德沃斯演讲和动议中有关加拿大不会在未来的麻烦中支持英国的说法撇清了关系。他解释说，他的立场只是"责任与责任范围将由本届议会决定……"

1927年，伍德沃斯再次发表抨击性言论，这一次他呼吁众议院成立一个"特选委员会","考虑对《英属北美法案》进行哪些修改，在保留联邦原则的同时，使我们能够更充分地应对加拿大目前面临的复杂问题"。他在向法裔加拿大议员的特别请求中明确表示，他所谓的"保留联邦原则"是"一份……能充分保证所有少数族裔权利的文件"。他对参议院的"反动性质"进行了猛烈抨击，接着又解读了一份文件记录，表明"参议院的50名成员控制并指导着加拿大的经济生活。也就是说，50名参议员是334家商业和金融机构的董事"。

但是，这个旨在更多地承认法裔加拿大人的忧虑的新动议，并没有像之前那样赢得他们更多的支持。因为伍德沃斯不会放弃他的立场，他认为更大程度的中央集权对社会立法必不可少，因此，这是社会主义者的关键原则。《里贾纳宣言》更为强烈地表达了这一观点，这在大萧条的条件下是可以理解的。但是令人费解的是，伍德沃斯与法裔加拿大议员特别是布拉萨密切接触，但《宣言》却没有提到法裔加拿大人这个词。他们被列入加拿大众多不知名的"种族和宗教的"少数群体之中。没有人丝毫承认他们作为一个民族或民族共同体占有任何特殊的地位，更不用说当前流行的"加拿大的两个创始种族之一"的说法了。

《里贾纳宣言》在宪法问题上体现了伍德沃斯和"姜派集团"在20年代议会中制定立场的主要路线。有趣的是，随着蒂姆·巴克的文章《加拿大与大英帝国》（*Canada and the British Empire*）于1925年3月出版，加拿大共产党开始讨论加拿大的地位问题，它使用的材料和论据与伍德沃斯到此时已经发展的大体相同。主要区别在于，伍德沃斯呼吁修改《英属北美法案》，而共产党人则要求"废除该法案"，伍德沃斯主张加拿大应有更大的自主权，而巴克则呼吁"完全独立于唐宁街"。人们对麦肯齐·金的态度也是矛盾的，虽然他被视为资本主义的代言人，但巴克和伍德沃斯都支持他对加拿大自治的主张，并认为他代表了加拿大资本主义中更开明和进步的部分。

伍德沃斯和巴克都看到了美国资本不断渗透到加拿大，但他们都不认为这是一个像英国和加拿大之间的殖民地或半殖民地关系所延续的那么大的问题。巴克在他关于这个问题的文章以及后来关于这一时期的历史著作中，认可一些"资产阶级"发言人如尤尔特、西夫顿、达福、布拉萨对共产党的立场产生了影响，但他从未提到伍德沃斯。他最近一次提到这一点是在1970年，他写道，好像是加拿大共产党人率先提出了改变加拿大地位的要求，"我们的要求受到了很多人的推崇，尤其是在中产阶级激进分子中"。① 由于文件表明关于这个问题，伍德沃斯的首次声明早于巴克，因此，用巴克自己的术语来说，实际上是"中产阶级激进分子"影响了共产党的立场，而不是反过来。

对于更宽泛的宪法问题和加拿大法语地区的地位问题，情况也是如此。共产党在1938年提交给罗威尔—西罗伊斯委员会的文件，基本上遵循了伍德沃斯在20年代制定的《英属北美法案》的路线，这一路线出现在1933年的《里贾纳宣言》和1935年的社会重建联盟出版物《加拿大社会规划》中。将法裔加拿大人的权利视为只涉及宗教和文化问题的"少数族裔的权利"，是共产党在其简报中的立场，这一观点由伍德沃斯提出，随后由平民合作联盟延续。直到1943年斯坦利·B. 瑞尔森的《法裔加拿大》出版后，共产党才在加拿大法语地区问题上确立了自己的独立立场。

在加拿大的社会—民主主义意识形态的发展中，平民合作联盟对于宪法问题的立场是非常重要的立场之一。它把来自加拿大英语地区的农场运动和劳工运动传统的反帝国主义和反资本主义主题与社会主义的社会和经济要求相结合。在实现这一结合的过程中，伍德沃斯和他在议会中的同事们的角色至关重要。这个地位在平民合作联盟成立时就已经形成了，当然也早于学术界加入社会主义运动的时间。这并不是要贬低他们所作的贡献，而是为了深化和完善平民合作联盟在加拿大重要问题上的立场。事实上，就是伍德沃斯制定了这个方案的主要纲领。

---

① Tim Buck, *Lenin and Canada* (Toronto, 1970), p. 72.

劳工、社会—民主主义和共产主义

平民合作联盟是劳工、农民—劳工和农民团体的合并，同时还有第一批大量涌入的知识分子，公开地与加拿大社会主义运动联系在一起。劳工团体主要是劳工—政治组织，如独立工党、加拿大工党的部门，以及加拿大社会主义党的遗留部分，尤其是来自不列颠哥伦比亚省的残存。尽管加拿大工党曾有过隶属于加拿大工党的工会，但并没有隶属于平民合作联盟的工会。地方工会可以加入平民合作联盟，但这样做的即使有也很少。不能加入全国性工会，因为平民合作联盟的章程中没有相关规定。该党在成立之初并没有认真讨论与工会运动正式结盟的问题。当然，在平民合作联盟成立之前，伍德沃斯、欧文、希普斯和麦克林尼斯在下议院代表劳工团体，因在议会中倡导劳工事业而在全国建立了声誉。他们确实成为了加拿大劳工非官方议会的发言人。温尼伯大罢工的大多数主要领导人在平民合作联盟成立之初就加入了该组织，如伍德沃斯、希普斯、奎恩、伊文思、普里查德、布雷。* 平民合作联盟的议会团体始终与各级工会干部保持密切联系，包括那些自由党或保守党的成员或支持者。但在它成立之后的最初几年里，工会成员作为平民合作联盟的成员并不突出，也没有在选举中明显地表现为党的支持者。

当时的工会运动缺乏影响力，由于大量裁员和持续的大规模失业，工会的人数大大减少。到1933年，有组织的劳工运动下降到劳动力的12%到15%之间。社会重建联盟在其《加拿大社会规划》一书中对那个时期劳工运动作出了观察评论。

> 所有行业中的非技术人员大多数都没有组织起来。工会真正

---

* 拉塞尔在20世纪50年代加入平民合作联盟。约翰斯一直远离政治，狄克逊在1931年去世。

第六章 加拿大社会民主的根基和来源

强大的行业只有铁路、印刷、建筑、服装、熟练的金属加工和音乐娱乐……此外，工会成员之间也存在分歧。在魁北克省，有26894个工会，占该省总数的一半以上，这些工会完全由罗马天主教教区控制。[这些工会是]……反军事、反阶级意识和反社会主义的……55120名加拿大工人隶属于全加拿大劳工联合会的"全国性"工会……在全加拿大和美国下属的贸易和劳工大会团体之间的批评和冲突中消耗了过多的时间和精力。最小但最活跃的工会成员团体是工人团结联盟（附属工会中有21253名成员）……同情共产主义……在大多数正统工会处于萎靡状态的时候，他们的战斗力在一年内几乎翻了一倍……大多数有组织的工人（167720人或58%）属于"国际性"工会……它（在加拿大）的领导人最起码是极其谨慎的，它的基层会员还不是一股有效的政治力量，他们也没有对整个劳动力市场产生统一的影响。

而且，除了支持工会或期望得到他们的选票之外，平民合作联盟并没有对工会采取周密的或协调一致的方法。与此同时，如上文所述，共产党人正忙于组织无组织人员，以及在这些工业中获得重要的立足点，这些行业后来为1936年开始在加拿大生根的产业工会主义提供了基础。

产业工会联合会在加拿大的成功极大地改变了劳工运动的力量和热情，并使平民合作联盟和共产党的劳工战略发生了重大变化。加拿大共产党解散了工人团结联盟，并在新的工会中担任重要职位。平民合作联盟中的一些力量，特别是在安大略省，一段时间以来一直认为联盟应该与某种劳工党内的工会联合在一起，现在向前推进以力图让它成为平民合作联盟的战略。正如奥伊夫给伍德沃斯的信*中所显示的，他们也认为有必要朝这个方向发展，以避开共产党人，因为共产党人在工会中的新地位对平民合作联盟来说构成了明显的威胁。伍德

---

* 奥伊夫致信伍德沃斯，1938年1月31日，引自第五章。

沃斯对这项新政策并不热衷，但刘易斯、科德维尔、麦克林尼斯、奥利夫等人开始不顾伍德沃斯的意见，集中精力朝这个方向努力。目前还不清楚伍德沃斯为什么对此不热衷，但他似乎厌恶这种政策所带来的斗争。

然而，在产业公会联合会中爆发的平民合作联盟和共产党人之间的争斗，不过是20世纪20年代共产党人和社会主义者之间冲突的延续，尤其是在加拿大工党中，几乎从平民合作联盟成立的那一天开始，平民合作联盟和共产党人之间的冲突就开始了。共产党人采纳了共产国际的路线，认为社会民主主义是"资本主义最后的社会基础"，从而成为共产主义主要意识形态的敌人。在斯大林的指挥下，这演变成了一场反对社会民主党的斗争，加拿大共产党从20世纪30年代末开始就把伍德沃斯当作他们的主要目标。

随着共产党人对伍德沃斯的攻击越来越多，他对共产党人的态度变得更加敌对和僵化。1931年，伍德沃斯给他以前在卫理公会的老同事且已成为共产主义者的A. E. 史密斯主教写信，道出了一些实情：

> 看在昔日情分上，我确实非常后悔，我们显然已渐行渐远。我必须说，这些年来，我尽了最大努力与你以及与你所在的团体合作，但在你签署了《劳工保护联盟》（*the Labor Defence League*）报告之后，在"《工人》"杂志遭到恶意诽谤的抨击之后，我似乎不可能与那些坚持谴责我们是工人阶级的敌人的人密切合作了。

他在随后给贝基·布海（Becky Buhay）（1933年5月20日）和萨姆·卡尔（1935年4月10日）写的信中重申了这个观点。为了防止抢走共产党候选人J. B. 萨尔斯伯格的选票，他强烈反对大卫·刘易斯在多伦多省选区退出平民合作联盟候选人，这样就不会抢走共产党候选人J. B. 萨尔斯伯格的选票。

共产党对平民合作联盟及伍德沃斯的指控几乎没有事实依据。阿贝拉提供的证据表明，随着涉入了产业工会联合会的内部斗争，双方的做法至少是值得质疑的。① 但在这个竞争平台上，平民合作联盟的胜利和共产党的失败是不可避免的，到决定结果的时候，平民合作联盟已经成为工会运动一个重要部分的政治力量，而共产党作为平民合作联盟的严重威胁实际上已经被有效地清除了。

使平民合作联盟有可能在产业工会联合会中赢得制高点，并在1943年成为其政治力量的主要因素，并不是与共产党人的斗争，尽管这一点很重要，而是赫本政府试图破坏产业工会联合会的行为。1943年，工人们选举了平民合作联盟的30名成员进入省议会，从而使它成为安大略省一个切实可行的第三党。这是平民合作联盟所需支持的"缺失环节"，以补充它在西部地区的现存力量。

小　结

平民合作联盟是加拿大英语地区政治历史上几个激进力量的后继者。它代表了创始于世纪之交的社会主义党和工党的主要内容的遗产，在20年的时间内将社会主义确立为加拿大劳工运动中的一支力量。它也继承了激进农民的一些传统，他们在同一时期开始了"反抗新封建主义"的运动，并一直延续到1920年代。从主题角度来看，平民合作联盟继承了劳工运动和农业运动中存在的反垄断和反帝国主义情绪。它还体现了工会的社会改革传统，并以它的一些主要领导人为代表，继承了社会福音的关切。

关于加拿大社会主义的起源已经有了很多讨论，尤其是它的英国根源，它的民粹主义分支的来源，以及它在美国的前身。这种讨论对它的开端很重要，但当平民合作联盟进入加拿大本土，它克服了早期社会主义者发表抽象和教条主义宣言的倾向，开始研究加拿大的历史、政治经济和宪法法律，并将社会主义意识形态注入其中时，它便

---

① Abella, *Nationalism, Communism, and Canadian Labour*.

成为了一股可行的重要政治力量。

虽然平民合作联盟的社会主义没有完整的理论严谨性，但其纲领、文献和议会立场确实具有凝聚力和清晰的原则。这实际上是一些当代历史学家对平民合作联盟创始人的批评之一，尤其是在对伍德沃斯的批评上，他们强调他"抵制一切通过意识形态妥协来实现党的快速发展的努力"。① 当前这种社会民主修正主义的基调是断言伍德沃斯是太过"理想主义者"，而不是一个足够务实的政治家，并进一步暗示这就导致了平民合作联盟在选举中缺少成功。

在每一个阶段，社会民主主义的性质及其产生的领导人的类型，都相当准确地反映了工人阶级和中产阶级的激进部分所达到的阶级意识水平。它代表了这些人对社会主义形式的自发努力。20世纪二三十年代的激进主义产生了适合那个时代的领导人和纲领。因为正是在这二十年里，社会民主主义最终成为加拿大英语地区反资本主义和反帝国主义舆论的主要意识形态，民众对平民合作联盟（及其后继者新民主党）的看法仍然保留着基于这些条件的社会民主主义形象。这可能而且确实会在一些现任领导层中造成尴尬局面，但这是平民合作联盟—新民主党根基的组成部分，不能被抹杀。事实上，它是社会民主主义意识形态的力量源泉，这在一定程度上解释了为什么尽管自由主义者为了响应劳工的要求而做出了种种让步和改革，但社会民主主义仍然存在和发展。换言之，尽管改革主义是社会民主主义实践的主要方面，但正是其反资本主义的根源使它在加拿大的意识形态谱系中占据了稳固的地位。

---

① S. M. Lipset, quoted in K. McNaught, *A Prophet In Politics* (Toronto. 1963), p. 267.

第七章　20 世纪六七十年代的社会主义新主题

自 20 世纪 60 年代开始，社会主义在加拿大经历了一次蓬勃发展，一直延续至今。这一时期的社会主义与现有的社会主义运动并行发展，但在主题、来源以及倡导者和支持者的构成上具有许多独特的特点。它在魁北克取得了显著发展，在那里，加拿大历史上具有重要意义的社会主义运动第一次在法裔加拿大人中间生根发芽。这对魁北克的社会和政治环境产生了重大的影响。在加拿大英语地区，也出现了一种新的社会主义，主要是在年轻的知识分子中，特别是学生和学者中间，他们为加拿大社会提出了社会主义理论的一些原创性应用，并由此对加拿大政治思想做出了重要贡献。

根据对这个发展高潮的一个早期评估，"首先是民族问题导致了加拿大社会主义的复兴，这是当前议程上的首要内容"。[①] 在魁北克，是"平静革命"（the Quiet Revolution）和新的魁北克民族主义（the new Quebec nationalism）在这一时期为社会主义发展注入了动力。在加拿大英语地区，这是随着美帝国主义发生危机和认识到美国控制加拿大的威胁而出现的一种新的民族意识，其后果之一是青年运动的激进化，并由此催生了一种新的社会主义变体的成长。

此外，加拿大社会民主党内部也出现了新的发展，主要是从平民

[①] Gerald L. Caplan and James R. Laxer, "Perspectives on Un-American Traditions in Canada", Ian Lumsden ed., *Close The 49th Parallel*, etc. *The Americanization of Canada* (Toronto, 1970), p. 310.

合作联盟向更以劳工为基础的新民主党（New Democratic Party, NDP）的转变。在魁北克，一个土生土长的社会民主党——魁北克人党（Party Quebecois, PQ, 简称"魁人党"）成为该省主要的激进民族主义政党。

加拿大共产党作为第一个提出民族问题的政党，却没能吸引通过对这个问题的认知而转向马克思主义的激进青年。由于对斯大林的揭露，以及加拿大共产党未能与苏联共产党的僵化正统观念彻底决裂，激进青年在共产党之外组建了自己的马克思主义团体和党派，还经常与共产党形成对立。他们正在为社会主义思想注入知识才智，而这正是早期加拿大社会主义所缺乏的。

魁北克的"平静革命"和社会主义思想的发展

对于"平静革命"有各种各样的解释和定义，但人们的普遍共识是，在1960年的"民族联盟*"（the Union Nationale）失败以后，魁北克社会在政治、经济和社会体系方面经历了一系列彻底的变化，尤其是在意识形态主题方面的变化，体现和激发了人们在重大问题上所采取的行为。

魁北克的意识形态在一百多年来都是坚如磐石，皮埃尔·E. 特鲁多（Pierre E. Trudeau）在文章《石棉矿大罢工前夕的魁北克》**（Quebec on the Eve of the Asbestos Strike）中也有效地描述过，但它在"平静革命"的第一次冲击中就被粉碎了。教会所禁止的思想以及被教会支持的保守和反动政客们所压制的思想开始蓬勃发展。这一势态在社会主义思想的高涨中体现得最为显著，而在此前社会主义思想从未得到法裔加拿大人的大力支持。过去那些因违抗教会而成为社会主义者的人发现自己在英裔主导的运动如共产党和平民合作联盟中是少

---

* 译者注："民族联盟"是魁北克省的一个政党，成立于1935年，1989年解散。该党在1936年至1966年间赢得了六次省级选举。

** 皮埃尔·E. 特鲁多编辑：《石棉矿大罢工》（多伦多，1974年）。

数群体。这两个运动都没有对法裔加拿大人的民族主义感到满意，认为这种民族主义在本质上是反动的，是对社会主义斗争的一种转移，在它们看来，社会主义斗争必须由中央集权领导下在全加拿大的基础上进行。

在这个时期出现了把社会主义和民族主义相结合的第一个新社会主义组织。就是1960年9月由一个出版《社会主义评论》(*La Revue Socialiste*)的团体成立的"支持魁北克独立的社会主义行动"(L'Action socialiste pour l'independance du Quebec，ASIQ)。该杂志的标题栏口号是："为魁北克的绝对独立和法裔加拿大人的无产阶级民族解放。"事实上，这是当代魁北克最早的分离主义组织之一。组织者曾是社会民主党（平民合作联盟的省级分支组织）或加拿大共产党的成员和支持者。他们通过共同接受民族主义目标，调和了过去的两种不同的社会主义概念。

这个期刊的主题是"去殖民化"的概念。魁北克曾被当作一个殖民地，因此，适合魁北克社会主义者的榜样应该是第三世界的革命：阿尔及利亚、古巴、中国、越南。他们崇敬的思想家除了马克思和列宁之外，还有法农、卡斯特罗、格瓦拉、毛泽东、胡志明。

"去殖民化"的口号主要针对加拿大法语区之外的地区，与之相配合的是对内的"去宗教化"口号。这一次，反教会主义不再像魁北克历史上曾经令人生畏的幽灵。推动"平静革命"的主要因素是瓦解魁北克传统主义的堡垒。教会自身在这方面也在发生着变化，因此在一定意义上，社会主义者在这个问题上打开了一扇门。然而，在魁北克社会中，天主教等级制度对意识形态作用的削弱，是使社会主义思想在这些新条件下更容易成长的因素之一。

社会主义与民族主义的融合导致了分裂主义的方向，特别是产生了魁北克特有的社会主义道路的观念。拉乌尔·罗伊（Raoul Roy）猛烈抨击了平民合作联盟宣扬的盎格鲁·撒克逊沙文主义，通过暗示所有讲英语的社会主义者，他提出了一系列主张，预先就排除了法裔和英裔为实现共同的社会主义目标而作出的联合努力：

◈ 加拿大左翼：批评性分析

> 英裔加拿大不会给我们自由。我们要么通过自己的战斗来赢得胜利，要么继续做奴隶。①

罗伊拒绝向他交替称谓的"泛加拿大主义"（pan-Canadianism）或"泛撒克逊主义"（pan-Saxonism）作出任何让步。在他看来，包括语言、共同历史和民族压迫的文化方面，与正统马克思主义关于阶级与阶级的观点同样重要。

这种对待魁北克社会主义的方法被一些继承"支持魁北克独立的社会主义行动"（ASIQ）的马克思主义团体所采纳。其中最重要的是1963年到1968年出版的《党见》（*Parti pris*）期刊。他们承认自己的意识形态思想归功于拉乌尔·罗伊。

> 我们要感谢罗伊使用了去殖民化和革命的思想主题。②

著名社会主义学者马塞尔·里乌（Marcel Rioux）对《党见》的意义作出了以下评价：

> 在这一时期的所有左翼出版物中，《党见》确实拥有最大的读者群，对魁北克社会的影响也是最大的。③

这个团体的一个特点是其成员的年龄。据里乌的说法，他们在1963年创办该杂志时都在二十多岁。他们是社会主义的新手，与旧左派没有联系。他们是知识分子，其中大多数是在校大学生或大学毕业生，最出色的成员有让-马克·皮奥特（Jean-Marc Piotte）、保罗·

---

① Raoul Roy in *La Revue Socialiste*（été 1960），p. 27.
② Paul Chamberland in *Parti pris*, Vol. 2, no. 1, September 1964, p. 22.
③ Marcel Rioux, "Remarques sur le phenomènè *Parti Pris*", Joseph Bonenfant ed., *Index de Parti pris*（1963 – 1968）（Sherbrooke, 1975），p. 6.

钱伯兰（Paul Chamberland）、加布里埃尔·加尼翁（Gabriel Gagnon）和皮埃尔·马休（Pierre Maheu）。根据为"皇家委员会"做的一项有关双语双文化的研究，该杂志的发行量曾达到3500份，在它的读者群中，60%是大学生，20%至30%是专业人士、公务人员或知识分子，10%是工人。①

在接受罗伊关于非殖民化的论点时，他们对所谓的"战略视角"得出了不同的结论，在1964年9月发表的宣言中概述了这一观点。②

此处，争取独立的斗争被看作是一个"两条战线"的过程，最终的问题将介于二者之间："一方面是资本和资产阶级之间，他们的深层利益是相同的，无论魁北克人、加拿大人还是美国人。另一方面是大众阶级，他们对自己的处境越来越不满，却没有真正的阶级意识，而革命左翼的成分还没有成功地与这些平民阶级联系起来……随着这种思想的深化，民族解放斗争终于进入了全面的视野中。独立在此前被视为终点，现在被看作前奏，是革命斗争的必要步骤，既超越了独立又扩大独立。"③

该宣言认为当前形势令人鼓舞：渥太华的殖民势力被"大大削弱"，联邦制的存在很"成问题"。在魁北克境内，那些代表殖民势力进行统治的阶级——神职人员、联邦主义思想家、旧的小资产阶级——都处于"衰落"状态。这并非由于民众行动的兴起，而是由于新的民族资产阶级寻求建立一个服务其利益的国家时，会破坏"传统的社会秩序"，并为工业无产阶级的壮大创造条件。④

> 由于建立资产阶级社会秩序代表着相对的进步，赢得独立是革命斗争的前奏，因此在第一阶段的斗争中，我们无论如何都是

---

① Quoted in Sheelagh and Henry Milner, *The Decolonization of Quebec* (Toronto 1973), p. 183.
② *Parti pris*, Vol. 2, no. 1, Septembre 1969, pp. 2 – 17.
③ *Parti pris*, Vol. 2, no. 1, Septembre 1969, pp. 11 – 12 (my transition-N. P.).
④ *Parti pris*, Vol. 2, no. 1, Septembre 1969, pp. 13 – 14.

民族资产阶级的客观盟友,我们必须支持他们,推动他们的改革。

但是我们不应抱有幻想:在这条战线上取得的进展,首先归于新资产阶级力量的崛起……如果我们要依靠他们,那我们就完全缺乏主动性,就会成为一个后卫军。我们与资产阶级暂时的联盟只是战术上的,我们的主要努力必须在其他方面。①

为了在"第二战线"上进行反对殖民主义的社会和经济内容的"真正的战斗"。

我们必须建立一个真正的人民政党——革命的和社会主义的,要在群众自己的支持和活力下建立这个政党。这将是一项长期而艰巨的任务,但却是能够通向革命的唯一道路。②

在《宣言》中,《党见》承诺筹备新党,并通过它的专栏提供在这个方向所需的调研、普及教育,甚至是组织指导。宣言在结尾呼吁效仿非洲、亚洲,"很快还有南美"的例子。

一年后发表的第二个宣言提出要立即采取行动的新建议。它要求读者参加"人民解放运动"(mouvement de Liberation Populaire,MLP),该运动实际上已经存在了数月,并参加了许多示威和公众集会。"它还不是发动革命所需要的革命党",而是"将要训练激进分子来创建这样一个政党"的过渡机构。宣言的大部分内容是对魁北克的阶级结构的分析,对殖民主义造成的异化的描述,对革命党可能会采取的各种革命行动的讨论,以及对"人民解放运动"任务的详尽阐述。

---

① *Parti pris*, Vol. 2, no. 1, Septembre 1969, pp. 13 - 14.
② *Parti pris*, Vol. 2, no. 1, Septembre 1969, pp. 14 - 15.

第七章 20世纪六七十年代的社会主义新主题

《宣言》中关于革命党可能开展的活动的讨论，显然是编辑们对正在进行的关于和平斗争手段还是暴力手段、秘密还是公开、武装斗争还是游击战争的辩论所作的回应。这场辩论是由魁北克解放阵线（Front pour la liberation du Quebec，FLQ）的发展促成的，该阵线的一些积极分子与《党见》关系密切。在《宣言》和让－马克·皮奥特同一期出版的文章中，①《党见》团体的大多数人都反对暴力、恐怖主义、秘密组织和地下媒体的想法。皮奥特说不提倡这样做，因为所有的条件都有利于公开的公共活动和组织。"人民解放运动"计划开展的活动包括鼓动、宣传、对其成员的政治教育，以及训练有能力将该运动的思想传播给其他团体的干部。在另一篇文章中，莱恩德·贝伦（Leandre Bergeron）概述了成员们将接受的教育概要：魁北克的政治、经济、社会历史；社会主义理论：乌托邦主义者、马克思、尧尔、列宁、法国和意大利的马克思主义；南斯拉夫、以色列、阿尔及利亚、瑞典、中国、苏联、英国的社会主义实践；以及如何组织一个社会主义政党。②

这场辩论在《党见》的六年历史中一直持续着。编辑们在两个主要问题上保持一致的立场：第一，拒绝暴力和秘密活动（始终基于战术上的理由，而不是基于原则上的理由）；第二，坚决主张魁北克的独立和社会主义是不可分割的。《党见》在1967年1月至2月的一篇社论中，坚定地支持后一种立场：

> 独立和社会主义毫无疑问是不可分割的：我们中的几个人的经验清楚地表明了这一点：有些人由于理解了殖民问题而走向社会主义，另一些人则通过社会意识走向为独立而努力工作……在同一个党内，社会主义独立主义者和社会主义反独立主义者之间不可能有共同策略。③

---

① Jean-Marc Piotte, "Où allons-nous?" in *Parti pris* August-September, 1965, pp. 64 – 85.
② Jean-Marc Piotte, "Où allons-nous?" in *Parti pris* August-September, 1965, p. 101.
③ "L'indépendance au plus vite" in *Parti pris* January-February 1967, p. 3, (my translation—N. P.)

◈ 加拿大左翼：批评性分析

这一争论首先涉及的是社会主义运动或政党与当时正在发展的非社会主义分离主义政党之间应该存在的关系。这篇特别社论与"民族独立联盟*"（the Rassemblement pour l'independance nationale，RIN）有关，《党见》的大多数编辑认为该联盟是社会主义者应该支持的左翼团体。① 这就遭到了《党见》许多撰稿人和支持者的反对，使这场争论在1968年变得尤为尖锐和激烈，此时正值勒内·莱韦斯克（Rene Levesque）与现有分离主义政党联合起来要组建"魁人党"的过程中。《党见》内部领导层无力解决这些分歧，导致该杂志在1968年夏天停刊。

马塞尔·里乌在关于《党见》的文章中说，这本期刊在短暂的发行期中，对魁北克激进思想和行动的发展做出了巨大贡献。

> （它已经）……为工会的政治化，众多的政治行动运动和一个具有社会民主主义性质的独立政党铺平了道路，但它的队伍中还有很多社会主义者……《党见》一直以来反思和分析的三个要点分别是建设社会主义、去殖民化政治和魁北克的去教权主义。如果建设社会主义是一个共同的目标，那么另外两个更确切地说是魁北克人的目标。《党见》成功地将这三者结合起来，形成了一种适应魁北克局势的意识形态。②

1963年10月开始出版《党见》之后，在1964年5月又发行了另一本杂志《社会主义64》（*Socialisme 64*）。该杂志共出版了24期，1974年5月出版了它的最后一期。第20期包括1970年4月、5月、6月刊，宣布将刊名改为《魁北克社会主义》（*Socialisme Quebecois*），同时将其立场转变为明确的马克思主义—列宁主义观点。与《党见》

---

* 译者注："Rassemblement pour l'Indépendance Nationale（简称 RIN，英文为：Rally for National Independence）是一个致力于推进魁北克独立运动，主张魁北克从加拿大独立的政治组织。"

① The RIN led by Pierre Bourgault fielded candidates in the 1966 provincial elections and received 6% of the overall vote, with fairly high percentages in working-class ridings in Montreal.

② Marcel Rioux, "Remarques sur le phénomène *Parti Pris*," p. 8 (my translation—N. P.)

一样,《社会主义64》和《魁北克社会主义》对魁北克的社会主义思想产生了重要影响,反映并影响了那里正在发展的社会主义运动内部的辩论和冲突。马塞尔·里乌是首任编辑之一,他表明,1963年就曾与几个月后创办《党见》的团体讨论过创办社会主义期刊的问题,但并没有达成一致意见,最终出版了两本独立的杂志。[1] 并不很明确这些分歧是什么,除了里乌发表的评论指出《社会主义64》将针对全国工会联合会(the Confederation of National Trade Unions, CNTU)和魁北克劳工联合会(the Quebec Federation of Labor, QFL),试图让劳工运动成为社会主义运动,这被认为是一个比《党见》编辑们设想的出版方案更加"精确的选择"。然而,与《党见》一样,这本新杂志也赞同社会主义的民族主义观点,认为魁北克是一个殖民地,因此必须在通往社会主义的道路上获得民族解放。但《社会主义64》在第一期中修改了适用于魁北克的第三世界综合症:

> 加拿大法语地区行走在一条紧绷的绳索上,在它所属的两种社会和国家之间摇摆不定。从社会经济的角度来看,它是一个发达国家,它参与了先进的资本主义经济,因此知道这种社会的所有优点和问题。另一方面,它与某些经济不发达的国家一样,即使事实上没有被殖民,在政治上也受着统治。这就是魁北克的独特之处,也是它的游移不定之处。它在经济上与英语地区的加拿大人共生发展,并达到了与大多数先进国家相当的生活水平,它仍然怀有对民族解放的渴望,却从未赢得过民族解放。它能否同时拥有这两者吗?……只有社会主义者兼顾这两种选择,他们是唯一提出这一挑战的人。[2]

《社会主义64》与《党见》不同,它向"所有社会主义倾向"

---

[1] Marcel Rioux, "Remarques sur le phénomène *Parti Pris*," p. 6.
[2] *Socialisme* 64, Vol. no. 1, p. 8.

开放其版面。虽然它认为思想和行动统一的社会主义概念是有效的，但它满足于让编辑们根据他们个人的选择参加社会主义激进运动或党派。① 这使该杂志具有折衷主义的特点，主要内容倾向于激进的社会民主主义而不是革命的社会主义立场。

1970年，一个新团体接手了该杂志的社论方向，其中许多人曾与《党见》有关联，他们给这本杂志起了一个新名字《魁北克社会主义》，并制定了新政策。在一篇社论声明中，这个新团体谴责了过去的"折中主义"。取而代之的政策是，只接受那些基于"马克思主义—列宁主义原则且能够形成适用于魁北克现实的理论与政治实践"的稿件。②

根据这篇社论，魁北克的马克思—列宁主义者面临的主要策略问题是界定他们对魁人党的立场。社论认为，正确的方针应介于两者之间：一是魁北克左翼的一些成员无条件地支持魁人党，二是完全相反的方法，即在革命左翼和魁人党之间找不到任何接触点。

但是，《魁北克社会主义》主要关注的不是平衡方针的预测，而是批评和抨击魁人党。批评的语气变得尖锐了，该杂志的立场也变得非常类似于旧马克思主义左派对各种形式的社会民主主义所表现出的敌意。典型的例子就是吉勒·布尔克（Gilles Bourque）对皮埃尔·瓦利埃斯（Pierre Vallieres）加入魁人党的猛烈抨击，③ 尤其是他对这一举动的理论解释。④ 布尔克的文章充满了讽刺和谩骂，以至于在下一期（两年后刊发）中，斯坦利·瑞尔森（他和布尔克都是编委会成员）被迫发表了抗议"他文章的语气"一文。⑤ 布尔克进行攻击的主要内容是，魁人党是民族资产阶级一个分支的政党，因此不能相信它

---

① *Socialisme 65*, numero 6, printemps 1965, p. 10.
② *Socialistne Québécois*, avril, mai, juin, 1970, No. 20, p. 2.
③ Gilles Bourque, "En Réponse à Pierre Vallières", *Socialisme Québécois* No. 23, 1972, pp. 125–138.
④ These explanations were first written as articles in *Le Devoir* and *Québec Presse* and later expanded into a book *L'urgence de choisir* (1972).
⑤ Stanley B. Ryerson, "nos débats difficiles" in *Socialisme Québécois* No. 24, 1974, p. 79.

第七章 20世纪六七十年代的社会主义新主题

对魁北克社会结构进行必要的改革。像瓦列尔那样建议工人阶级应该支持魁人党，只会推迟实现在无产阶级的阶级意识上建立一个真正的工人阶级政党。

在《魁北克社会主义》第21—22期（1971年4月）的一篇文章中，吕克·拉辛（Luc Racine）和罗氏·丹尼斯（Roche Denis）认为六十年代魁北克社会主义运动的主要弱点是它采用了"资产阶级民族主义"和"支援战术"，这意味着将支持资产阶级或小资产阶级政党作为争取社会主义的两个阶段斗争中的第一步。拉辛和丹尼斯说，这导致了一大堆相关的错误和缺点，其中最主要的是未能对魁北克的经济和阶级结构进行认真的分析，因为社会主义者主要是从文化措辞看待魁北克民族：

> 但是，如果没有对政治经济的批判，没有与人们能想象到的所有民族主义混合物彻底决裂，马克思主义就是不可思议的。[1]

《魁北克社会主义》的许多编辑和撰稿人都参加过六十年代的社会主义运动，并在阐释社会主义民族主义思想方面发挥了关键作用，而他们现在正在否定这些思想。这种自我批评并不能说明一切。作为"平静革命"的一部分，意识形态的爆发遍及全国，影响了魁北克社会的每个阶层，尽管方式有所不同。正如莱昂·迪翁（Leon Dion）所说，社会主义作为这次爆发的一部分在魁北克取得了第一次重大进展，因为它具有了民族认同，这是以往的社会主义运动所严重缺乏的。[2]"支持魁北克独立的社会主义行动"是这一时期的首个新的社会主义组织，同时也是"平静革命"中最早出现的分离主义运动之一。《党见》继承了"支持魁北克独立的社会主义行动"的思想，并试图在社会主义领导下建立一个大规模的分离主义运动。当这一行动

---

[1] *Socialisme Québécois* No. 23, 1972 pp. 7 – 8.
[2] Léon Dion, *Nationalismes et politique au Québec* (Montreal 1975), pp. 85 – 128.

◇◇ 加拿大左翼：批评性分析

失败后，它试图通过"民族独立联盟"开展工作，并确实取得了一些成功。但魁人党的成立，迅速成为主要的分离主义运动，似乎使这个策略失效了，因为该党几乎没有空间容纳革命的甚至激进的社会主义观点。

然而，无可争辩的是，在六十年代，社会主义和民族主义的融合使这两种思想在魁北克得到了普及，并帮助了一部分人变得激进，尤其是学生、学者和劳工运动中的积极分子。

社会主义思想长期以来被排除在魁北克的大学之外。这种情况在"平静革命"期间发生了变化，社会主义研究在校园里变得非常流行。马塞尔·里乌本人就是社会主义者，在杜普雷西执政期间无法在魁北克任教，他描述这一发展情况。

> 在三到四年的时间里，魁北克的许多知识分子，特别是最年轻的知识分子，与过去几十年的阐释标准发生了明显的决裂。大约在1963年，拉瓦尔大学社会科学学院院长评论说，在一次社会科学学术研讨会上，最常被引用和认可的作者是马克思，而他的名字在过去几乎不为人所知或提及。①

这一时期，对马克思主义课程及教师的需求增加了，特别是在新的省级大学魁北克大学；拉瓦尔大学和蒙特利尔大学也有需求，但在1960年之前这两所大学还一直处在牧师的管理和指导之下。

魁北克劳工运动的激进化是"平静革命"的一个突出特征。这个过程在战争期间就开始了，而劳工激进主义的重大转折点可以追溯到1949年的石棉矿大罢工＊（the Asbestos Strike）。许多魁北克专家认为

---

① Marcel Rioux, "Remarques sur le phenomene *Parti Pris*," p. 7.
＊ 译者注：石棉矿大罢工始于1949年2月14日，使魁北克的主要石棉矿瘫痪了近5个月。魁北克省政府站在雇主一家美国公司的立场上，反对5000名已加入工会的矿工。罢工从一开始就在省政府和罗马天主教会之间制造了冲突。这是魁北克历史上持续时间最长、最暴力的劳工冲突之一，为"平静革命"奠定了基础。

第七章　20世纪六七十年代的社会主义新主题

"平静革命"始于这场史诗般的斗争。至少，对于劳工运动是实现新魁北克（the new Quebec）的一个重要组成部分的命题，人们达成了基本共识。1964年新劳动法的通过，1965年赋予公共服务雇员和教师罢工权利的改革，天主教联合会的去忏悔化，行业和劳工大会及加拿大劳工联合会的统一，以及全省教师工会的组建，都促进了工会运动的迅速发展。事实上，在1960—1970年的十年间，魁北克省的工会增长速度几乎是加拿大英语地区的两倍。伴随着人数和战斗力的增长，劳工运动内部也包括工会积极分子的意识形态发生了变化。马塞尔·里乌在1974年写道：

> 因此，在过去的二十年中，魁北克的工会运动已经从阶级合作的立场转变为阶级斗争的立场，从联邦主义的观点转变为普遍支持独立主义的观点，最重要的是，从支持资本主义的立场转变为支持社会主义的立场。①

里乌此处指的是由全国工会联合会（the Confederation of National Trade Unions，CSN）、魁北克劳工联合会（the Quebec Federation of Labour，FTQ）和魁北克教师联合会（Confederation of Quebec Teachers，CEQ）三个工会中心在1971年通过的宣言。* 这些宣言是分别起草和通过的，呼吁工人们摆脱资本主义，支持社会主义。它们为共同阵线奠定了基础，从而引发了1972年5月的历史性总罢工。

但在承认这些宣言的重要性的同时，也不应加以夸大。这些宣言并没有表明魁北克工会运动的立场已经从支持资本主义转向了支持社会主义。包括高级官员在内的积极分子或许是采取了这种立场。但是没有证据表明广大工人已经成为社会主义者，也没有证据表明工会已

---

① Marcel Rioux, Les Québécois (Paris, 1974), p. 168.
* CSN是全国工会联合会（CNTU前身为天主教工会联合会）；FTQ是魁北克劳工联合会（QFL），属于CLC；CEQ是魁北克教师联合会。

经准备好成为如一个观察家所建议的政党。①

工会仍然是工会,甚至在宣言发表后,两个主要的工会中心之间因管辖权争端还进行了一些十分激烈的内斗。尽管一段时间以来,社会主义者一直在呼吁通过工会建立一个工人党,但这方面没有任何进展,而魁人党一直是魁北克劳工激进主义的主要受益者。

当然,劳工运动的变化,社会主义意识形态的发展,以及六十年代爆发的激进斗争,都对魁人党的崛起产生了影响,并反映在其经济和社会纲领中。除了将魁北克建立为一个独立的国家这一主要纲领之外,该党的纲领、宣言、宣传材料和主要人物的演讲都与英国、斯堪的纳维亚和加拿大模式的社会民主党相似。

但是,虽然魁人党和其他社会民主党有相似之处,但在历史、纲领和社会学方面也有重要的区别。社会民主主义出现在自由主义和社会主义发展之后的大多数工业社会中,是社会主义的一种变体。魁人党主要是从自由党发展而来的,从未宣布把社会主义作为自身目标。由于缺乏一个大规模的社会主义政党或劳工党,魁人党在左翼自由改革主义的基础上向工人发出呼吁。

然而,它的激进主义体现在它的分离主义上,这不仅是一种改革,而是涉及到一种只靠立法命令无法实现的重大结构变化。但是,社会民主主义的观点与本质上的"去殖民化"问题相融合,产生了矛盾和紧张,这必然会影响魁人党及其政策。皮埃尔·瓦利埃斯在解释他加入魁人党的原因时将之称为"独立的进程,在像我们这样的社会中是一个革命进程",② 这涉及"结构和社会关系的深刻转变"。③ 但是,魁人党将成为实施这一"革命进程"的工具,而不是一个革命政党。它的领导人对于如何实施这一变革的提议变得模糊不清。起初,他们声称,如果多数人投票支持魁人党,就有充分的理由以立法方式将魁北克从加拿大其他地区分离出去。随后他们提出了应该进行

---

① See Daniel Drache, p. XIII.
② Pierre Vallières, *Choose!*, p. 29.
③ Pierre Vallières, *Choose!*, p. 31.

第七章　20世纪六七十年代的社会主义新主题

全民公投的想法。但他们不清楚获得赞成票之后会发生什么，也不知道如果是出现反对票，他们会怎么做。

在它的社会构成特别是它的领导核心中，魁人党代表着魁北克的技术官僚精英阶层，他们希望在社会的经济生活中占有更大的份额。这个精英阶层的目标是通过大幅提升国家在经济中的作用，并通过诸如语言地位等全国性措施来实现这一点，以使它占据主导地位。魁人党感兴趣的是一场管理上的"革命"，在形式上是民族主义，在内容上是国家资本主义。

瓦利埃斯的《选择！》（Choose!）本质上是一场与马克思主义革命团体的辩论，自《党见》和魁北克解放阵线垮掉后，这些革命团体的数量在魁北克激增。尤其是瓦利埃斯正与他从前在魁北克解放阵线的同事查尔斯·加尼翁（Charles Gagno）进行争论，加尼翁的观点后来被总结在一本名为《为无产阶级政党而战》（1972年10月，蒙特利尔）（Pour le parti proletarien, Montreal, October 1972）的小册子中。加尼翁的论点是旧马克思主义左派论点的复兴，即社会民主主义是工人运动中的主要敌人。他在开篇就阐述了这一点：

> 小资产阶级民族主义者与社会民主主义者一起，构成了今天工人运动中最危险的意识形态思潮。①

在加尼翁看来，迫切需要一个以中国、越南和阿尔巴尼亚为模式的无产阶级革命政党。在没有这样一个政党的情况下，马克思主义者应该努力完成建立这个政党所需的意识形态和组织方面的任务。这项工作的一个主要部分必须是不断抨击社会民主党人和民族主义者，主要是魁人党。他反对工会能够建立这样一个政党的想法。这只能由一个完全致力于马列主义理论和实践的革命先锋队来完成。

自1960年以来，魁北克社会主义思想和行动的迅速发展是"平静

---

① Charles Gagnon, *Pour le parti proletarien* (Montreal, 1972), p.9.

革命"最重要的衍生品之一。一位著名的魁北克政治学家在研究魁北克政治时说:"民族主义和社会主义加在一起,是当下魁北克政治文化的主要主题。"① 这种发展的一个重要特征是社会主义者创作了关于魁北克社会的大量的高质量素材。其中大部分素材构成了魁北克历史学、社会学、经济学和政治学的新方法,其实用性得到了许多非社会主义者如莱昂·迪翁的认可。在这方面影响最大的是吉勒·布尔克(Gilles Bourque)和尼科尔·劳伦·弗里内特(Nicole Laurin-Frenette)共同撰写的关于魁北克阶级结构和魁北克民族主义性质的两项研究。② 他们提出了主导魁北克历史的三种民族主义,但分析的标准却大相径庭。前两种是随着小资产阶级需求的变化而将其部分收归国有。③ 直到1960年,占主导地位的民族主义是一种保守的意识形态,从1760年到1840年,它以领主和高级神职人员为基础,从1840年到1960年,它是农村和城市小资产阶级的结合,后者满足于成为加拿大资本主义经济的次要参与者。第三种民族主义在1800年至1840年期间兴起,并在1950年以来再次蓬勃发展,它代表了一部分想要支配经济的小资产阶级。但在处理第三种民族主义时,作者们采用了不同的方法论:

> ……一种民族主义意识形态,将民族解放与建立自下而上的社会主义联系起来。这种意识形态由工人运动中的积极分子和知识分子推动,试图转化工人阶级的愿望,并为其解放创造条件。④

前两种民族主义是从外部来看待的,是对主流的意识形态及其表

---

① Daniel Latouche, "Quebec", Bellamy, Pamett, Rowat eds., *The Provincial Political Systems* (Toronto, 1976), p. 28.

② "Classes sociales et idéologiques nationalistes au Québéc (1760 – 1970)", *Socialisme Québécois* No. 20, (1970) and "La Structure nationale québécoise" in Nos. 21 – 22, (1971).

③ "Classes sociales et idéologiques nationalistes au Québéc (1760 – 1970)", *Socialisme Québécois* No. 20, (1970) and "La Structure nationale québécoise" in Nos. 20, pp. 34 – 35.

④ "Classes sociales et idéologiques nationalistes au Québéc (1760 – 1970)", *Socialisme Québécois* No. 20, (1970) and "La Structure nationale québécoise" in Nos. 20, p. 35.

现出的小资产阶级利益的客观分析。第三种民族主义是从内部来看，是由"工人运动中的积极分子和知识分子"制定和推动的意识形态，他们有责任界定"民族主义与民族解放"之间的联系，以及工人阶级解放的条件。

这两项研究被广泛引用，因为它们对魁北克社会做作出了全新的解释，特别是它们提出了研究魁北克民族主义的原创性方法。它们也被左派用来支持革命团体对魁人党的反对。这样的结果是，它们否定了六十年代社会主义者的民族主义，认为这是一种非阶级的分析，导致了对小资产阶级自由主义和社会民主主义的支持。大多数马克思主义团体现在都反对"小资产阶级"的民族主义，而赞成一种表达他们所认为的工人阶级真正利益的概念，其目标是把工人阶级带到这个国家的领导层。

然而，尽管它们在马克思和列宁的理论中有着共同的理论框架，对魁人党也有共同的敌意，但它们无法就魁北克社会主义者的策略达成一致。它们的分歧往往是既激烈又尖锐的。产生这种敌意的主要原因是，魁北克（就像加拿大英语地区一样）的大多数马克思主义团体现在反映了革命社会主义的国际分歧。有几个毛泽东主义党派、团体和圈子，两三个托洛茨基主义组织，以及基于苏联模式的共产党。毛泽东主义和托洛茨基主义的团体主要由讲法语的人组成，并在不断增长。共产党仍然主要是讲英语的人。

魁北克共产党（The Communist Party of Quebec）提议出建立"一个劳动人民的大众联盟党"，该党将由共产党和新民主党、工会及以"真正的"为前提的"其它左翼团体"组成。加拿大共产党将具有特殊地位，"因为该党以科学社会主义为基础，是对世界工人阶级经验的革命性概括。"① 另一方面，查尔斯·加尼翁阐明了毛泽东主义团体的观点，不提倡建立一个大规模的工人阶级政党，而是需要一个由

---

① *For A Mass Federated Party of The Working People* issued by Samuel Walsh, President, Parti Communiste du Québec, (Montreal, November 1973), see p. 13.

革命精英组成的列宁主义先锋队。该团体否认加拿大共产党已经扮演了这个角色。尽管加拿大共产党在其声明中提议要在广泛的共同点上建立一个劳动人民的政党，警惕发生"激烈的意识形态斗争"，但那些支持建立一个群众工人党提议的托洛茨基主义者批评共产党将其定义为"改革派"，并坚持建立一个更具意识形态基础的政党。

但是，像魁人党这样既有民族主义又有社会民主主义的群众政党的存在，使得建立另一个左翼群众政党的提议困难重重。莱昂·迪翁是这样说的：

> 魁人党打算成为一个整合左翼不同团体的地方，但在它提出的社会民主主义和马克思主义—列宁主义之间，至少在意识形态层面上似乎没有和解的可能。①

然而，尽管存在意识形态上的差异，马克思主义左翼和魁人党确实相互作用。一个强大的且不断发展的马克思主义运动的存在有助于魁人党的激进化，或者至少防止它向右倾方向走得太远太快。莱昂·迪翁指出，魁人党的出现在很大程度上是对社会主义者的活动和意识形态工作的回应。②

因此，社会主义和社会民主是"平静革命"的共同产物，并且已在魁北克的意识形态光谱中牢牢扎根。它们以各自的方式继续发展。魁人党在很短的时间内成为在魁北克进行社会变革的主要选举工具。从1967年勒内·莱韦斯克（Rene Levesque）带着100名代表退出自由党大会，到1976年他领导的魁人党成为魁北克省的政府党，这场运动一直作为衡量魁北克省激进不满情绪的主要标准。

自1970年以来激增的马克思主义团体，在任何意义上都构不成群众运动，但它们确实代表了年轻知识分子中的一次重要发展，这些

---

① Dion, *Nationalismes et politique au Quebec*, p. 110.
② Dion, *Nationalismes et politique au Quebec*, p. 38.

知识分子完全脱离了自由主义或社会民主主义的价值观，接受和传播了马克思主义对资本主义社会的观点。虽然这些团体之间对于这一观点适用于魁北克存在严重分歧，但不应低估他们的思想和政治工作的集体影响。他们是魁北克激进化的重要组成部分。他们已经在某种程度上发挥了马克思和恩格斯在《共产党宣言》中为这类运动规定的作用，即"推动其他一切运动的部分"。

但是，马克思主义者所面临和困惑的一个主要问题是如何描述他们与魁人党的关系。《魁北克社会主义》编委会在1970年4月的创刊号上呼吁对魁人党采取更有建设性（尽管带有批评性）的态度，但是仍然遭到大多数马克思主义团体的拒绝。他们使用的方法包括毛主义者将魁人党定为主要敌人，到共产党呼吁建立群众工人党越过并最终摧毁魁人党。但是，在魁人党获得工人阶级的坚定支持当选为魁北克政府党之后，这种一直以来都是虚幻的前景就变得更加渺茫。

由于马克思主义团体之间的分歧反映了国际间的分歧，这些问题不太可能在近期内得到解决。它们逐渐减弱了但却没有消除马克思主义在当今魁北克的影响。

1960年后加拿大英语地区的新社会主义

20世纪50年代盛行的冷战对激进主义、社会主义和共产主义运动造成了非常大的破坏。加拿大共产党（当时被称为劳工—进步党）在党员人数、选举支持以及工会运动中的地位方面损失惨重。由于1956年苏联共产党的披露事件以及随后在波兰、匈牙利和东德发生的起义，加剧和加速了加拿大共产党的衰退。

平民合作联盟支持冷战的主要推动力。它在工会运动中发动了反对共产党的激烈斗争，毫不犹豫地充分利用了那个时期的反共偏见。

但平民合作联盟发现，冷战虽然主要针对共产主义，但也削弱了对社会主义和社会民主的支持。在1953年、1957年和1958年的联邦选举中，平民合作联盟获得了自战争以来最低的票数：分别是11%、

11%和9%。平民合作联盟的历史记载了在这一时期"党在选举中已在慢慢失血而死"。①

平民合作联盟领导层的大多数人对这种衰退的反应是进一步倾向右翼。根据沃尔特·扬的说法,这种转变早在1950年就开始了,当时的全国主席弗兰克·斯科特(Frank Scott)在平民合作联盟大会上提议重新起草《里贾纳宣言》。这个过程被证明是一个"漫长的过程,长达六年,涉及三次全国大会,以及大量的文件、会议记录、草案和备忘录"。② 它在1956年的《温尼伯宣言》(The Winnipeg Declaration)中达到高潮,扬对其描述如下:

> 《温尼伯宣言》缺少《里贾纳宣言》的激情,经过长时间的有时是激烈的辩论后才被接受。成员们对政策的改变表示不满,尽管他们先前承认有改变的必要。平民合作联盟的领导人真诚地试图为党提供一个核心的理论体系,使之没有《里贾纳宣言》里的革命色调,他们诚挚地希望这个理论体系更容易被公众接受,并且使他们的党处于更有利的地位。③

还有一位历史学家对《温尼伯宣言》的评价是,"平民合作联盟的朋友和敌人都一致认为,该宣言造成了向右倾的重大转变"。④ 他引用了平民合作联盟领导人安德鲁·布莱温(Andrew Brewin)对《温尼伯宣言》的盛赞:

> 让我们这些积极参加平民合作联盟的人,向所有相信自由主义

---

① Walter D. Young, *The Anatomy of a Party: The National CCF 1932 – 1961* (Toronto, 1969), p. 128.
② Walter D. Young, *The Anatomy of a Party: The National CCF 1932 – 1961* (Toronto, 1969), p. 126.
③ Walter D. Young, *The Anatomy of a Party: The National CCF 1932 – 1961* (Toronto, 1969), p. 129.
④ Leo Zakuta, *A Protest Movement Becalmed* (Toronto, 1964), p. 93.

传统和生机勃勃的民主精神的人表明，平民合作联盟是他们的政党。①

根据扬的说法，正式通过《温尼伯宣言》的另一个有说服力的原因是"加拿大的两个主要劳工代表大会即将统一……"② 希望新的统一的工会中心接纳平民合作联盟作为其政治分支。这是大卫·刘易斯长期以来的目标，现在看来，它似乎终于就要实现了。毫无疑问，有必要消除一切有关社会主义的内容，为了赢得工会的支持，或者至少是中立地位，这些工会的美国高管对任何形式的社会主义都怀有敌意。《温尼伯宣言》为加拿大劳工大会在1958年4月大会上通过一项决议铺平了道路，该决议呼吁

……一个基础广泛的人民政治运动，包括平民合作联盟、劳工运动、农业组织、专业人员和其他有开明思想的人士。③

这项决议致使加拿大劳工大会和平民合作联盟联合成立了一个新党全国委员会（the National Committee for a New Party），但该委员会于1961年正式解散，取而代之的是新民主党且得到了加拿大劳工大会的认可。平民合作联盟和新民主党之间的主要区别在结构上：新民主党可以联合工会，根据每个隶属工会的成员资格在新民主党大会上享有代表权。

当然，以《温尼伯宣言》为典型的右倾转变是一种倒退。它表达出国家在当时的保守情绪。但沃尔特·扬的评论也有一定道理："这仍然是一个政治事实，这项纲领没有改变该政党的大众形象，也没有改变支持它的人。"④

---

① Leo Zakuta, *A Protest Movement Becalmed* (Toronto, 1964), p. 97.
② Young, *The Anatomy of a Party*, p. 131.
③ Quoted in Young, *The Anatomy of a Party*, p. 132.
④ Quoted in Young, *The Anatomy of a Party*, p. 134.

新民主党成立于冷战开始消退的时候。它在联邦和省级的选票有所上升。它与加拿大劳工大会的联合给了它一个崭新的和更强大的形象。

新民主党从当时蓬勃发展的激进学生运动中吸引了一部分年轻人。它开始表达对新加拿大民族主义的一些担忧，这种民族主义是对美国对加拿大经济日益增长的控制的回应。所有这些发展在1969年新民主党内爆发的"华夫运动"中达到顶峰，在接下来的三年里，它对加拿大社会主义思想和行动产生了重大影响。

起草和签署《华夫宣言》(the *Waffle Manifesto*)的团体是新民主党的一个典型部分：学生和年轻学者，他们中的许多人是该党比较新的成员，各立法机构的当选成员，工会成员，以及新民主党组织的各级官员。该团体的目标是通过"使新民主党成为一个真正的社会主义政党"，将社会主义和加拿大的独立结合起来，从而巩固新民主党的地位。"华夫宣言"是对美国"企业资本主义"的尖锐抨击，因为"它的特点是国外的军国主义和国内的种族主义"，现在又是"塑造加拿大社会的主导因素"。加拿大正在迅速成为"美国的经济殖民地"。不存在能够抵制这种趋势的"独立的加拿大资本主义"，因此，争取加拿大独立的斗争必须依靠加拿大的社会主义力量，新民主党将在其中发挥关键的政治作用：

> 建立一个民主的社会主义加拿大的斗争必须在加拿大社会的各个层面进行。新民主党是适合把这些活动纳入一个共同焦点的组织。新民主党是在加拿大历史上根深蒂固的民主社会主义运动中发展而来的。应该围绕这个核心动员进行必要的社会和政治运动，以建立一个独立的社会主义加拿大。新民主党必须直面挑战，否则就变得无足轻重。胜利在于参加这场斗争。

"华夫宣言"没有提到后来对"华夫派"支持者很重要的两个问题：妇女解放和加拿大工会的独立。在魁北克问题上，该宣言仅声明加拿大由两个民族组成,这也只是重述了 1961 年新民主党的建党纲领。1971 年,作为詹姆斯·拉克瑟(James Laxer)竞选新民主党领袖的一部分,"华夫宣言"超越性地提议新民主党支持魁北克的自决权,如果魁北克人需要的话,也包括拥有分离权。

《华夫宣言》和后来有关"华夫派"的文献仍然停留在社会民主主义的参照系内,虽然总是比新民主党的主体更好战和激进。即使是那些在 1972 年离开新民主党转而组建新党的人也认为,他们的这个党见只不过是一个左翼的新民主党。"华夫宣言"的两位主要发起人在"华夫派"成立后不久发表的一篇文章中强调了他们对加拿大社会民主主义的积极评价:

> 加拿大工人阶级的文化和传统是加拿大左翼的生命线。加拿大左翼的伟大成就——许多工会的政治归属和社会民主的力量——都源于这种文化和传统……新民主党是加拿大左派最重要的制度体现。它比其他任何组织都更能体现英裔加拿大工人阶级的文化和政治传统……新民主党将工人、农民、学生、知识分子等重要选民聚集在一起,这是建立大规模社会主义运动的必要条件。①

说"华夫派"是左翼社会民主主义,并不是贬低它,而是强调它的重要性和独特性。它吸引了许多参加过新左翼活动的年轻人加入新民主党,他们对新民主党的激进化可能性充满热情。它在新民主党内部及其外围引发的辩论产生了一些重要的关于加拿大社会的新研究,并在理论和意识形态问题上引发了一场争论,这是自 20 世纪 30 年代平民合作联盟成立以来社会民主主义阵营中所没有的。它的影响超出了新民主党的范围,给加拿大英语地区发展中的民族主义运动留下了深刻印象。但只有它作为新民主党的一部分发挥作用时才会产生这种影响。

---

① Gerald L. Caplan and James R. Laxer, "Perspectives on Un-American Traditions in Canada", pp. 314 – 315.

◈ 加拿大左翼：批评性分析

麦吉尔大学经济学家卡里·莱维特（Kari Levitt）的著作是引发这场争论的关键性研究。该书动笔于 1967 年，1968 年以专题论文发表于加勒比期刊《新世界》（*New World*），1970 年又以《沉默的投降》（*Silent Surrender*）为书名进行了扩充和出版。梅尔·沃特金斯（Mel Watkins）在为本书的序言中写道，自从它首次以油印形式出现后，它"已经有了活跃的地下生活"。① 不管沃特金斯的这句话暗示了什么，都不应该从字面上理解。据德斯蒙德·莫顿（Desmond Morton）报道，1968 年 12 月，应大卫·刘易斯（David Lewis）邀请，卡里·莱维特（Kari Levitt）向新民主党联邦党团会议提交了她的论文，这几乎是一次地下经历！② 毫无疑问，在起草"华夫宣言"时，大多数签署者，当然还有该"宣言"的所有撰写者，都完全熟悉莱维特的研究，并深受其影响。沃特金斯在写的时候可能就已经有了如下想法：

> 莱维特教授已经成为赢得加拿大激进分子尊重的少数加拿大学者之一……③

莱昂·迪翁认为，这本书在 1972 年被翻译成法语版《沉默的投降》时，对魁北克的社会主义运动产生了同等的甚至是更大的影响：

> 卡里·莱维特提出令人极为震惊的论点，即关于美国明显是通过跨国公司的综合作用来控制加拿大，极大地加强了社会主义民族主义和社会民主民族主义的发言人在这个问题上的信念（为这部著作法语版写序的正是魁人党的经济顾问雅克·帕里佐）。④

---

① Mel Watkins, Preface to Kari Levitt, *Silent Surrender* (1970), p. XVII.
② Desmond Morton, *NDP: The Dream of Power*, p. 91.
③ Mel Watkins, Preface to *Silent Surrender*.
④ Dion, *Nationalismes et politiques au Québec*, p. 100.

虽然"华夫派"的大多数成员及其以外的激进分子都毫无争议地接受了莱维特的书，但一系列相关问题却浮出了水面，围绕这些问题他们也没有达成一致：加拿大是一个殖民地、一个主权国家、一个附属国，还是一个次要的帝国主义大国？加拿大的资本家阶级是独立控制加拿大，还是与美国资本家合伙统治加拿大，还是由一个分支工厂经济和一个分支工厂国家的管理者们组成的买办阶级？在这些可能的分析中，左翼的战略含义是什么？

这些问题和相关问题在公共论坛、会议和大会上、大量期刊上，特别是在几本著作中得到了辩论。其中最有影响力的可能是：伊恩·拉姆斯登（Ian Lumsden）编辑的《接近49度纬线》（*Close The 49th Parallel*）（多伦多，1970年），加里·蒂普尔（Gary Teeple）编辑的《加拿大的资本主义与民族问题》（*Capitalism and The National Question in Canada*）（多伦多，1972年），R. M. 拉克瑟（R. M. Laxer）编辑的《（加拿大）有限公司：依附的政治经济学》（*(Canada) Ltd. The Political Economy of Dependency*）（多伦多，1973年），以及史蒂夫·摩尔（Steve Moore）和黛比·威尔斯（Debi Wells）合著的《帝国主义与加拿大的民族问题》（*Imperialism and The National Question In Canada*）（多伦多，1975年）。*

前三本书主张并捍卫了加拿大依附理论，但是摩尔·威尔斯的论文却批驳了这一理论。最引人注意的文章是蒂普尔卷中R.T. 纳伊勒（R. T. Naylor）写的"圣劳伦斯第三商业帝国的兴衰"。在文中，纳伊勒认为加拿大的资本家阶级一直是"一个商业阶级，通过流通而不是生产来积累财富"，这导致了地方性"殖民主义和落后的长期存在"。① 拉克瑟在其书中同意纳伊勒论点的主旨，但补充道，加拿大作为美国的工业腹地，其结果是加拿大正在"去工业化"。他说这是"本卷的分析中最关键的方面"：

---

* 事实上，出版社（包括一些资深出版社）不但愿意而且急于出版马克思主义书籍，这本身就表示人们对这类研究的广泛兴趣。

① R. T. Naylor, Teeple ed., *Capitalism and The The National Question In Canada*, p. 1.

推动加拿大去工业化不仅仅是美国政府政策的战略目标,因为它试图解决生产过剩的危机,现在又因为它与日本和西欧的帝国主义竞争而变得更加严重。这种把制造业和工作岗位转移到美国的政策,得到了美国劳工界最高领导人的官方支持。①

在合著的书中,摩尔和威尔斯对去工业化的论调提出了异议,称之为"一个荒诞观点"。他们还反对加拿大殖民主义的整个概念,用他们的话说,该论点就是为了支持这个概念。他们用数据来支撑自己的论点,即"去工业化"是所有先进的资本主义国家正在进行的一个过程。技术的作用越来越大,导致从事制造业的劳动力相对减少,与此同时,公共和私营服务部门却在增长。

在这些著作中还出现了一些其他的研究,特别是利奥·约翰逊(Leo Johnson)、S. B. 瑞尔森、弗里内特和布尔克*(蒂普尔卷中)以及丹尼尔·德拉奇(Daniel Drache)(拉姆斯登卷中)的研究,这些研究对加拿大的阶级结构、加拿大法语地区的民族主义和加拿大意识形态提供了新的原创性见解。约翰逊在他的文章中指出,在过去,马克思主义者对加拿大的理论研究大多是辩论性的而非分析性的,这是事实,尽管在提出此论断的例外情况时,他忽略或漏掉了本书第五章和第六章涉及的一些重要研究。毫无疑问,新的马克思主义者开始提供在过去基本缺失的知识输入。C. B. 麦克弗森在评论蒂普尔的书时表示,已经出现的新分析应该引起加拿大左翼的"重新思考"。②

但是,对加拿大社会所作的全新分析与由此推断出的政治结论之间存在着很大的差距。这些都指向了困扰着几代加拿大社会主义者的一个持续问题,即理论与实践之间的关系。丹尼尔·德拉奇的论证很

---

① R. M. Laxer, ed., (Canada) Ltd., p. 9.
* 这是《魁北克社会主义》早期期刊上发表的该研究的节译。
② C. B. Macpherson. "Marxism In Canada: A New Beginning", *Canadian Dimension*, Vol. 9. No. 7 – 8, p. 72.

有说服力,他认为加拿大资产阶级从未获得民族意识,他说:"分析通向战略,思想要在实践中检验"。① 罗伯特·拉克瑟(Robert Laxer)在《(加拿大)有限公司》的前言中更为明确地写道:

> 一个合理的行动计划只能产生于合理的分析,不能在逻辑上与之分离。反之,没有战略后果的政治经济分析既无助于促进理解,也无助于采取行动。②

问题反映在这样一个事实上,即作者从非常相似的分析中得出了不同的战术结论。而且,就"华夫团体"领导小组的情况而言,他们无变化的分析导致了一整套变化中的"战略后果"。至于"思想要在实践中检验"的命题,这似乎意味着,如果实践没有产生预期的结果,那么思想本身就必须改变。但这个公式很少甚至从未经过自身的检验。

德拉奇提出了他的战略想法:"应该设立人民委员会来调查、记录,然后在加拿大与美帝国主义作斗争"。③ 与此相比,那些《加拿大的资本主义与民族问题》中的作者(蒂普尔、斯科特、霍华德、纳伊勒、利普顿)提出的政治建议更加具体和详细。蒂普尔在导言的最后三段中总结了这些建议。他声称,所有的现有党派都无法或不愿意支持美国的统治。"自由党和保守党主要是美国人","新民主党使工会运动分裂和弱化";"加拿大共产党仍然无可救药地奉行教条主义……社会信用党彻底毫不相干","魁人党是一只披着羊皮的狼……"根据这些假设,蒂普尔总结了两个主要的紧急任务:"组建一个新的政党"和"更紧迫的任务是把工会从美国控制中分离出来,并将它们变成'社会主义学校',成为劳动者对国内外资本进行有意

---

① Daniel Drache, "The Canadian Bourgeoisie and Its National Consciousness", I. Lumsden ed. . *Close the 49th Parallel*, p. 22.
② Robert Laxer, *(Canada) Ltd.* , p. 25.
③ Daniel Drache, *op. cit.*

识的斗争的中心"。① 杰克·斯科特（Jack Scott）和罗杰·霍华德（Roger Howard）详细阐述了美国对加拿大工会的控制，这让最后一个任务比蒂普尔所提的更加紧迫：

> 很明显，在组织上和意识形态上与国际社会彻底决裂，是建立服务于加拿大工人真正利益的运动的必要的第一步。②

这些作者所做的是将马克思主义术语中工人阶级政治化的几乎整个历史过程压缩为组织上的*第一步*。他们说，为了赢得工人与资本主义和帝国主义思想在"意识形态上决裂"，并把工会变成"社会主义学校"，只有通过建立加拿大工会才能实现。

"华夫派"战略经历了几个阶段：第一阶段是作为新民主党的内在部分，第二阶段是作为新民主党之外的一个运动而不是一个政党，第三阶段是形成一个以社会主义和独立为基础的政党，最后阶段是领导小组提议要强调独立而不是社会主义。③

这些作者和团体正试图提出一种替代现有政治制度和政党的方案，这一事实本身就是当前时期的一个重要发展。在实施的过程中，他们中的许多人不是在"重新思考"那些还没有经过实践检验的老左翼思想，而是在重复这些思想。

马克思主义者对加拿大社会民主主义的态度尤其如此。蒂普尔称加拿大共产党是"无可救药的教条主义"，他恢复了被列为加拿大共产党最糟糕的教条主义的产物：对平民合作联盟—新民主党（CCF-NDP）的分析和方法。事实上，他赞许地援引了《社会主义与平民合作联盟》一书，该书1934年由加拿大共产党出版，基于斯大林将社会民主主义定义为"社会法西斯主义"。他转述了这句话，并用之于新民主党：

---

① Teeple, *Capitalism and the National Question in Canada*, p. XV
② Roger Howard and Jack Scott, "International Unions and the Ideology of Class Collaborations", Teeple, *op. cit.*, p. 80.
③ See Virginia Hunter, "Why I Left the Waffle", *Canadian Forum*, March 1975.

第七章　20世纪六七十年代的社会主义新主题

> 对自由民主主义和社会改良主义原则的信仰，使平民合作联盟—新民主党成为加拿大的殖民主义、资本主义制度的主要支柱。①

这段话暗示，如果没有平民合作联盟—新民主党，"加拿大的殖民主义、资本主义制度"将比现在弱势得多。这种观点似乎认为社会民主主义是由社会民主主义者创造的，而在所有先进的资本主义国家，社会民主主义是从工人运动和小资产阶级的各部分演变而来的，是这些阶级和群体反资本主义意识的自发表达。在加拿大也遵循了类似的模式，尽管纳伊勒在他写的一篇完全不符合历史的文章中声称，平民合作联盟—新民主党在加拿大西部并没有超越梅蒂斯毛皮贸易商人在1849年与哈德逊湾公司进行斗争的意识形态框架!②

下面这段话表明左翼在确定它与新民主党（以及与魁人党）的关系方面所面临的问题，这段话很有典型性：

> 从对新民主党的简要考察中，我们只能得出这样的结论：它不仅不是激进政治的可行渠道，而且甚至不能适应当代具有改革意识的左翼自由主义者的要求。糟糕的是，它仍然在政治光谱中使左翼混乱不堪。③

有人可能会提出这样的问题：如果新民主党"甚至不能适应当代具有改革意识的左翼自由主义者的要求"，那么为什么"它还在那里，把政治光谱中的左翼搅得一团糟"？这个问题并不是嬉笑而提，而是建议一个合理的分析应该从这个命题开始，而不是以这个命题为

---

① Teeple, p. 237.
② R. T. Naylor, "The Ideological Foundations of Social Democracy and Social Credit," Teeple, p. 256.
③ Evelyn Dumas and Edward Smith, "The NDP Since Its Founding", D. Roussopoulos ed., *Canada and Radical Social Change*, (1973), p. 119.

结论。如果新民主党"仍然存在",尽管加拿大共产党过去曾竭力摧毁它,或着一些当代马克思主义者希望它消失,但它必须真正地回答移向左翼的加拿大人的一些要求。试图回答这个问题的分析可能会得出切实可行的结论,这与过去尝试过但却失败的结论截然不同。

这一时期涌现出大批新的马克思主义团体,对左翼关于加拿大的地位、加拿大资产阶级的角色和特征,以及工人阶级政治行动的形式进行了系统的辩论。它们中的许多成员从激进的学生运动和"华夫运动"中走出来,加入或组建他们认为具有准确和明确目标的运动,并在一个严格的意识形态和理论框架内工作。他们都认为自己是马克思主义—列宁主义者,他们中的大多数都遵循国际模式:毛泽东主义、托洛茨基主义和苏维埃。后者以加拿大共产党为代表,但不是在这个时期形成的马克思主义政党。

毛泽东主义运动（The Maoist movement）由一个政党—加拿大共产党（马克思—列宁主义）、萌芽党共产主义联盟（La Ligue Communiste）（马克思—列宁主义）,以及围绕着出版物《奋斗》（*En Lutte*）、《动员》（*Mobilization*）、《加拿大革命》（*Canadian Revolution*）的一些团体组成。托洛茨基主义团体（The Trotskyist groups）包括革命马克思主义团体（the Revolutionary Marxist Group）、社会主义行动联盟（the League for Socialist Action）、社会主义联盟（the Socialist League）、马克思主义革命团体（the Group Marxiste-Revolutionnaire）和国际社会主义者（the International Socialists）。加拿大劳动党（the Canadian Party of Labour）是不易被任何国际模式识别的团体,是民主社会学生组织（the Students for a Democratic Society，SDS）的产物。

毛泽东主义者可能占据了这个时期加拿大新马克思主义者的大多数,他们受到成功的社会主义革命模式的激励,就像1917年布尔什维克革命后追随列宁道路的那一代社会主义者一样。他们在中国经验中看到了一种持续革命的模式,在这种模式中,来自下面的运动抵制并击败了官僚制度发展壮大和无所不能的趋势。随着中苏分裂的加剧,加拿大的毛泽东主义者的宣传反映了对苏联

第七章 20世纪六七十年代的社会主义新主题

和苏联支持的加拿大政党日益增长的敌意，其领导层被称为"修正主义者"和"社会帝国主义者"。所有的毛派团体都明确地恢复了斯大林的角色，他们对斯大林工作职责的描述让人想起1956年前的苏联宣传。

他们对加拿大社会主义道路的看法是直接而教条的。在一篇题为《反对资产阶级国家》（*Against the Bourgeois State*）的社论中，其中一个团体用这段话概述了无产阶级专政的道路：

> 正是因为马克思—列宁主义者以及具有阶级意识的工人们理解国家的作用，他们才与工会领导人、魁人党和新民主党的改良主义者、虚假的加拿大"共产党"修正主义者作斗争……解决资本主义危机的唯一办法是无产阶级革命，在该党的领导下，工人和广大群众将彻底摧毁资产阶级国家，建立一个新的国家，他们的国家是工人的国家，是无产阶级专政的国家。[1]

带着这样一种启示录的观点，毛泽东主义者不愿意参与到围绕即时需求的斗争中。1976年3月，加拿大劳工联合会在渥太华举行示威，他们发布声明警告工人，除非"推翻资本主义制度"，否则他们将无法改善他们的条件或打破工资控管制。

毛泽东主义者关于加拿大地位的立场，用他们的一位主要发言人的话来说就是："加拿大是一个在经济上受单一大国支配的国家，其程度是任何其他单一国家都没有经历过的，可能除了苏联范围内的一些国家是例外"。[2] 加拿大资产阶级完全是代表美帝国主义工作的"买办"阶级，因此，用毛泽东的话说，"主要矛盾"是工人阶级与美帝国主义和"它的加拿大的走狗们"之间的冲突。这场斗争必须在"集中化的领导"下进行，把加拿大的法语地区和英语地区联合

---

[1] *La Forge*, Montreal, January 29, 1976, p. 3.
[2] Jack Scott, "Review of 'Imperialism and The National Question'", *Canadian Revolution*, August/September 1975, p. 54.

253

起来进行一种阶级斗争。魁北克的民族问题只是一个次要矛盾,因此必须服从于主要矛盾。①

这个时期有一个受关注的特点是,激进青年对莱昂·托洛茨基的生平和作品重新产生了兴趣。与现有的"托洛茨基主义运动"——社会主义行动联盟一起出现了几个新的托洛茨基主义团体。托洛茨基的吸引力在于,他在历史上被认为进行了反对斯大林的官僚制度和独裁统治以及苏联国家变形的斗争。

各种托洛茨基主义团体以多种方式与第四国际联系在一起,这使他们能够接触到世界各地的各种托洛茨基主义运动,特别是在葡萄牙、西班牙、法国、比利时、斯里兰卡和智利的运动。与第三国际不同的是,这个组织不要求也不强加解决各种托洛茨基组织复杂的国家问题,而是对它们提出批评和建议。例如,在1973年,第四国际批评加拿大的一个托派团体无条件地、不加批判地支持新民主党,却不支持魁北克独立的要求。它还批评了另一个团体在加拿大独立问题上采取的立场,认为这是对"资产阶级民族主义"的让步。它宣称加拿大本身就是一个帝国主义国家,因此,主要的斗争应该是反对加拿大的统治阶级。

这一立场反映在"革命马克思主义团体"对加拿大的分析中,它是第四国际的"同情者"。它支持莫尔·威尔斯论题的总结,尽管这不是它们的出版物:

> ……国家独立(以马克思列宁主义政治概念来理解)并不在加拿大的议程上。这并不是要忽视加拿大的经济依赖性,而只是将其放置在适当的视角下——一个已经获得政治独立、国家统一、资产阶级民主和资本主义生产关系的依赖型资本主义国家。……②

---

① *En Lutte* (English Digest), February 1976, p. 2, 3.
② Steve Moore and Debi Wells. *Imperialism and The National Question in Canada* (Toronto, 1975), pp. 108 – 109.

第七章　20世纪六七十年代的社会主义新主题

在这种分析中，"革命马克思主义团体"拒绝将国家独立问题作为革命战略的一部分。在它看来，加拿大议程上的革命是一场典型的无产阶级革命，针对的是加拿大的统治阶级。

加拿大共产党就其背后的历史而言，仍然是唯一的"老牌"马克思主义政党。正因为如此，加共认为它是加拿大唯一真正的共产党。然而，新马克思主义团体的成员数量现在已经超过了加拿大共产党成员的人数。

与新团体的力量相比，加拿大共产党的实力主要在于它在工会中的地位，这是它参与工会活动的长期传统带来的结果。目前正在鼓动新马克思主义团体的许多辩论首先是在共产党内进行的。共产党的纲领为争取加拿大的独立奠定了基调，并提出了许多后来被民族主义和社会主义民族主义运动所采纳的观点。与所有其他马克思主义团体不同，共产党与外面范式的联系不仅仅在意识形态上。它们是有机整体，并禁止对苏联进行任何批评，这仍然是共产党未能吸引那些在观念上具有革命性、却又不准备接受苏联领导的加拿大人的主要原因。

新左翼的一个显著特点是它提出的问题类型。它的主要努力之一是妇女解放，这是马克思主义运动的所有部分都强调的。因此，妇女在这些团体中发挥的作用比在加拿大社会的任何其他领域都更加重要和突出。妇女在工会领导层中的参与度也有提高，这在很大程度上得益于左翼的努力。左翼发起的另一个议题是原住民的处境和针对新移民的种族主义歧视。

大多数新马克思主义团体认为他们的主要弱点是脱离了劳工运动。他们谈到了工人阶级的定位，这实际上意味着把他们的一些成员派到工厂去，在那里他们可以在当地的工会和中央劳工机构中活跃起来。但是，无论在何处进行试验，在赢得工人阶级加入马克思主义运动或将工会转变为"社会主义学校"方面，都没有产生预期的效果。新马克思主义运动在目前阶段仍然是知识分子和中产阶级的运动。

这并不是对新马克思主义团体的谴责或轻视。这是对加拿大社会主义思想和行动在现阶段的反映。革命社会主义在加拿大不是一场群众运动。到目前，它最有效的作用是宣传性的，尽管这一点遭到了一些（如果不是大多数）马克思主义活动家的强烈反对。然而，他们尝试的角色——与新民主党或魁人党等社会民主运动相竞争或取代它们——是最没有成效、最令人沮丧的。

正如已经指出的那样，加拿大社会主义的新阶段的最显著特征是它反映国际模式的方式。但这也不可能凭空抹掉。国外各种革命运动的广泛发展和成功，是加拿大社会主义思想增长的主要因素，就像在所有资本主义国家一样。但这个阶段与布尔什维克革命后的阶段有一个显著区别，那就是新运动不受其外部因素的支配。这至少带来了一种希望，即当代社会主义者将自行制定出适合加拿大现实情况的社会主义理论和实践。

第八章　结论与总结

社会主义思想在 19 世纪和 20 世纪之交开始在加拿大扎根。在最初的表现形式中，它是一种引进的思想或一套理念，而不仅仅意味着是移民——特别是来自英国和美国的移民，在加拿大的社会主义宣传方面发挥了重要作用。许多加拿大社会主义运动的先驱曾表示，他们来到加拿大时并没有任何关于社会主义的知识，他们第一次接触社会主义思想是通过在当地工会或委员会出售的引进版社会主义和激进主义文献。最受欢迎的书籍是罗伯特·布拉奇福德（Robert Blatchford）的《快乐的英格兰》（*Merrie England*）、爱德华·贝拉米（Edward Bellamy）的《回望》（*Looking Backward*）、亨利·乔治（Henry George）的《进步与贫穷》（*Progress and Poverty*）、劳伦斯·格伦（Lawrence Gronlund）的《合作联邦》（*The Co-Operative Commonwealth*）、杰克·伦敦（Jack London）的《铁蹄》（*The Iron Heel*），以及经芝加哥一家北美出版商发行的马克思和恩格斯的著作。

社会主义思想主要从社会主义运动已经很成熟的英国和美国传入加拿大。正当加拿大第一次大规模的工业化进程蓬勃发展之时，社会主义思想来到这里，改变了城市中心的社会模式，并在加拿大英语地区催生了无产阶级。社会主义思想逐渐走向了不断发展的工会运动，使其成为自己的活动场所，这并非源于任何既定战略，而是因为社会主义和工会主义都吸引了工人中间更具有阶级意识的群体。当时的工会运动还不是群众运动。它的规模很小，也不具备代表性，但它接纳了那些开始从阶级角度看待自己的工人群体，使他们中的许多人从那里以相对较短的距离走向社会主义。手工业工会主义相比于后来的产业工会主义是保守的，但是在英国和加拿大，一定程度上也在美国，手工业工会成员是工会主义的先锋卫队，工会运动以及围绕它而发展起来的社会主义组织在很大程度上反映了这个工人群体在劳工运动形成时期的观点和关切。

社会主义不只是一种意识形态：它是一种理论，它借助马克思和恩格斯的著作已形成一个严谨的理论体系。它还成为了一场国际运动，拥有数百万的成员和选民，并吸引了一些最敏锐的知识分子。它的主要社会基础在工人中，而正是知识分子把理论带给了他们，帮助他们理解它，完善它，并把它发展成政治纲领。

但在加拿大的情况并非如此。没有知识分子接受社会主义。大学里也不讲授社会主义。不允许社会主义发言人进入校园发表该主题的演讲。没有任何社会主义经典被列入社会科学的课程。这就反映出许多情况：压抑的氛围，缺乏思想活力与好奇心，大学的极端狭隘和精英主义，以及英帝国主义意识形态在社会科学中的作用，正如霍布森指出，这种意识形态在殖民地的资产阶级和知识分子中比在大都市中心的更为强烈。但不论怎样解释，知识分子在社会主义运动中的缺失，在后来的岁月里影响了它的性质。

社会主义把适应加拿大社会环境的任务留给了社会主义工人阶级。他们在这项任务中遇到了很大的困难；他们既没有时间也没有接受培训。他们通常每周工作五十到六十个小时，只能在有限的业余时间里研究马克思主义和相关文献。他们认为自己的任务是传播马克思主义宣传，但他们很难确定马克思主义理论与政治行动之间的关系。

按照他们的理解，马克思主义主要由政治经济学组成，他们的宣传围绕着对资本主义剥削理论的阐述。他们在历史唯物主义上花费的时间很少，对加拿大社会进行阶级分析的尝试就更少了。他们认为，提出迫切要求不是社会主义党派的职能，尽管他们支持这些要求，但认为没有必要对当前的加拿大政治问题采取立场。

他们不是国际社会主义局（the International Socialist Bureau）的成

员，也从未参加过第二国际大会。社会民主党（the Social Democratic Party）成立于加拿大社会主义党（the Socialist Party of Canada）分裂之后，该党认为这种孤立对加拿大人是极为不利的障碍，并在1914年决定派该党的秘书前往维也纳国际大会。但是战争中断了这次行程，加拿大的社会主义运动仍然处于国际运动之外，直到共产国际成立。然而，加拿大的社会主义者并不是完全孤立的，因为他们确实邀请了来自英国和美国的社会主义运动的发言人，如拉姆齐·麦克唐纳（Ramsay MacDonald）、基尔·哈迪（Keir Hardie）、汤姆·曼（Tom Mann）、尤金·德布斯（Eugene Debs）、比尔·海伍德（Bill Haywood）。美国社会主义刊物《呼吁理性》（Appeal to Reason）在加拿大广泛传播。他们也能阅读到《国际社会主义评论》（International Socialist Review），当然会觉得自己是世界运动的一部分。

即使他们了解到国际大会和国际社会主义局会议上发生的任何辩论，但在加拿大社会主义新闻媒体中并没有反映出来。当他们确实要在国际社会主义的一些问题上表明立场时，例如允许英国工党加入国际社会主义大会的问题，他们通常站在世界运动主体的左翼。

几乎从一开始，加拿大的社会主义党派就以他们自己理解的马克思主义为基础。尽管在一些最早的组织中，特别是在加拿大社会主义联盟中，存在费边主义（Fabianism）和基督教社会主义（Christian Socialism）的成分，但是到了1904年，当加拿大社会主义联盟与不列颠哥伦比亚省社会主义党（the Socialist Party of British Columbia）合并时，加拿大的社会主义已经致力于被其领导人之一 G. 韦斯顿·威格利所描述的主张，这"可能是在所有起草过革命社会主义原则的国家中最为简短又最不妥协的声明"。[①]

到1913年，社会主义在加拿大已经发展到了一定程度，甚至促使著名教授 O. D. 斯凯尔顿给加拿大商人们发出了书面警告，提醒他们有关社会主义的威胁，并就如何应对这种威胁给出了明智的建议。

[①] G. Weston Wrigley, *International Socialist Review*, Vol. 4, 1903－1904, p. 398.

斯凯尔顿在1913年1月《金融时报》（*Monetary Times*）发表的一篇文章中主张国家和资本家采取改革和妥协的政策作为应对社会主义发展的最佳方式。在他看来，这些改革将是"反对社会主义的堡垒"。加拿大的社会主义虽然还很弱小，但已经发展起来了，以致于四年前斯凯尔顿认为它在加拿大并没有什么影响，而现在却将其视为一个重要运动。因此，就像在欧洲国家一样，目前在加拿大，社会主义思想的发展对于一些资产阶级代言人就像激发了自由民主一样。斯凯尔顿总结道："社会民主和政治民主的时刻已经到来"，他后来成为自由改革主义的主要创建者之一。

值得注意的是，当农民反抗运动日益壮大时，斯凯尔顿将注意力局限在社会主义和工人阶级。来自农业组织和农民报刊的激进批评的表达，在某些方面比社会主义和劳工报刊更激烈，当然也更具体。

斯凯尔顿对社会主义提出的两个观点并不适用于农业激进主义。首先，社会主义是针对整个制度的，而农业激进主义在抨击金融权力中心的同时，通过它的要求明确表示，它既不是在抨击制度，也不主张革命性的变革。其次，加拿大的社会主义是世界运动的一部分，拥有"日益增长的数百万拥护者"，给"许多人留下印象，使他们改变了对社会主义的态度，不再出于正义或权宜之计的考虑，而是相信社会主义是不可避免的"。

然而，农业激进主义对加拿大社会主义的最终形式和性质作出了重大贡献。它首次提供了对加拿大资本主义的结构及其与加拿大政府的密切关系的具体分析。它使社会主义成为农民、新闻媒体和组织中的一个持续而首要的主题。它是加拿大英语地区最早积极反对英帝国主义的组织之一。它与鼓动加拿大自治的加拿大政治思潮相联系。它用自己的需求补充了有组织的劳工运动的社会需求。总之，农业激进主义对加拿大具体问题的关注与早期社会主义运动中许多抽象宣传形成了对比。

在加拿大的西部地区，农业激进主义有助于影响社会福音运动的牧师，他们后来成为劳工和农民之间的重要纽带。最重要的是，由于

第八章 结论与总结

农民反对革命性变革，这是使加拿大社会主义主体具有社会民主性质的主要因素之一。

著名的英国经济学家 J. A. 霍布森早在 1905 年就预见到了加拿大建立农工联盟的条件，他认为这是在政治上成功替代资本主义的唯一希望：

> 无论如何，加拿大很明显正在经历一段长期的保护主义时代，这种时代通常由工业的贪婪和政治的懦弱塑造而成。土地的耕种者，磨坊、矿山、商店和铁路的工人构成了人口的绝大多数，他们是否有智慧和能力把自己从这条保护主义毒蛇的盘绕中解救出来，这是未来的一个重大问题。目前这个问题没有引起多少关注。当加拿大的工人们觉醒时，他们会发现，"保护主义"只是铁路人、理发师、木材商和制造业垄断者中的一小撮人却拥有着国家的几种经济毒牙的一种途径，并已深深嵌入了工人们的"卑贱之躯"中。①

农民运动的转折点是 1911 年"互惠条约"（Reciprocity）的失败。此后，他们的抗议文献变得更加激进好战，并开始表达独立政治行动的需要。就在斯凯尔顿发表他那篇关于工人们倾向社会主义的文章之际，《粮农指南》在 1913 年 1 月 15 日的封面上刊登了这样一个宣言：

> 在加拿大，特权家族的王公贵族们控制着我们的铁路、银行和制造业系统，对每个加拿大公民征收的贡品比封爵时代的封建贵族们征收得还要多。这些加拿大特权王公们在法律保护下征收贡品，而法律又是为迎合他们而制定的。因此，他们站在最高尊严之巅，被视为社会的"支柱"。如果考虑到这些王子们积累的

---

① J. A. Hobson, *Canada Today* (London, 1960), pp. 46–47.

财富并非由他们劳动挣得，而是借助野蛮的法律从平民百姓口袋中窃取，那么这些权力更应该被描述为社会的"嗟食支柱"。

该宣言中的主要议题成为了激进农业团体的常见主题。他们主要在农民报刊上发表自己的作品之外，还支持传播其他国家的作者的书籍，这些作者以同样方式抨击社会。然而，无论这些批评家提出了多么不同的结论，只要他们反对垄断集团、银行家、铁路大亨或货币体系，就会受到农民的欢迎。这对于亨利·乔治、爱德华·波里特、古斯塔夫·迈尔斯和马霍尔·道格拉斯尤为如此。他们没有公开宣传马克思主义著作，只是间接地通过迈尔斯传达，但迈尔斯的马克思主义是含蓄隐晦的。

社会主义运动通过宣传马克思和恩格斯及其追随者的著作，来抨击整个资本主义社会。农业运动通过说明性文献而不是理论性文献来批判加拿大资本主义社会。社会主义者的宣传工作主要针对有组织的劳工运动。然而，对加拿大资本主义的双重批判实际上正在趋同。这些抨击在战争期间特别是在战争后期不断增多。工人和农民在揭露战争暴利、腐败的政治、对公民自由的限制和征兵方面找到了共同之处。

伴随着这种宣传鼓动而不断加剧的激进主义，以更加尖锐的方式把这些团体的政治行动问题摆在了面前。社会主义者和劳工运动开始朝着工党的方向发展，农民则朝着"无党派"农民党的方向发展。伍德沃斯主张建立一个连接劳工和农民的"人民党"。但是由于很多原因，这一提议还为时过早。

加拿大工党的思想曾在1917年得到了行业和劳工大会的支持，现在正受到马克思主义左派中许多人的攻击，因为他们更愿意按照布尔什维克的路线建立政党。实际上，俄国革命产生了两种截然相反的反应。在马克思主义者中，它的作用是增强了三个社会主义政党的革命精神，虽然不是所有成员都持相同看法。另一方面，革命社会主义的高涨排斥了许多激进的农民，虽然他们还像以前一样激进地谴责加拿大的资本主义政治，但并不准备与革命派联手。劳工运动在战争期间发展迅速，但作为独立的政治力量仍很薄弱，其内部对工党的分歧就使它在这方面更加脆弱了。此外，这些年的激进主义为自由改革主义提供了强大的推动力，在麦肯齐·金的领导下发起了坚定的努力，以争取持不同政见的工人和农民支持改革自由主义的旗帜。

20世纪20年代对于重塑加拿大政治格局具有决定性意义。进步党作为源起于对土地政策不满的党派，屈从于麦肯齐·金政府的巧言诱导，但该党的重要部分与两党体制决裂，并在1932年帮助创建了平民合作联盟。共产党未能在革命社会主义和列宁主义的基础上召集重建马克思主义运动，正是这一时期，社会民主主义成为加拿大英语地区反资本主义和反帝国主义的主要意识形态。共产党人抨击社会民主党人是革命的背叛者，但事实上，社会民主党的成长是革命前途衰退的结果，而不是原因。社会民主是在资本主义社会中发展起来的，那里仍然存在着进行重大改革的机会。与此同时，社会民主主义与自由民主主义并存的事实表明，尽管自由民主主义做出了种种让步和改革，但它不会也不可能消除或取代社会民主主义。

社会主义无论是何种形式，在根本上都是资本主义的替代，是本世纪出现的唯一真正的替代模式。在加拿大，社会主义和激进主义在早期主要关注于抨击资本主义的剥削本质，以及资本与政治权力的密切关系。社会主义者缺乏关切即时需求而经常受到回顾性的批评，但重要的是要理解，这是为了强调他们并不把社会主义看作仅仅是改善工人的经济条件和社会福利。诚然，他们低估了资本主义生产大量消费品和减少分配不平等的能力。但是，即使他们正确地衡量了资本主义的这种能力，也无法回答他们对资本主义制度的批判。一个大众化的社会主义口号"人权优先于财产权"表达了他们对资本主义基本性质的批判。加拿大社会存在的每一个主要罪恶——贫穷、战争、帝国主义、压迫——都相关于资本主义及其最基本特征：社会财产的私人所有权。政治权力的追求不只是为了改善人民的生活条件，而是作为重塑整个社会结构的一种手段，或者正如《里贾纳宣言》所表达的"要消除资本主义"。无论这些目标在当前的社会民主思想中被压制了多少,在公众看来,新民主党继承了平民合作联盟的遗产和形象,仍被视为加拿大主流政治文化的社会主义替代品。正是因为它在加拿大意识形态谱系中的地位,平民合作联盟——新民主党一直是加拿大政治中真正的第三党。

尽管如此,对立即实施改革和对资本主义基本批判的相对重视,在社会主义组织内部已经造成并将继续引发相当严重的紧张和困难。这是平民合作联盟和新民主党内部所有分裂和派系斗争的根源。毫无疑问,这已是共产党面临的重大困难的主要来源,目前也是自六十年代以来涌现出的各种马克思主义团体中激烈辩论的主题。

加拿大共产党代表着加拿大社会主义运动的一部分人接受了列宁主义,他们深信列宁的社会主义革命战略和战术在俄国已经证明是成功的,在加拿大也会成功。这一成功的关键是在布尔什维克模式上创建了一个真正的革命政党,并通过共产国际与类似政党紧密联系在一起。共产国际不像第二国际那样仅仅是志同道合的政党的联盟,它实际上是一个国际政党。它的结构和意识形态在世界范围内是统一的,由各个国家的单位组成,并从属于更高的国际委员会。

加拿大共产党是在热情、决心和凝聚力的迸发中创建的,正值社会主义运动的其它部分似乎陷入了困惑和分裂时期。这种热情基于一个信念,即战后的革命浪潮仍在高涨,需要革命战略和战术来应对这种形势。但是,随着这股浪潮开始消退,加拿大共产党面临着一个始终从未能解决的问题:如何给一个既无当前又无更长远革命前景的政党定义角色。政策上出现频繁和突然的波动反映了这种不确定性。在党的媒体上,在中央委员会的会议和大会上,对不断变化中的党的工作观念进行了长期而广泛的争论,表现出混乱和怀疑,却被自以为是的论断所掩盖,认为每一次的改变都是正确的。

总的来说,加拿大共产党坚持倡导改革,在很多情况下要比平民合作联盟更加激进,但本质上与平民合作联盟所关注的问题是一样的。因此,加拿大共产党认为自己是在与平民合作联盟竞争,对抗它，谴责它，让候选人与它对立，并在其他时候寻求与它联合甚至合并。加拿大共产党未能调整自己以适应平民合作联盟，从许多方面来说，这是它最核心的失败，但这源于共产主义在加拿大面临的根本困境。恩格斯对海因德曼和英国社会民主联盟的评价似乎在某种程度上也适用于加拿大共产党：

> 它把马克思主义僵化为一种教条，通过拒绝一切非正统的马克思主义（这种马克思主义含有许多错误）的劳工运动，也就是说，通过奉行与《宣言》所建议的政策完全相反的方向，使它自己除了成为一个彻头彻尾的教派之外而别无其他。[1]

尽管共产党对平民合作联盟的抨击得到了平民合作联盟的全面回应，但是共产党人与平民合作联盟间的互动是为了双方共同的利益。加拿大共产党通过其激进的活动，尤其是在"大萧条"时期，以及在组织产业工会方面的开创性工作，直接或间接地影响了平民合作联盟的议会和工会活动。另一方面，加拿大共产党利用平民合作联盟和社会重建联盟对加拿大社会的分析，采纳了他们提出的许多要求，以及在他们之前由议会中的劳工—农场团体提出的要求。通过这些方式，革命社会主义和社会民主主义相辅相成，共同为社会主义思想植入加拿大作出了贡献。

这些年来，加拿大共产党对加拿大政治思想的主要贡献是继续保持马克思主义对资本主义的批判。在这方面，它延续了加拿大早期社会主义政党的传统。它努力将这一点与关注当下要求相结合，以纠正这些政党的弱点，但并不太成功，主要是因为社会民主主义在哲学和实践上都是改良主义的，能够做得更好。

加拿大共产党宣传的马克思主义受到斯大林理论阐释的深刻影响，这个阐释过分简单化、教条式，还有让理论服从于不断变化战术

---

[1] Engels to K. Kautsky, August 12, 1892, in Marx and Engels, *On Britain*, p. 594.

的功利性。虽然加拿大共产党已经半心半意地接受了斯大林的残酷独裁专政,但未能接受他理论上的领导。他最严重的错误之一是将社会民主主义分析为"社会法西斯主义",并假设社会民主主义是资本主义的最后一个社会基础,因此是共产党人要对抗的主要敌人。虽然加拿大共产党现在正试图在不批判该理论的情况下而纠正它的一些后果,但有些新的马克思主义团体正在借用这个理论,并将其作为自己的理论。

20世纪60年代可以被认为是加拿大社会主义思想产生的第三个阶段。第一阶段是从早期发端到俄国革命时期,当时主要的社会主义政党都以马克思主义为基础;第二阶段是在1917年之后,革命社会主义和社会民主主义之间的历史性分裂在加拿大出现和发展;第三阶段是两种思潮都得到加强,但此时的显著特征是新左翼的激增和马克思主义的复兴,特别是在共产党之外的年轻人中。

这一发展过程最初是受到一系列国际事件的激发,如殖民地解放运动,古巴革命、阿尔及利亚革命,中国革命,美国的黑人起义和反战斗争的发展。这些事件与魁北克的"平静革命"以及在加拿大英语地区兴起的反对美国控制的民族主义情绪相结合。因此,新的社会主义潮流带有民族主义色彩,加拿大争取独立的斗争就等同于第三世界的反帝国主义殖民斗争。

社会主义与民族主义的融合在魁北克比在加拿大英语地区产生了更大的影响,原因显而易见。民族主义情绪在魁北克一直很强烈,在"平静革命"期间变得更加强烈。因此,作为"平静革命"的部分而催生出的魁北克第一个本土社会主义运动,与随后在六十年代出现的运动一样,都带有魁北克民族主义的烙印。随着一个主张分离主义的强大的社会民主党的出现,魁北克的许多马克思主义团体已经开始摒弃这种被认为是小资产阶级的民族主义。

社会主义和民族主义在加拿大英语地区的融合,导致了新民主党内部一个有组织的核心小组"华夫派"的出现和迅猛发展。当"华夫派"的积极分子试图把社会主义和民族主义推向新民主党的界限之外时，他们立即遇到了新民主党领导层的阻力，最终还有他们自己成员和支持者的阻碍。他们中的许多人加入或创立了新的马克思主义团体，以满足他们对加拿大社会进行更为根本性批判的需求。他们中有些人拒绝了民族主义，而另一些人接受了民族主义，但赋予了它更具革命性的内涵。

在加拿大英语地区和魁北克省，反对在大学里讲授马克思主义的旧壁垒已经被打破。开设的马克思主义课程的数量不断增加，选修这些课程的学生人数也在增多。这些学生和学者中的许多人都与马克思主义政治运动有关联，并从马克思主义观点为加拿大社会贡献着具有原创性和重要意义的新方案，从而丰富了加拿大的政治和知识思想。

社会主义作为一种引进的思想来到加拿大，经过本世纪四分之三时间的政治发展，经历了尖锐和激烈的冲突时期，它已成为加拿大政治思想中一个可行且独特的元素。前几代人将社会主义牢固地根植在这片土地上，在国际和国内因素的综合作用下，它正在经历着新的成长。

加拿大社会主义一向与劳工运动密切相联。今天仍然如此。它也与农民密切相关，但现在这种关系有所减弱，因为作为早期农业激进主义基础的小生产者几乎消失了。部分城市中产阶级已经转向新民主党，正是这一因素现在极大地影响着社会民主主义思想和行动的方向。另一方面，少数但也日益增长的知识分子群体正在转向马克思主义，不仅是作为一种学术活动，而且也是为了沿着革命路线影响社会主义思想的方向。到目前为止，他们几乎没有与支持新民主党的有阶级意识的工人群体接触。然而，同过去一样，马克思主义左翼的活动与社会民主主义力量的行动联合起来，就会加强加拿大的社会主义的整体存在。

附录 专有名词（汉英对照）

第一章

奥斯卡·D. 斯凯尔顿（O. D. Skelton）
卡尔·马克思（Karl Marx）

《社会主义：批评性分析》（*Socialism: A Critical Analysis*）
《社会主义》（*Socialism*）

第二章

S. D. 克拉克（S. D. Clark）
弗雷德·兰登（Fred Landon）
让-保罗·伯纳德（Jean-Paul Bernard）
费迪南德·杜蒙（Fernand Dumont）
伊迪丝·弗斯（Edith Firth）
弗兰克·昂德希尔（Frank Underhill）
S. F. 怀斯（S. F. Wise）
古斯塔夫斯·迈尔斯（Gustavus Myers）
W. Christian（W. 克里斯蒂安）
C. Campbell（C. 坎贝尔）
布鲁斯·W. 哈金斯（Bruce W. Hodgins）

附录 专有名词（汉英对照）

彼得·B. 韦特（Peter B. Waite）

唐纳德·克莱顿（Donald Creighton）

W. L. 莫顿（W. L. Morton）

卡尔·伯杰（Carl Berger）

戈德温·史密斯（Goldwin Smith）

J. A. 艾奇逊（J. A. Aitcheson）

莱昂纳尔·格鲁克斯（Lionel Groulx）

H. A. 英尼斯（H. A. Innis）

H. C. 彭特兰（H. C. Pentland）

J. A. 霍布森（J. A. Hobson）

尤金·德布斯（Eugene Debs）

威廉·T. 海伍德（William T. Haywood）

丹尼尔·德利昂（Daniel DeLeon）

塞缪尔·冈珀斯（Samuel Gompers）

J. B. 麦克拉克伦（J. B. McLachlan）

J. D. 麦克伦南（J. D. McLennan）

丹·麦克杜格尔（Dan McDougall）

菲利普斯·汤普森（Phillips Thompson）

肯尼斯·麦克诺特（Kenneth McNaught）

斯图尔特·贾米森（Stuart Jamieson）

德斯蒙德·莫顿（Desmond Morton）

约翰·S. 莫伊尔（John S. Moir）

伯纳德·奥斯特雷（Bernard Ostry）

弗兰克·W. 瓦特（Frank W. Watt）

J. S. 伍德沃斯（J. S. Woodsworth）

威廉·欧文（William Irvine）

塞伦·布兰德（Salem Bland）

A. E. 史密斯（A. E. Smith）

理查德·艾伦（Richard Allen）

F. A. 麦格雷戈（F. A. McGregor）

乔治·F. G. 斯坦利（George F. G. Stanley）

大卫·P. 加甘（David P. Gagan）

C. B. 麦克弗森（C. B. Macpherson）

乔治·布朗（George Brown）

《1867 年英属北美法案》（*the British North America Act of 1867, BNA Act*）

《1775 年魁北克法案》（*the Quebec Act of 1775*）

《1791 年宪法法案》（*the Constitutional Act of 1791*）

《加拿大政治抗议运动（1640—1840 年）》（*Movements of Political Protest in Canada 1640 – 1840*）

《西安大略与美国边境》（*Western Onlario and the American FronIier*）

《赤色派：19 世纪中期的自由主义、民族主义和反教权主义》（*Les Rouges, Liberalisme, Nalionalisme, et Anti-Clericalisme au mileu du XIX siecle*）

《加拿大法语地区的意识形态（1850—1900 年）（*Ideologies du Canada Français 1850—1900*）

《法裔加拿大学会》（*French-Canadian Society*）

《1840 年联合法案》（*the Act of Union of 1840*）

《省的概况》（*Profiles of A Province*）

《加拿大财富史》（*History of Conadian Wealth*）

《加拿大的政党和意识形态》（*Political Parties and Ideologies in Canada*）

《寻找加拿大自由主义》（*In Search of Canadian Liberalism*）

《联邦的生活和时代》（*The Life and Times of Confederation*）

《走向探索加拿大》（*Towards The Discovery of Canada*）

《曼尼托巴的历史》（*Mallitoba: A History*）

《权力意识》（*The Sense of Power*）

《加拿大的政治进程》（*The Political Process in Canada*）

《加拿大经济史论文集》(Essays In Canadian Economic History)

《劳工与加拿大产业资本主义发展》(Labor and Development of Industrial Capitalism In Canada)

《今日加拿大》(Canada Today)

《布雷顿角人民的历史》(The Peoples' History of Cape Breton)

《劳工政治》(The Politics of Labor)

《加拿大杂志》(Canadian Magazine)

《艰难时刻：1900—1966年加拿大的劳工动乱和工业冲突》(Times of trouble: Labour Unrest and Industrial Conflict in Canada, 1900 – 1966)

《加拿大历史评论》(Conadian Historical Review)

《多伦多之星》(The Toronto Star)

《渥太华公民报》(Ottawa Citizen)

《纽约论坛报》(New York Tribune)

《性格与环境》(Character and Circumstance)

《环球报》(Globe)

《加拿大经济学与政治科学杂志》(Canadian Journal of Economics and Political Science)

《联邦以来加拿大英语文学中的激进主义》(Radicalism in English-Canadian Literature Since Confederation)

《革命与反革命》(Revolution and Counter-Revolution)

《社会激情》(The Social Passion)

《政治先知》(A Prophet in Politics)

《追随光芒》(Following the Gleam)

《温尼伯罢工公报》(Winnipeg Strike Bulletin)

《工业与人道》(Industry and Humanity)

《麦肯齐·金的兴衰，1911—1919年》(The Fall and Rise of Mackenzie King, 1911 – 1919)

《加拿大劳工政治》(Canadian Labour in Politics)

《草原透视》(Prairie Perspectives)

《阿尔伯塔省的民主：社会信用和政党制度》（Democracy in Alberta: Social Credit and the Party System）

《英法协约》（Anglo-French entente）

西北公司（the North West Company）

哈德逊湾公司（the Hudson's Bay Company）

红党（le parti Rouge）

"从海洋到海洋"（from sea unto sea）

加拿大民族—国家（the Canadian nation-state）

"橙色秩序"兄弟会（the Orange Order）

美国铁路工会（the American Railroad Union）

西部矿工联合会（the Western Federation of Miners）

劳工骑士团（the Knights of Labor）

省工人协会（the Provincial Workmen's Association）

美国矿工联合会（the United Mine Workers of America）

煤矿工人工会（the coalminers' union）

马克思国际工人协会（the International Workingmen's Association of Marx）

巴黎公社（the Paris Commune）

皇家资本和劳工委员会（the Royal Commission on Capital and Labour）

加拿大工党（the Canadian Labour Party）

铁路兄弟会（the Railway Brotherhoods）

农业委员会（the Council of Agriculture）

第一次世界大战退伍军人协会（the Great War Veterans Association）

第三章

G. 韦斯顿·威格利（G. Weston Wrigley）

詹姆斯·麦克阿瑟·康纳斯（James McArthur Conners）

詹姆斯·梅弗（James Mavor）

蒂姆·巴克（Tim Buck）

西德尼·韦布（Sidney Webb）

H. S. 弗恩斯（H. S. Ferns）

B. 奥斯特雷（B. Ostry）

W. A. 普里查德（W. A. Pritchard）

乔治·摩根（George Morgan）

J. D. 哈林顿（J. D. Harrington）

H. M. 菲茨杰拉德（H. M. Fitzgerald）

保罗·福克斯（Paul Fox）

E. T. 金斯利（E. T. Kingsley）

拉姆齐·麦克唐纳（Ramsay Macdonald）

基尔·哈迪（Keir Hardie）

斯科特·尼尔林（Scott Nearing）

查尔斯·H. 科尔（Charles H. Kerr）

H. 马丁（H. Martin）

詹姆斯·辛普森（James Simpson）

罗斯科·菲尔莫尔（Roscoe Fillmore）

J. H. 霍桑韦特（J. H. Hawthornthwaite）

C. M. 奥布莱恩（C. M. O'Brien）

J. C. 沃特斯（J. C. Watters）

马丁·罗宾（Martin Robin）

诺曼·彭纳（Norman Penner）

R. 彼尔姆·佩蒂皮斯（R. Perm Pettipiece）

卡尔·利布克内希特（Karl Liebknecht）

罗莎·卢森堡（Rosa Luxemburg）

克拉拉·蔡特金（Clara Zetkin）

弗朗茨·梅赫林（Franz Mehring）

列昂·托洛茨基（Leon Trotsky）

约翰·里德（John Reed）

雷夫·威廉·艾文斯（Rev William Ivens）

约翰·亚历山大（John Alexander）

W. J. 库里（W. J. Curry）

J. 卡瓦纳（J. Kavanagh）

约翰·奎恩（John Queen）

A. A. 希普斯（A. A. Heaps）

雅各布·彭纳（Jacob Penner）

贝拉·昆（Bela Kun）

H. 巴塞洛缪（H. Bartholomew）

W. 贝内特（W. Bennett）

J. 奈特（J. Knight）

R. B. 拉塞尔（R. B. Russell）

汤姆·贝尔（Tom Bell）

杰克·麦克唐纳（Jack MacDonald）

约翰·斯图亚特·密尔（John Stuart Mill）

约翰 A. 库珀（John A. Cooper）

R. M. 麦基弗（R. M. MacIver）

盖德·霍洛维茨（Gad Horowitz）

H. H. 海因德曼（H. H. Hyndman）

《回望》（*Looking Backward*）

《加拿大劳工与社会主义运动》（*The Labor and Socialist Movements in Canada*）

《帝国主义研究》（*Imperialism：A Study*）

《麦肯齐·金的时代》（*The Age of Mackenzie King*）

《致诺曼·彭纳的信》（*Letter to Normon Penner*）

《阿姆斯特丹大会的闪光灯》（*Flashlights of the Amsterdam Congress*）

《英国劳工与英帝国主义》（*British labour and British Imperialism*）

《国际社会主义评论》(International Socialist Review)
《共产党宣言》(Communist Manifesto)
《红旗》(The Red Flag)
《不列颠哥伦比亚省联邦党人报》(B. C. Federationist)
《科尔顿周刊》(Colton's Weekly)
《西方号角》(Western Clarion)
《探照灯》(Searchlight)
《战争措施法案》(War Measures Act)
《新民主党：权力的梦想》(NDP: The Dream of Power)
《激进政治与加拿大劳工（1880—1930年）》(Radical Politics and Canadian Labour 1880–1930)
《致陪审团》(Address to the Jury)
《温尼伯1919，罢工者自己的温尼伯大罢工史》(Winnipeg 1919, The Strikers' own History of The Winnipeg General Strike)
《我们时代的主要任务》(Chief Tasks of Our Day)
《国际革命》(The International Revolution)
《国家与革命》(State and Revolution)
《共产主义运动的"左派"幼稚病》(Left-Wing Communism, An infantile Disorder)
《加拿大前锋报》(The Canadian Forward)
《西部劳工新闻》(Western Labour News)
《工业旗帜》(Industrial Banner)
《劳工与新社会秩序》(Labour and the New Social Order)
《莱斯布里奇先驱报》(Lethbridge Herald)
《纽约邮报》(New York Post)
《原则宣言》(Declaration of Principles)
《哥达纲领批判》(Critique of the Gotha Programme)
《隶属条件》(the Conditions of Affiliation)
《共产主义者》(The Communist)

《多伦多电讯报》(The Toronto Telegram)
《内阁政令》(Orders-in-Council)
《煽动叛乱法》(Sedition Act)
《关于俄国苏维埃制度及其在北美的宣传信息》(Information Respecting the Russian Soviet System and Its Propaganda in North America)
《货币时代》(Monetary Times)
《变化世界中的劳工》(Labour in the Changing World)
《马克思主义社会主义者》(Marxian Socialist)
《多伦多每日星报》(Toronto Daily Star)

社会主义劳工党(the Socialist Labor Party)
加拿大社会主义联盟(the Canadian Socialist League, CSL)
加拿大社会主义党(the Socialist Party of Canada)
温哥华地方第一分部(Local 1 of Canada Party)
齐美尔瓦尔德会议(the Zimmerwald Conference)
安大略省农民联合会(the United Farmers of Ontario)
不列颠哥伦比亚省劳工联合会(the B. C Federation of Labor)
"温尼伯罢工日"(Winnipeg Strike Day)
加拿大广播公司(CBC)
加拿大社会主义工党(the Socialist Labour Party of Canada)
英国社会民主联盟(the British Social Democratic Federation)
国际社会主义局(the International Socialist Bureau)
联邦执行委员会(the Dominion Executive Committee)
加拿大社会民主党(the Social-Democratic Party of Canada, SDPC)
阿尔伯塔省议会(the Alberta Legislature)
美国劳工联盟(the American Confederation of Labor)
西部矿工联合会(the Western Federation of Miners)
美国工会(the American Labor Union)
"商业工会主义"(business unionism)

美国煤矿工人联合会（the United Mine Workers）

国际女工服装工人联合会（the International Ladies Garment Workers Union）

国际机械师协会（the International Association of Machinists）

啤酒厂工人联合会（the United Brewery Workers）

服装工人联合会（the Amalgamated Clothing Workers）

西部矿工联合会（the Western Federation of Miners）

国际码头工人协会（the International Longshoremen's Association）

国际印刷工会（the International Typographical Union）

蒸汽钳工和水管工联合兄弟会（the United Brotherhood of Steamfitters and Plumbers）

铁路兄弟会（the American-based Railroad Brotherhoods）

机械师工会（the Machinists Union）

布尔什维克革命（the Bolshevik Revolution）

"温尼伯大罢工"（the Winnipeg General Strike）

第四章

莫里斯·斯佩克特（Maurice Spector）

格里哥里·季诺维也夫（Grigori Zinoviev）

奥托·鲍尔（Otto Bauer）

卡尔·考茨基（Karl Kautsky）

W. L. 麦肯齐·金（William Lyon Mackenzie King）

约翰·W. 达福（John W. Dafoe）

克利福德·西夫顿（Clifford Sifton）

J. S. 尤尔特（J. S. Ewart）

阿瑟·米恩（Arthur Meighen）

亨利·布拉萨（Henri Bourassa）

斯图尔特·史密斯（Stewart Smith）

约翰·波特（John Porter）

简·德格拉斯（Jane Degras）

约翰·威尔（John Weir）

莱斯利·莫里斯（Leslie Morris）

萨姆·卡尔（Sam Carr）

I. M. 阿贝拉（I. M. Abella）

S. R. 彭纳（S. R. Penner）

道格拉斯·阿博特（Douglas Abbott）

约翰·A. 麦克唐纳（John A. MacDonald）

斯坦利·瑞尔森（Stanley Ryerson）

欧文·布雷彻（Irving Brecher）

S. S. 赖斯曼（S. S. Reisman）

沃尔特·戈登（Walter Gordon）

乔治·迪米特洛夫（Georgi Dimitroff）

阿尔伯特·圣马丁（Albert St. Martin）

弗雷德·罗斯（Fred Rose）

P. 罗森博格（P. Rosenberg）

L. 塔什罗（L. Taschereau）

莫里斯·杜普莱西（Maurice Duplessis）

路易斯－约瑟夫·帕皮诺（Louis-Joseph Papineau）

A. A. 多里安（A. A. Dorion）

路易斯·瑞尔（Louis Riel）

威尔弗里德·劳里埃（Wilfrid Laurier）

皮埃尔·杰利纳斯（Pierre Gélinas）

马塞尔·富尼耶（Marcel Fournier）

《共产国际》（*The Communist International*）

《不列颠哥伦比亚省联邦党人报》（*B. C. Federationist*）

《共产国际隶属条件》（*the Conditions of Affiliation to the Communist International*）

《马克思主义与国家问题》(Marxism and the National Question)

《列宁主义的基础》(The Foundations of Leninism)

《列宁主义的问题》(The Problems of Leninism)

《苏联社会主义的经济问题》(Economic Problems of Socialism in the USSR)

《苏联共产党史（布尔什维克）》(The History of the Communist Party of the Soviet Union (Bolsheviks))

《俄国资本主义的发展》(Development of Capitalism in Russia)

《工人月刊》(Workers Monthly)

《工人》(The Worker)

《加拿大与大英帝国》(Canada and the British Empire)

《王国文件》(The Kingdom Papers)

《加拿大论坛》(The Canadian Forum)

《迈向权力》(Steps to Power)

《加拿大斗争的历史和当前经济背景》(History and Present Economic Background of the Struggle for Canada)

《加拿大劳工月刊》(The Canadian Labor Monthly)

《加拿大、帝国和战争危险》(Canada, The Empire and the War Danger)

《帝国主义论》(Imperialism)

《共产国际文件》(The Communist International Documents)

《加拿大激进主义口述史》(Oral History of Canadian Radicalism)

《列宁与加拿大》(Lenin and Canada)

《三十年》(Thirty Years)

《加拿大共产党第七次代表大会宣言》(Manifesto of the Seventh Convention of the Communist Party of Canada)

《联邦选举宣言》(Federal Election Manifesto)

《保持加拿大独立》(Keep Canada Independent)

《加拿大的共产主义观点》(Canada: The Communist Viewpoint)

《经济通史1867—1912》(General Economic History 1867–1912)

《加拿大—美国经济关系》(Canada-United States Economic Relations)

《加拿大的选择》(A Choice for Canada)

《加拿大独立与人民民主》(Canadian Independence and Peoples Democracy)

《加拿大独立与人民议会》(Canadian Independence and A Peoples Parliament)

《加拿大的社会主义道路》(The Road to Socialism in Canada)

《独立》(Independence)

《为加拿大斗争的历史与当前经济背景》(History and Present Economic Background of the Struggle for Canada)

《加拿大工人》(L'ouvrier Canadien)

《工人生活》(La Vie Ouvrière)

《1837年:加拿大民主的诞生》(1837, The Birth of Canadian Democracy)

《走向加拿大的民主团结》(Toward Democratic Unity For Canada)

《法裔加拿大》(French Canada)

《马克思主义季刊》(Marxist Quarterly)

《生者、死者和其他人》(Les Vivants, Les Morts, et Les Autres)

《加拿大共产党的历史与意识形态》(Histoire et Ideologie du Groupe Canadien Français du Parti Communiste)

《魁北克社会主义69》(Socialisme Québécois 69)

加拿大共产党 (the Communist Party of Canada)

北美社会主义党 (the Socialist Party of North America)

劳工—进步党 (the Labor-Progressive Party)

中央委员会 (the Central Committee)

加拿大自治领 (the Dominion of Canada)

加拿大上议院 (the Canadian Edition of the House of Lords)

工农共和国 (Worker' and Farmers' Republic)

"拜恩对金" (Byng versus King)

共产国际第六次代表大会 (the Sixth Congress of the Communist International)

共产国际执行委员会（the Executive Committee of the Communist International，ECCI）

中央委员会全体会议（the Central Committee of the Party）

渥太华自治领政府（the Dominion Government in Ottawa）

班尼特政府（Bennett Government）

劳工—进步党全国委员会（the National Committee of the Labor-Progressive Party，NCLPP）

"国家政策"（National Policy）

"新国家政策"（New National Policy）

北大西洋公约组织（the North Atlantic Treaty Organization，NATO）

多伦多执政团（the Toronto Executive of the Party）

天主教联盟（the Catholic unions）

"达勒姆报告"（the Durham Report）

"封锁法"（Padlock Law）

皇家自治省关系委员会（the Royal Commission on Dominion-Provincial Relations，Rowell-Sirois Commission）

人民集团（the Bloc Populaire）

加拿大皇家经济前景委员会（the Royal Commission on Canada's Economic Prospects，RCCEP）

罗威尔-西罗瓦斯委员会（the Rowell-Sirois Commission）

"平静革命"（Quiet Revolution）

"从海到海"（Sea to Sea）

"双民族"（Two-Nation）

第五章

厄尔·布朗德（Earl Browder）

汤姆·麦克尤恩（Tom McEwen）

R. B. 贝内特（R. B. Bennett）

H. A. 洛根（H. A. Logan）

汤姆·尤恩（Tom Ewen）

赫伯特·奥利夫（Herbert Orliffe）

费格斯·麦基恩（Fergus McKean）

约瑟夫 R. 斯塔罗宾（Joseph R. Starobin）

约翰 L. 路易斯（John L. Lewis）

J. B. 萨尔斯伯格（J. B. Salsberg）

G. 皮尔斯（G. Pierce）

劳伦斯·格隆伦德（Lawrence Gronlund）

马霍尔·道格拉斯（Major Douglas）

安格斯·麦克林尼斯（Angus MacInnis）

威廉·普里查德（William Pritchard）

T. C. 道格拉斯（T. C. Douglas）

斯坦利·诺尔斯（Stanley Knowles）

A. B. 麦基洛普（A. B. McKillop）

大卫·刘易斯（David Lewis）

道格拉斯·罗兰德（Douglas Rowland）

H. M. 巴塞洛缪（H. M. Bartholomew）

瓦特·休·麦科勒姆（Watt Hugh McCollum）

W. D. 赫里奇（W. D. Herridge）

诺曼·弗里德（Norman Freed）

弗兰克·帕克（Frank Park）

里奥·沃肖（Leo Warshaw）

《民族主义，共产主义与加拿大劳工》（*Nationalism, Communism, and Canadian Labour*）

《关于工会政策的决议》（*On Policy On The Labor Union*）

《工会论点》（*A Trade Union Thesis*）

《声明草案》（*the Draft Statement*）

《纷争时代：加拿大的劳工动乱和产业冲突，1900—66 年》（*Times of Trouble：Labour Unrest and Industrial Conflict In Canada*）

《全国非缴费失业保险法案》（*National Non-Contributory Unemployment Insurance Bill*）

《加拿大的工会》（*Trade Unions In Canada*）

《自治领政府劳工法》（*Dominion Government labor code*）

《共产主义与机会主义》（*Communism Versus Opportunism*）

《危机中的美国共产主义》（*American Communism In Crisis*）

《社会主义与平民合作联盟》（*Socialism and the CCF*）

《刑法第 98 条》（*Section 98 of the Criminal Code*）

《蒂姆·巴克政党的故事，1922—1939》（*The Story of Tim Buck's Party 1922 – 1939*）

《一个党派的剖析》（*The Anatomy of A Party*）

《公民与社会主义者：温尼伯的政治特质（1919—35 年）》（*Citizen and Socialist：The Ethos of Political Winnipeg（1919 – 35 年）*）

《温哥华新闻先驱报》（*the Vancouver News-Herald*）

《后斯大林时代的共产党》（*The Communist Party In the Post Stalin Era*）

《加拿大属于谁？》（*Who Owns Canada?*）

《自治领权利法案》（*Dominion Bill of Rights*）

《马与骑师》（*The Horse and The Jockey*）

《工资—工人与资本》（*Wage-Labor and Capital*）

《价值价格与利润》（*Value Price and Profit*）

《社会主义：乌托邦与科学》（*Socialism：Utopian and Scientific*）

《辩证唯物主义和历史唯物主义》（*Dialectical and Historical Materialism*）

《中央政治局的历史（B）》（*the History of the CPSU（B）*）

《加拿大的奠基》（*The Founding of Canada*）

《不平等的联盟》（*Unequal Union*）

《大企业的剖析》（*Anatomy of Big Business*）

《国家利益的概念》（*The Conception of the National Interest*）

《导致中央集权联盟的力量》（Forces Leading To A Centralized Confederation）

工会教育联盟（the Trade Union Educational League, TUEL）
加拿大矿业工人工会（the Mine Workers' Union of Canada）
伐木工人产业工会（the Lumber Workers Industrial Union）
加拿大铁路员工兄弟协会（the Canadian Brotherhood of Railway Employees, CBRE）
加拿大太平洋快递员工协会（the Canadian Pacific Express Employees）
电气通信工人协会（the Electrical Communication workers）
加拿大劳工联合会（the Canadian Federation of Labor）
矿业工人工会（the Mine Workers' Union）
木材工人产业工会（the Lumber Workers Industrial Union）
针织品工人产业工会（the Needle Trade Workers Industrial Union）
汽车工人产业工会（the Auto Workers Industrial Union）
国际共产主义执行委员会（ECCI）
工人团结联盟（the Workers' Unity League, WUL）
全国失业工人协会（the National Unemployed Workers' Association）
矿工工会（the Mine Workers' Union）
针织品行业工会（the Needle Trades Unions）
加拿大共产党中央执行委员会（the Central Executive Committee, CEC）
温尼伯独立工党（the Winnipeg Independent Labor Party）
阿尔伯塔农民联合会（the United Farmers of Alberta）
加拿大农民联合会（the United Farmers of Canada）
社会信贷（Social Credit）
"A + B 定理"（A plus B theorem）
赫本政府（the Hepburn Government）
共产党第八届自治领代表大会（the Eighth Dominion Congress of the Communist Party）
工党全国执行委员会（the National Executive of the Party）

苏联共产党（CPSU）

中央执行委员会（the Central Executive Committee，CEC）

联合粮农有限公司（the United Grain Growers Limited）

"姜派集团"（Ginger Group）

加拿大共产党中央执行委员会（Central Executive Committee of the Communist Party of Canada，CEC）

农民团结联盟（the Farmers Unity League，FUL）

自治领—省关系皇家委员会（the Royal Commission on Dominion-Provincial Relations）

农民组织（the Farmers' Organizations）

旧路线政党（the Old Line Parties）

麦肯齐·金自由党政府（the King Liberal Government）

马尼恩·德鲁集团（Manion-Drew group）

阿尔伯塔社会信用社（Alberta Social Credit）

皇家委员会（the Royal Commission）

反战争和反法西斯主义联盟（the League Against War and Fascism）

国际联盟（the League of Nations）

加拿大青年代表大会（the Canadian Youth Congress）

第六章

保罗·夏普（Paul Sharp）

亨利·乔治（Henry George）

爱德华·波里特（Edward Porritt）

索尔斯坦·维布伦（Thorstein Veblen）

路易斯·C. 麦金尼（Louise C. McKinney）

艾格尼丝·麦克菲尔（Agnes McPhail）

亨利·怀斯·伍德（Henry Wise Wood）

查尔斯·C. 曼宁（Charles C. Manning）

J. E. 哈特（J. E. Hart）

弗雷德·迪克逊（Fred Dixon）

G. G. 库特（G. G. Coote）

罗伯特·斯金纳（Robert Skinner）

亨利·迈尔斯·海恩德曼（H. M. Hyndman）

M. S. D. 霍恩斯（M. S. D. Horn）

帕尔梅·杜特（Palme Dutt）

查尔斯·A. 比尔德（Charles A. Beard）

瓦利斯·W. 勒弗（Wallis W. Lefeaux）

利奥·希普斯（Leo Heaps）

W. L. 史密斯（W. L. Smith）

W. C. 古德（W. C. Good）

E. C. 德鲁里（E. C. Drury）

艾格尼丝·麦克海尔（Agnes MacPhail）

亨利·斯宾塞（Henry Spencer）

贝基·布海（Becky Buhay）

S. M. 李普塞特（S. M. Lipset）

《阿尔伯塔的民主》（*Democracy in Alberta*）

《加拿大的进步党》（*The Progressive Party In Canada*）

《粮农指南》（*The Grain Growers' Guide*）

《加拿大西部的农民起义》（*Agrarian Revolt In Western Canada*）

《农民纲领》（*the Farmers' Platform*）

《议院中的反叛者》（*The Rebel in the House*）

《加拿大农民运动史》（*A History of Farmers' Movements in Canada*）

《政治中的尼亚加拉》（*Niagara In Politics*）

《新基督教》（*The New Christianity*）

《追寻光辉》（*Following the Gleam*）

《进步与贫穷》（*Progress and Poverty*）

《莱斯布里奇先驱报》(Lethbridge Herald)
《加拿大六十年的保护》(Sixty Years of Protection in Canada)
《在加拿大反抗新封建主义的叛乱》(The Revolt in Canada Against the New Feudalism)
《银行法》(the Bank Act)
《政治中的农民》(The Farmers in Politics)
《里贾纳宣言》(Regina Manifesto)
《威廉·欧文与加拿大的激进政治》(William Irvine and Radical Politics In Canada)
不列颠哥伦比亚省联邦工党(the Federated Labor Party of B. C.)
《曼尼托巴独立工党宣言》(Manifesto of the Independent Labor Party of Manitoba)
《英国是全体英国人民的英国》(England for All)
《马克思恩格斯书信集》(Marx-Engels Correspondence)
《加拿大的社会规划》(Social Planning for Canada)
《社会重建联盟:加拿大的社会主义和民族主义(1931—1945)》(The League for Social Reconstruction: Socialism and Nationalism In Canada, 1931–1945)
《不列颠统治海洋》(Britannia Rules the Waves)
《德意志至高无上》(Germany Over All)
《独立工党宣言》(the Manifesto of the Independent Labor Party)
《太阳周刊》(Weekly Sun)
《农民杂志》(Farmers' Magazine)
《加拿大王国》(The Kingdom of Canada)
《加拿大的进步党》(The Progressive Party In Canada)
《激进政治与加拿大劳工》(Radical Politics and Canadian Labour)
《列宁与加拿大》(Lenin and Canada)
《加拿大社会规划》(Social Planning for Canada)
《劳工保护联盟》(the Labor Defence League)

加拿大左翼：批评性分析

《民族主义，共产主义与加拿大劳工》（Communism, and Canadian Labour）

道德和社会改革委员会（the Moral and Social Reform Council）
农牧业保护者协会（the Patrons of Husbandry）
工业保护者协会（the Patrons of Industry）
无党派联盟（the Non-Partisan League）
温尼伯大罢工（the Winnipeg Strike）
皇家西北骑警（RNWMP）
安大略省独立工党（the ILP of Ontario）
国家问题社团（the National Problems Club）
安大略水电公司（Ontario Hydro）
卫理公会教会（the Methodist Church）
劳工教会（the Labor Church）
国际码头工人协会（the International Longshoremen's Association）
曼尼托巴省独立工党（the Manitoba Independent Labor Party）
蒙特利尔劳工委员会（the Montreal Labor Council）
莱斯布里奇贸易和劳工委员会（the Lethbridge Trades and Labor Council）
"三大联盟"（the Triple Alliance）
加拿大太平洋铁路公司（CPR）
联盟政府（the Union Government）
自治领工党（the Dominion Labor Party）
安大略省社会主义联盟（the Ontario Socialist League, OSL）
萨斯喀彻温省平民合作联盟研究局（the Saskatchewan CCF Research Bureau）
加拿大政治科学协会（the Canadian Political Science Association）
"国家利益的概念"（The Conception of A National Interest）
加拿大农业委员会（the Canadian Council of Agriculture）
平民合作联盟—新民主党（CCF-NDP）

第七章

杰拉尔德 L. 卡普兰（Gerald L. Caplan）

詹姆斯 R. 拉克瑟（James R. Laxer）

伊恩·拉姆斯登（Ian Lumsden）

皮埃尔 E. 特鲁多（Pierre E. Trudeau）

拉乌尔·罗伊（Raoul Roy）

马塞尔·里乌（Marcel Rioux）

约瑟夫·博内芬特（Joseph Bonenfant）

让-马克·皮奥特（Jean-Marc Piotte）

加布里埃尔·加尼翁（Gabriel Gagnon）

皮埃尔·马休（Pierre Maheu）

亨利·米尔纳（Henry Milner）

莱恩德·贝伦（Leandre Bergeron）

勒内·莱韦斯克（Rene Levesque）

皮埃尔·布尔高特（Pierre Bourgault）

吉勒·布尔克（Gilles Bourque）

皮埃尔·瓦利埃斯（Pierre Vallieres）

吕克·拉辛（Luc Racine）

罗氏·丹尼斯（Roche Denis）

莱昂·迪翁（Leon Dion）

丹尼尔·德拉奇（Daniel Drache）

查尔斯·加尼翁（Charles Gagno）

尼科尔·劳伦·弗里内特（Nicole Laurin-Frenette）

丹尼尔·拉图什（Daniel Latouche）

弗兰克·斯科特（Frank Scott）

沃尔特 D. 扬（Walter D. Young）

安德鲁·布莱温（Andrew Brewin）

利奥·扎库塔（Leo Zakuta）

卡里·莱维特（Kari Levitt）

梅尔·沃特金斯（Mel Watkins）

雅克·帕里佐（Jacques Parizeau）

加里·蒂普尔（Gary Teeple）

R. M. 拉克瑟（R. M. Laxer）

史蒂夫·摩尔（Steve Moore）

黛比·威尔斯（Debi Wells）

摩尔·威尔斯（Moore-Wells）

R. T. 纳伊勒（R. T. Naylor）

利奥·约翰逊（Leo Johnson）

杰克·斯科特（Jack Scott）

罗杰·霍华德（Roger Howard）

弗吉尼亚·亨特（Virginia Hunter）

伊夫林·杜马斯（Evelyn Dumas）

爱德华·史密斯（Edward Smith）

D. 鲁索普洛斯（D. Roussopoulos）

《接近49度纬线》（*Close The 49th Parallel*）

《加拿大的美国化》（*The Americanization of Canada*）

《石棉矿大罢工》（*The Asbestos Strike*）

《社会主义评论》（*La Revue Socialiste*）

《党见》（*Parti pris*）

《魁北克的去殖民化》（*The Decolonization of Quebec*）

《社会主义64》（*Socialisme 64*）

《社会主义65》（*Socialisme 65*）

《魁北克社会主义》（*Socialisme Quebecois*）

《社会主义》（*Socialisme*）

《责任报》（*Le Devoir*）

《魁北克新闻》（Quebec Presse）

《选择的紧迫性》（L'urgence de choisir）

《魁北克的民族主义与政治》Nationalismes et politique au Québec

《选择!》（Choose!）

《为无产阶级政党而言》（Pour le parti proletarien）

《省级政治制度》（The Provincial Political Systems）

《魁北克的民族主义与政治》（Nationalismes et politique au Quebec）

《一个政党的剖析：全国平民合作联盟（1932—61年）》（The Anatomy of a Party：The National CCF 1932-61）

《温尼伯宣言》（The Winnipeg Declaration）

《平息的抗议运动》（A Protest Movement Becalmed）

《华夫宣言》（the Waffle Manifesto）

《新世界》（New World）

《沉默的投降》（Silent Surrender）

《加拿大的资本主义与民族问题》（Capitalism and The National Question in Canada）

《（加拿大）有限公司：依附的政治经济学》（(Canada) Ltd. The Political Economy of Dependency）

《帝国主义与加拿大的民族问题》（Imperialism and The National Question In Canada）

《加拿大维度》（Canadian Dimension）

《社会主义与平民合作联盟》（Socialism and the CCF）

《加拿大与激进社会变革》（Canada and Radical Social Change）

《奋斗》（En Lutte）

《动员》（Mobilization）

《加拿大革命》（Canadian Revolution）

《反对资产阶级国家》（Against the Bourgeois State）

《拉福尔日报》（La Forge）

《加拿大革命》（Canadian Revolution）

《在战斗中》(En Lutte)

"石棉矿大罢工"(the Asbestos Strike)
《魁北克人》(Les Québécois)
魁北克民族主义(new Quebec nationalism)
新民主党(the New Democratic Party,NDP)
魁北克人党(the Parti Quebecois,PQ,简称"魁人党")
民族联盟(the Union Nationale)
"支持魁北克独立的社会主义行动"(L'Action socialiste pour l'independance du Quebec,ASIQ)
人民解放运动(Mouvement de Liberation Populaire,MLP)
魁北克解放阵线(Front pour la liberation du Quebec,FLQ)
民族独立联盟(the Rassemblement pour l'independance Nationale,RIN)
全国工会联合会(Confederation of National Trade Unions,CNTU)
魁北克劳工联合会(the Quebec Federation of Labor,QFL)
魁北克教师联合会(the Confederation of Quebec Teachers,CEQ)
魁北克共产党(The Communist Party of Quebec)
新党全国委员会(National Committee for a New Party)
"华夫运动"(the Waffle Movement)
共产主义联盟(the La Ligue Communiste)
社会主义行动联盟(the League for Socialist Action)
国际社会主义者(the International Socialists)
加拿大劳动党(the Canadian Party of Labour)
民主社会学生组织(the Students for a Democratic Society,SDS)
布尔什维克革命(the Bolshevik Revolution)
第四国际(the Fourth International)
第三国际(the Third International)

第八章

罗伯特·布拉奇福德（Robert Blatchford）
爱德华·贝拉米（Edward Bellamy）
劳伦斯·格伦（Lawrence Gronlund）
杰克·伦敦（Jack London）
汤姆·曼（Tom Mann）
比尔·海伍德（Bill Haywood）

《快乐的英格兰》（*Merrie England*）
《回望》（*Looking Backward*）
《合作联邦》（*The Co-Operative Commonwealth*）
《铁蹄》（*The Iron Heel*）
《呼吁理性》（*The Appeal to Reason*）
《金融时报》（*Monetary Times*）
《论英国》（*On Britain*）

不列颠哥伦比亚省社会主义党（the Socialist Party of British Columbia）

原著参考文献
(BIBLIOGRAPHY)

为了避免脚注过于繁琐,我尽量在本书的正文中注明使用原始文献的日期和来源,而将脚注留给相对最新的和可查阅的书籍和期刊。对于有兴趣从事进一步研究的学生,我在此列出了我所使用的所有资料来源,并以此为基础进行论述。

——诺曼·彭纳

A. Primary Sources

1. ARCHIVAL COLLECTIONS

Public Archives of Canada, Ottawa

W. C. Good Papers

AgnesMacphail Papers

R. C. M. P. Files

Winnipeg General Strike Papers

J. S. Woods Worth Papers

University of Toronto. John P. Robarts Research Library

JamesMavor Papers

University Curriculum Records

J. S. Woodsworth Papers

University of British Columbia Library. Special Collections Angus MacInnis Papers

Province of Ontario Archives

Attorney General's Department, Record Group. Communist Party Documents

2. PRIVATE COLLECTIONS

W. W. Lefeaux Papers. Files, notes, correspondence in the possession of his widow, Mrs. E. Lefeaux, Vancouver, British Columbia

3. INTERVIEWS

Interview with Jacob Penner conducted by Roland Penner. Transcript at Glendon College.

Interview with W. A. Pritchard conducted by NormanPenner. Tape at Glendon College.

Interview with Stewart Smith-conducted by S. R. Penner. *York OralLabour History.* ed. I. M. Abella.

Interview with Stewart Smith conducted by J. Starobin. *Ibid.*

Interviews with Socialist Pioneers. Transcript of Paul Fox, CBC, 1961.

4. DOCUMENTS

Early Socialist Movements

Ontario Socialist League. *Platform.* St. Thomas: 1902.

Social-Democratic Party of Canada. *Constitution, By-Laws, Platform.* Berlin, Ont.: May 31, 1912.

Socialist Party of Canada. *Federal Election Manifesto.* 1921.

Socialist Party of Canada. *Platform.* Vancouver: 1903.

Socialist Party of North America. *Declaration of Principles.* Toronto: 1918.

Labor Parties

CanadianLabour Party. *Platform. Vancouver Civic Elections.* December 10, 1924.

Federated Labor Party of British Columbia. *Manifesto and Platform.* 1918

Independent Labor Party (B. C.). *Federal Election Manifesto and Platform.* July 28, 1930.

Independent Labor Party (B. C.). *Platform and Manifesto.* 1926.

Independent Labor Party (B. C.). *Provincial Election Manifesto.* July 18, 1928.

Independent Labor Party of Manitoba. *Manifesto.* 1921.

Independent Labor Party (Socialist) of B. C. *Platform and Manifesto.* 1931.

Co-operative Commonwealth Federation

Co-operative Commonwealth Federation. *Declaration of Principles.* Winnipeg: 1956.

Co-operative Commonwealth Federation. *Federal Election Manifesto.* Adopted at the Eighth National Convention, Montreal: November 29, 30 and December 1, 1944.

Co-operative Commonwealth Federation. *Programme of the Quebec CCF.* Montreal: n. d.

Co-operative Commonwealth Federation. *Programme* (Regina Manifesto). Adopted at the First Annual Convention, Regina: July 1933.

Co-operative Commonwealth Federation. *Study Outline on Socialism Today.* Ottawa: CCF National Office, 1952.

Co-operative Commonwealth Federation. *The Unions and the CCF.* Vancouver: Trade Union Committee, 1944.

Woods worth, J. S. President's Address to the *First Annual Convention, CCF.* Regina: July 1933.

Workers' Party of Canada, Communist Party of Canada and Labor-Progressive Party

Central Committee, CPC. *Report of Proceedings.* January 1930.

Central Committee, CPC. *Toward a People's Front.* Proceedings of the Ninth Plenum, November 1935.

原著参考文献（BIBLIOGRAPHY）

Communist Party of Canada. *Federal Election Manifesto*, 1940.

Communist Party of Canada. *Report.* Sixth National Convention, May 31.

Communist Party of Canada. *Resolution.* Enlarged Plenum, February 1931.

Communist Party of Canada. *Resolutions.* Eighth Dominion Convention, October 8 – 12, 1937.

Communist Party of Canada. *The Road to Socialism in Canada.* Program Adopted at the 21st National Convention, November 27 – 29, 1971.

Communist Party of Canada. *Soviet Canada is the Only Way Out for the Laboring People.* Manifesto of the Seventh National Convention, July 23 – 28, 1934.

Communist Party of Canada. *Synopsis and Proceedings.* Enlarged Executive Meeting, October 1928.

Communist Party of Canada. *Trade Union Thesis.* March 1929.

Court of Appeal, Province of Ontario. *The King Versus Buck and Others.* Report of Judgement, 1932.

Degras, Jane, ed. *The Communist International Documents.* Vols. I, II, III. London: Frank Cass and Company, 1971.

Dominion Committee, CPC. *Toward Democratic Unity in Canada.* Submission to the Royal Commission on Dominion-Provincial Relations, 1938.

Labor-Progressive Party. *Canada's Future.* Submission to the Royal Commission on Canada's Economic Prospects, January 1956.

Labor-Progressive Party. *Canadian Independence and a People's Parliament.* Program Adopted at the Fifth National Convention, March 28, 1954.

Labor-Progressive Party. *Canadian Independence and People's Democracy.* Adopted by the National Committee, February 1952.

Labor-Progressive Party. *Programme.* 1943.

Labor-Progressive Party. *Speeches and Main Resolutions.* National Convention, June 1 – 5, 1946.

Workers' Party of Canada. *Programme.* Adopted at the First National Convention, Toronto: February 1922.

Workers' Party of Canada. *Secretary's Report.* Third National Convention, Toronto: 1924.

General

House of Commons. *Debates.*

5. BOOKS AND PAMPHLETS

Bland, Salem. *The New Christianity (1920)*. Toronto: University of Toronto Press, 1973.

Buck, Tim. *Canada: The Communist Viewpoint.* Toronto: Progress Books, 1948.

———— *Canada and the Russian Revolution.* Toronto: Progress Books, 1967.

———— *Canada Needs a Party of Communists.* Toronto: 1943.

———— *Europe's Rebirth.* Toronto: Progress Books, 1947.

———— *Keep Canada Independent.* Toronto: Labor-Progressive Party, 1948.

———— *Lenin: A Man for All Time.* Toronto: Progress Books, 1969.

———— *Lenin and Canada.* Toronto: Progress Books, 1970.

———— *New Horizons for Young Canada.* Toronto: National Committee, Labor-Progressive Party, 1948.

———— *Our Fight for Canada.* Toronto: Progress Books, 1959.

———— *The People vs Monopoly.* Toronto: New Era Publishing Ltd., 1937.

———— *Put Monopoly under Control.* Toronto: Progress-Books, 1964.

———— *Steps to Power.* Toronto: 1925.

———— *Thirty Years 1922 – 1952.* Toronto: Progress Books, 1952. Coldwell, M. J. Left Turn, Canada. London: Victor Gollancz Ltd., 1945.

———— *What Does the C. C. F. Stand For?* Ottawa: Co-operative Commonwealth Federation, 1943.

Gagnon, Charles. *Pour le parti prolétarien.* Montreal: L'Equipe du Journal, 1972.

原著参考文献（BIBLIOGRAPHY）

Good, W. C. *Is Democracy Doomed?* Toronto: The Ryerson Press, 1933.

Irvine, William. *The Farmers in Politics.* Toronto: McClelland and Stewart Ltd., 1920.

―― *Co-operative Government.* Ottawa: Mutual Press, 1930. Ivens, William. *Revolutionary Russia Versus Evolutionary England.* Winnipeg: Central Labor Church, 1924.

League for Social Reconstruction. *Social Planning for Canada.* Toronto: Thomas Nelson and Sons, 1935.

Lewis, David. *For a People's Victory.* Ottawa: Co-operative Commonwealth Federation, 1943.

―― "Socialism across the Border-Canada's C. C. F." *The Antioch Review*, 1943.

―― and Frank Scott. *Make This Your Canada.* Toronto: 1943.

McCollum, Watt Hugh. *Who Owns Canada?* Regina: The Saskatchewan C. C. F. Research Bureau, 1935.

McEwen, Tom. *The Forge Glows Red.* Toronto: Progress Books, 1974.

MacInnis, Angus. *Labor, Servant or Partner?* Vancouver: CCF Economic Relations Committee, 1942.

McKean, M. Fergus. *Communism Versus Opportunism.* Vancouver: The Organizing Committee, 1946.

Morris, Leslie. *Look on Canada, Now.* Toronto: Progress Books, 1970.

―― *The Story of Tim Buck's Party 1922 – 1939.* Toronto: New Era Publishers, 1939.

National Students Committee, Labor-Progressive Party. *Crisis on the Canadian Campus.* Toronto: 1949.

O'Brien, C. M. *The Proletarian in Politics.* Socialist Party of Canada, 1910.

Pierce, G. "Comments on the CCF Program." Reprint from *The Worker*, July 29, 1933.

_____*Socialism and the C. C. F.* Montreal: Contemporary Publishing Association, 1934.

Pil kington, J. *Wage Worker and Farmer.* Dominion Executive Committee, Socialist Party of Canada, 1914.

Place, Jack. *Record of J. D. Hawthorn thwaite, Member for Nanaimo City in the B. C. Legislature.* Socialist Party of Canada, 1910.

Planning for Freedom. Toronto: Ontario CCF, 1944.

Power of the People, LePouvoir du Peuple. History Outline of the Communist Party of Canada 1921 – 1971. Central Executive Committee, Communist Party of Canada, 1971.

Questions for Today. Toronto: Communist Party of Canada, 1964.

Ryerson, Stanley B. 1837, *The Birth of Canadian Democracy.* Toronto: Francis White Publishers Limited, 1938.

_____ *French Canada.* Toronto: Progress Books, 1943.

_____ *Two Peoples: One Land, One Future.* Toronto: Labor-Progressive Party, 1944.

Scott, F. R. *Le CCF et la centralisation.* Ottawa: Le Bureau National du CCF, 1949.

Smith, Rev. A. E. *All My Life.* Toronto: Progress Books, 1949. Steeves, Dorothy G. *Builders and Rebels: A Short History of the CCF in British Columbia 1932 – 1961.* Vancouver: B. C Committee for the New Democratic Party, 1961.

Unity is the Workers' Lifeline. Report by Thomas A. Ewen at the Third Dominion Convention of the W. U. L. , November 9, 1935.

Woodsworth, J. S. *Following the Gleam.* Ottawa: 1926.

_____ *My Neighbor* (*1911*) . Toronto: University of Toronto Press, 1972

_____ *Strangers within our Gates* (1909) . Toronto: University of Toronto Press, 1972.

6. NEWSPAPERS AND PERIODICALS

B. C. *Federationist*, 1912 – 1920.

Canadian Dimension, 1969 – 1976.

The Canadian Forum, 1920 – 1935.

Canadian Forward, 1914 – 1918.

Canadian Labor Monthly, 1928 – 1929.

Canadian Magazine, 1890 – 1898.

Canadian Tribune, 1940 – 1976.

Cotton's Weekly, 1910 – 1914.

Daily Clarion, 1936 – 1939.

Farmers'Sun, 1900 – 1930.

The Grain Growers'Guide, 1913 – 1920.

The Indicator, 1919.

Industrial Banner, 1912 – 1919.

International Socialist Review, 1901 – 1918.

The Last Post, 1970 – 1976.

The Marxian Socialist, 1918.

Monetary Times, 1900 – 1915.

National Affairs Monthly, 1946 – 1957.

Our Generation, 1970 – 1976.

Parti pris, 1963 – 1968.

Red Flag, 1919.

Saskatchewan CCF Research Bureau, 1934 – 1935.

The Searchlight, 1919 – 1920.

The Social Democrat, 1918 – 1920.

Socialisme, 1964 – 1969.

Socialisme Québécois, 1970 – 1974.

University of Toronto Monthly, 1910 – 1918.

Western Clarion, 1905 – 1928.

Western Labour News, 1918 – 1923.

The Worker, 1922 – 1936.

B. Secondary Sources

1. BOOKS AND ARTICLES

Abella, Irving Martin. *Nationalism, Communism and Canadian Labour.* Toronto: University of Toronto Press, 1973.

d'Allemagne, André. *Le RIN et les debuts du mouvement independantiste.* Montreal: Les Editions de l'Etincelle, 1974.

Allen, Richard. *The Social Passion.* Toronto: University of Toronto Press, 1971.

Avakumovic, Ivan. *The Communist Party in Canada.* Toronto: McClelland and Stewart Ltd., 1975.

Aveling, Edward, and Eleanor Marx. *The Working Class Movement in America.* New York: Amo Press and the New York Times Co., 1969.

Bax, Ernest Belfort. *The Ethics of Socialism.* London: Swan Sonnenschein & Co., 1893.

Beer, M. *A History of British Socialism.* Vols. I and II. London: George Allen and Unwin, 1953.

Bellamy, Edward. *Looking Backward.* Vancouver: The Totem Press, 1934.

Bernstein, Edward. *Evolutionary Socialism.* New York: Schocken Books Inc., 1967.

Birney, Earl. *Down the Long Table.* Toronto: McClelland and Stewart Ltd., 1974.

Blatchford, Robert. *Merrie England.* Chicago: Charles H. Kerr and Company, n. d.

Borkenau, Franz. *World Communism.* Ann Arbor: The University of Michigan Press, 1963.

Caplan, Gerald L. *The Dilemma of Canadian Socialism.* Toronto: McClelland and Stewart Ltd., 1973.

Clark, S. D. *Movements of Political Protest in Canada 1640 – 1840.* Toronto: University of Toronto Press, 1968.

Coldwell, M. J. *Left Turn Canada.* Toronto: Victor Gollancz Ltd., 1973.

Cole, G. D. H. *Socialist Thought-The Forerunners.* London: Macmillan Publishing Co., 1959.

―― *Socialist Thought-Marxism and Anarchism.* London: Macmillan Publishing Co., 1959.

―― *Socialist Thought-The Second International.* London: Macmillan Publishing Co., 1960.

Cole, Margaret. *The Story of Fabian Socialism.* New York: John Wiley and Sons Inc., 1960.

Collins, Henry, and C. Abramsky. *Karl Marx and the British Labour Movement.* London: Macmillan Publishing Co,, 1965.

Cook, Ramsay. *The Politics of John W. Dafoe and "The Free Press".* Toronto: University of Toronto Press, 1971.

Cox, Carolyn. "Bia ly Stock-McGill-Oxford-Ottawa." *Saturday Night.* April 3, 1943.

―― "How Tim Buck Got That Way." *Saturday Night*, June 19, 1943.

Crysdale, Stewart. *The Industrial Struggle and Protestant Ethics in Canada.* Toronto: The Ryerson Press, 1961.

DeLeon, Daniel. *Flashlights of the Amsterdam Congress.* New York: New York Labor News Co., 1929.

Dick, William M. *Labor and Socialism in America.* Port Washington: National University Publications, 1972.

Dion, Gerard. *Le Communism e dans la province de Québec.* Québec: Service Exterieur d'Education Sociale, 1949.

Dion, Leon. *Nationalism es et Politique au Québec.* Montreal: Hurtubise-HMH, 1975.

Donnelly, M. S. "The Political Ideas of J. W. Dafoe." *The Political Process in Canada*, ed. J. H. Aitchison. Toronto: Universityof Toronto Press, 1963.

Drache, Daniel, ed. *Quebec-Only The Beginning.* Toronto: New Press, 1972.

Draper, Theodore. *The Roots of American Communism.* New York: Viking Press Inc., 1966.

Ewart, J. S. *The Kingdom Papers.* Ottawa: 1912.

Ferns, H. S. and B. Ostry. *The Age of Mackenzie King.* Toronto: JamesLorimer and Company, 1976.

Foster, William Z. *History of the Communist Party of the United States.* New York: International Publishers, 1952.

―――. *History of the Three Internationals.* New York: Greenwood PressInc. 1968.

―――. *Pages from a Worker's Life.* New York: International Publishers, 1970.

Fox, Paul W. "Early Socialism in Canada." *The Political Process in Canada*, ed. J. H. Aitchison. Toronto: University of Toronto Press, 1963.

Fox, Ralph. *The Class Struggle in Britain.* London: Martin Lawrence, n. d.

Fried, Albert. *Socialism in America.* New York: Doubleday & Co. Inc., 1970.

Gélinas, Pierre. *Les Vivants, les morts et les autres.* Ottawa: Cercle du Livre de France Ltée., 1959.

George, Henry. *Progress and Poverty.* New York: The Modern Library, n. d.

Godfrey, Dave, and Mel Watkins. *Gordon to Watkins to You.* Toronto: New Press, 1970.

Gompers, Samuel. *Seventy Years of Life and Labor.* New York: E. P. Dutton & Co., Inc., 1943.

Gray, J. H. *The Winter Years.* Toronto: Macmillan Publishing Co., 1973.

Gray, John. *A Lecture on Human Happiness*. London: Sherwood, Jones & Co., 1825.

Gronlund, Lawrence. *The Cooperative Commonwealth*. Cambridge: Harvard University Press, 1965.

Hardie, J. Keir. *Karl Marx: The Man and His Message*. Manchester: NationalLabour Press Limited, 1910.

Harrington, Michael. *Socialism*. New York: Saturday Review Press, 1972.

Heaps, Leon. *The Rebel in the House*. London: Niccolo Publishing Company, 1970.

Hillquit, Morris. *History of Socialism in the United States*. New York: Funk andWagnalls Co., 1906.

Hoar, Victor, ed. *The Great Depression*. Toronto: The Copp Clark Publishing Company, 1969.

Hoar, Victor. *The Mackenzie-Papineau Battalion*. Toronto: The Copp Clark Publishing Company, 1969.

―― *The On To Ottawa Trek*. Toronto: The Copp Clark Publishing Company, 1970.

Hobson, J. A. *Canada To-Day*. London: T. Fisher Unwin, 1906.

―― *Imperialism: A Study*. London: George Allen and Unwin, 1968.

Horn, Michiel, ed. *The Dirty Thirties*. Toronto: The Copp Clark Publishing Company, 1972.

Horowitz, Gad. *Canadian Labour In Politics*. Toronto: University of Toronto Press, 1968.

Hutchison, Bruce. *The Incredible Canadian*. New York: Longmans, Green, 1953.

Hyndman, HenryMayers. *The Record of an Adventurous Life*. London: Macmillan Publishing Co., 1911.

Innis, H. A., ed. *Labour in Canadian-American Relations*. Toronto: The Ryerson Press, 1937.

Jamieson, Stuart Marshall. *Times of Trouble: Labour Unrest and Industrial Conflict in Canada, 1900 – 66.* Ottawa: Information Canada Publishing Branch, 1968.

King, Mackenzie W. L. *Industry and Humanity.* Toronto: Macmillan Publishing Co., 1947.

Laxer, Robert. *Canada's Unions.* Toronto: James Lorimer and Company, 1976.

_____ ed. (*Canada*) Ltd. Toronto: McClelland and Stewart Ltd., 1973.

Lefeaux, Wallis Walter. *Winnipeg-London-Moscow.* Winnipeg: Canadian Workers'Defense League, 1921.

Lenin, V. I. *British Labour and British Imperialism.* London: Lawrence &Wishart, Ltd., 1969.

_____ *Selected Works.* 12 volumes. New York: International Publishers, 1943.

Levitt, Kari. *Silent Surrender.* Toronto: Macmillan Publishing Co., 1970.

Logan, H. A. *Trade Unions in Canada.* Toronto: Macmillan Publishing Co., 1948.

Lumsden, Ian, ed. *Close the 49th Parallel etc.* Toronto: University of Toronto Press, 1970.

McCormack, A. R. "The Emergence of the Socialist Movement in British Columbia." *B. C. Studies*, No. 21, Spring 1974.

MacDonald, J. Ramsay. *Socialism and Society.* London: IndependentLabour Party, 1906.

McEwen, Tom. *He Wrote For Us.* Vancouver: Tribune Publishing Company, 1951.

MacInnis, Grace. *J. S. Woodsworth: A Man to Remember.* Toronto: Macmillan Publishing Co., 1953.

MacIver, R. M. "Capital and Labour-The New Situation." *University of Toronto Monthly*, Vol. XVII, 1917 – 1918.

_____ *Labour in the Changing World.* Toronto: J. M. Dent & Sons, 1919.

McNaught, Kenneth. *A Prophet in Politics*. Toronto: University of Toronto Press, 1963.

Macpherson, C. B. *Democracy in Alberta*. Toronto: University of Toronto Press, 1962.

———"Marxism in Canada: A New Beginning." *Canadian Dimension*, Vol. 9, Number 7 – 8, 1974.

———*The Political Theory of Possessive Individualism*. Oxford: The Clarendon Press, 1962.

Marx, Karl. *Capital*. Vol. I. Chicago: Charles H. Kerr and Company, 1906.

———*Critique of the Gotha Programme*. Moscow: Foreign Language Publishing House, n. d

——— and Friedrich Engels. "The Communist Manifesto." *A Handbook of Marxism*, ed. Emile Burns. New York: International Publishers, 1935.

———*The German Ideology*. Moscow: Progress Publishers, 1968.

———*The Holy Family*. Moscow: Foreign Languages Publishing House, 1956.

———*On Britain*. Moscow: Foreign Languages Publishing House, 1962.

———*Selected Correspondence 1846 – 1895*. New York: International Publishers, 1936.

Masters, D. C. *The Winnipeg General Strike*. Toronto: University of Toronto Press, 1950.

Mills, Ivor J. *Stout Hearts Stand Tall*. Vancouver: Evergreen Press Limited, 1971.

Milner, Sheilagh Hodgins, and Henry Milner. *The Decolonization of Quebec*. Toronto: McClelland and Stewart Ltd., 1973.

Moore, Steve and Debi Wells. *Imperialism and the National Question in Canada*. Toronto: 1975.

Morgan, H. Wayne. *American Socialism*, 1900 – 1960. Englewood Cliffs: Prentice-Hall Inc., 1964.

———*Eugene V. Debs Socialist for President*. Syracuse: Syracuse University

Press, 1962.

Morris, William, and G. B. Shaw, et al. *Hand and Brain.* East Aurora, Ill. : 1907.

Myers, Gustavus. *History of Canadian Wealth.* Chicago: Charles H. Kerr and Company, 1914.

Not Guilty! Toronto: Canadian Labor Defence League, 1932.

Owen, Robert. *A New View of Society and Other Writings.* London: J. M. Dent & Sons Ltd. , 1966.

Park, Libbie, and Frank. *Anatomy of Big Business.* Toronto: James Lewis and Samuel, 1973.

Pelling, Henry. *A Short History of the Labour Party.* London: Macmillan Publishing Co. , 1962.

Penner, Norman, ed. *Winnipeg 1919.* Toronto: James Lewis and Samuel, 1973.

Phillips, Paul. *No Power Greater.* Vancouver: B. C. Federation of Labor, 1967.

Porritt, Edward. *The Revolt in Canada Against the New Feudalism.* London: Cassell and Company Ltd. , 1911.

———. *Sixty Years of Protection in Canada.* London: Macmillan Publishing Co. , 1908.

Quint, Howard H. *The Forging of American Socialism.* Columbia: University of South Carolina Press.

Robin, Martin. *Radical Politics and Canadian Labour.* Kingston: Queen's University Press, 1968.

Rodney, William. *Soldiers of the International.* Toronto: University of Toronto Press, 1968.

Rolph, William Kirby. *Henry Wise Wood of Alberta.* Toronto: University of Toronto Press, 1950.

Rotstein, Abraham, and Gary Lax. *Independence: The Canadian Challenge.* Toronto: Committee for an Independent Canada, 1972.

Roussopoulos, Dmitrios, ed. *Canada and Radical Social Change.* Montreal: Black Rose Books Ltd., 1973.

―― *The New Left in Canada.* Montreal: Black Rose Books, 1970.

Ryan, Oscar. *Tim Buck—A Conscience for Canada.* Toronto: Progress Books, 1975.

Ryerson, Stanley B. *The Founding of Canada.* Toronto: Progress Books, 1972.

―― *Unequal Union.* Toronto: Progress Books, 1968.

―― *A World to Win.* Toronto: Progress Books, 1950.

Saywell, John Tupper. "Labour and Socialism in British Columbia." *B. C. Historical Quarterly*, Vol. XV, No. 3 & 4, July-October 1951.

Scott, F. R. *Canada Today.* London: Oxford University Press, 1938.

Scott, Jack. *Sweat and Struggle.* Vancouver: New Star Books, 1974.

Sharp. P. F. *The Agrarian Revolt in Western Canada.* New York: Octagon Books, 1971.

Shaw, George Bernard, ed. *The Fabian Essays on Socialism.* Boston: The Ball Publishing Co., 1909.

Skelton, O. D. *Socialism: A Critical Analysis.* New York: Houghton Mifflin Co., 1911.

Stalin, Joseph. *Works.* 13 volumes. Moscow: Foreign Languages Publishing House, 1952.

Starobin, Joseph R. *American Communism in Crisis, 1943 – 1957.* Cambridge: Harvard University Press, 1972.

Teeple, Gary, ed. *Capitalism and the National Question in Canada.* Toronto: University of Toronto Press, 1972.

Thompson, E. P. *The Making of the English Working Class.* London: VictorGollancz Ltd., 1963.

Thompson, Phillips. *The Politics of Labor.* New York: Belford, Clark & Co., 1887.

Trotsky, Leon. *Marxism in the United States.* New York: Workers' Party

Publications, 1947.

Warshaw, Leo. "The Economic Forces Leading to a Centralized Federalism in Canada." *Essays in Political Economy*, ed. H. A. Innis. Toronto: University of Toronto Press, 1938.

Webb, Sidney. *Socialism in England.* New York: Charles Scribner's Sons, 1893.

Wolfe, Bertram David. *Marx and America.* New York: John Day Co, 1934.

Young, Walter D. *The Anatomy of a Party: The National CCF 1932 – 61.* Toronto: University of Toronto Press, 1971.

Zakuta, Leo. *A Protest Movement Be Calmed.* Toronto: University of Toronto Press, 1964.

2. THESES AND UNPUBLISHED MANUSCRIPTS

Acheson, T. W. "The Social Origins of Canadian Industrialism: A Study in the Structure of Canadian Entrepreneurship, 1879 – 1911." Ph. D. Thesis, University of Guelph, 1972.

Armstrong, Myrtle May. "The Development of Trade Union Political Activityin the C. C. F." M. A. Thesis, University of Toronto, 1959.

Chisick, Ernie. "The Early Marxist Socialist Movement in Manitoba, 1901 – 1926." Honours History Essay, University of Winnipeg, 1968.

Connor, James McArthur. "The Labor and Socialist Movement in Canada." Unpublished Manuscript in the Woods worth Collection, University of Toronto, John P. Robarts Library, n. d.

Fournier, Marcel. "Histoire et Ideologie du groupe Canadien-francais du Parti Communiste, 1925 – 1945." M. A. Thesis, Universit e de Montréal, 1969.

Grantham, R. G. "Some Aspects of the Socialist Movement in British Columbia, 1898 – 1933." M. A. Thesis, University of British Columbia, 1943.

Grimson, C. D. "The Communist Party of Canada, 1922 – 1946." M. A. Thesis, McGill University, 1966.

Hart, John Edward. "William Irvine and Radical Politics in Canada." Ph. D. Thesis, University of Guelph, 1972.

Horn, Michiel Steven Daniel. "The League for Social Reconstruction: Socialism and Nationalism in Canada, 1931–1945." Ph. D. Thesis, University of Toronto, 1969.

Irving, Joe. "Marxism and the Western Canadian Working Class." Undergraduate Essay, Simon Fraser University, 1970.

Loosemore, T. R. "The British Columbia Labour Movement and Political Action, 1879–1906." M. A. Thesis, University of British Columbia, 1954.

McCormack, Andrew Ross. "The Origins and Extent of Western Labour Radicalism." Ph. D. Thesis, University of Western Ontario, 1973.

McIvor, William John. "Revolutionary Socialism." M. A. Thesis, University of Manitoba, 1912.

McKillop, Alexander Brian. "Citizen and Socialist: The Ethos of Political Winnipeg, 1919–1935." M. A. Thesis, University of Manitoba, 1970.

O'Brien, Gary. "Maurice Spector and the Origins of Canadian Trotskyism." M. A. Thesis, Carleton University, 1974.

——— "Towards the Roots of Canadian Radicalism: An Analysis of the Social-Democratic Party of Canada." Essay, Carleton University, 1973.

Pentland, H. C. "Labour and the Development of Industrial Capitalism in Canada." Ph. D. Thesis, University of Toronto, 1960.

Pratt, Rev. Douglas Frederick. "William Ivens, M. A., B. D., and the Winnipeg Labor Church." B. D. Thesis, St. Andrew's College, Saskatoon, 1962.

Rainboth, Mabel. "Socialism and Its Trend in Canada." M. A. Thesis, University of Ottawa, 1938.

Rhodes, D. Berkeley, "The Toronto Star and the New Radicalism, 1917–1926." M. A. Thesis, University of Toronto, 1955.

Rowland, Douglas Charles. "Canadian Communism: The Post-Stalinist Phase." M. A. Thesis, University of Manitoba, 1964.

Stuart, Richard Grey. "The Early Political Career of Angus MacInnis." M. A. Thesis, University of British Columbia, 1970.

Troop, G. R. F. "Socialism in Canada." M. A. Thesis, McGill University, 1922.

Van Loon, Richard J. "The Political Thought of the United Farmers of Ontario." M. A. Thesis, Carleton University, 1965.

Watt, Frank William. "Radicalism in English-Canadian Literature since Confederation." Ph. D. Thesis, University of Toronto, 1957.